Cornelia Mack
Geschwister
Wie sie das Leben prägen

Cornelia Mack

Geschwister
Wie sie das Leben prägen

SCM Hänssler

SCM

Stiftung Christliche Medien

© der deutschen Ausgabe 2013
SCM Hänssler im SCM-Verlag GmbH & Co. KG · 71088 Holzgerlingen
Internet: www.scm-haenssler.de · E-Mail: info@scm-haenssler.de

Soweit nicht anders angegeben, sind die Bibelverse folgender Ausgabe
entnommen:
Lutherbibel, revidierter Text 1984, durchgesehene Ausgabe in neuer Recht-
schreibung 2006, © 1999 Deutsche Bibelgesellschaft, Stuttgart.

Umschlaggestaltung: Kathrin Retter, Weil im Schönbuch
Titelbild: shutterstock.com
Satz: typoscript GmbH, Walddorfhäslach
Druck und Bindung: CPI – Ebner & Spiegel, Ulm
Gedruckt in Deutschland
ISBN 978-3-7751-5439-0
Bestell-Nr. 395.439

Inhalt

Einleitung

Haben Sie Geschwister?

Egal, wie Ihre Antwort ausfällt – viele Ihrer Einstellungen und Verhaltensmuster leiten sich von den Erfahrungen ab, die Sie in Ihrer Kindheit als Geschwisterkind oder als Einzelkind gemacht haben.

Warum schreibe ich dieses Buch?
Das Thema Geschwister interessiert mich aus unterschiedlichen Gründen.
Ich selbst bin ein ältestes Kind. Mit drei jüngeren Brüdern aufzuwachsen, prägt sehr. Ich fühlte mich gefordert und oft auch herausgefordert, meine Position zu behaupten. Ich lernte, mich durchzusetzen. Da ich keine Schwester hatte, lernte ich auch die Beschäftigung mit mir allein. Für manche eher weiblichen Beschäftigungen (wie zum Beispiel Puppenspiele) hatte ich keine Spielgefährtin. Meine Position als Älteste war eine Vorbereitung auf spätere Leitungsfunktionen. Die Position als einziges Mädchen befähigte mich, in vielen Dingen allein klarzukommen, vieles mit mir selbst auszumachen und selbstständig zu Lösungen zu kommen. So hat mich meine Geschwisterposition als ältestes Kind und einziges Mädchen für mein späteres Leben nachhaltig beeinflusst.

Ein Motiv, dieses Buch zu schreiben, ist aber auch, anderen einen Weg zu eröffnen, sich selbst, das eigene Gewordensein und die eigenen Lebensmuster und daraus entstandenen Lebensentwürfe zu erkennen und zu verstehen.

Durch Geschwister bekommen wir einen speziellen Platz in der Familie. Das prägt uns für das ganze Leben. Was wir über Jahre an Einstellungen, Gefühlen, Erfahrungen, Denkmustern und Handlungsstrategien mit Geschwistern erwerben, wird zum Grundmuster für unseren Umgang mit der Welt auch außerhalb der Familie.

Mein Mann und ich haben vier Kinder: einen Sohn und drei Töchter. In der Beobachtung unserer Töchter und ihrem Umgang miteinander wurde mir bewusst, dass Schwestern eine ganz andere Beziehung zueinander entwickeln als Schwester und Bruder. Das Gleiche gilt natürlich auch für Brüder untereinander. Allerdings gestalten Brüder ihre Beziehung in aller Regel bei Weitem nicht so emotional – im positiven wie negativen Sinn – wie Schwestern. Gleichgeschlechtliche Geschwisterbeziehungen gestalten sich auf jeden Fall anders als zu Geschwistern mit einem anderen Geschlecht.

Genauso gilt: Lebt ein Kind als einziges mit einem anderen Geschlecht in einer Geschwisterreihe, kommt ihm damit immer eine besondere Rolle zu.

Mareike erzählt: »*Nach sechs Buben wurde ich als erstes Mädchen in der Familie geboren. Damit hatte ich immer eine Sonderrolle. Ich war Papas Liebling, eine Prinzessin. Ich zweifelte nie daran, geliebt und gewollt zu sein.*«

Geschwisterbeziehungen sind die längsten unseres Lebens

Der Geschwisterkreis ist die erste soziale Gruppe. Meistens sterben Eltern vor den Kindern, Freundschaften können aufhören, Partnerschaften brüchig werden, Geschwister bleiben wir aber immer.

Darum verbringen wir – auf das ganze Leben gesehen – mehr Zeit mit Geschwistern als mit den Eltern. Schon im Alter zwischen drei und fünf Jahren verbringen Geschwister mehr als doppelt so viel Zeit miteinander als mit den Eltern.[1] Sie entwickeln auch mehr Nähe zueinander – im Positiven wie im Negativen – als zu Eltern.

Geschwister können Vertraute und echte Freunde, aber auch Feinde oder Folterknechte sein – und manchmal auch beides, je nach Situation oder Lebensphase. Sie können zu inneren Verbündeten gegen die Eltern werden oder zu Gegnern um die Gunst der Eltern.

Die Beziehung kann sehr innig und herzlich sein oder aber geprägt von Hass und Ablehnung, wie man – nicht nur – aber auch am ersten Geschwisterpaar der Bibel, Kain und Abel, oder auch an Jakob und Esau, Lea und Rahel sehen kann.

Darum haben Geschwister auch einen großen gegenseitigen Anteil an ihrer Entwicklung. Es sind bei Weitem nicht nur die Eltern, die prägen, formen und erziehen, sondern auch die Geschwister untereinander.

Geschwister erleben aneinander auch einen Entwicklungs- und damit Veränderungsprozess im Denken, Stil, in Einstellungen, im Verhalten und in Werten mit. In der Pubertät und im frühen Erwachsenenalter verlieren Geschwister allerdings an Einfluss und Bedeutung. Die Beziehungen der Geschwister werden mit zunehmendem Alter aber wieder wichtiger. Die gemeinsamen Kindheitserinnerungen sind ein wichtiges verbindendes Element, die Besinnung auf die eigenen Wurzeln verhilft zu einer sicheren Verortung im Leben.[2]

Geschwister, die sich über Jahrzehnte immer wieder begegnen können, beobachten aneinander, was konstant bleibt und was sich verändert. Je älter sie werden, umso deutlicher werden die Konstanten und die Veränderungen bewusst.

Dieses Buch schreibe ich auch wegen der dritten Kinder. Leider ist in der psychologischen Fachliteratur so gut wie nichts über dritte Kinder geschrieben worden.[3] Da wir beide – mein Mann und ich – in großen Familien mit vielen Geschwistern, Neffen und Nichten aufgewachsen sind, konnte ich viele Beobachtungen zu den dritten Kindern machen. Mit der Zeit merkte ich, dass bestimmte Verhaltensmuster immer wieder ähnlich auftreten. Vor allem die dritten Kinder haben mich besonders fasziniert, mich zum Schmunzeln oder Verwundern gebracht, zum Nachdenken angeregt oder Sorgen ausgelöst.

Dieses Buch ist darum auch ein Plädoyer für die dritten Kinder. Es lohnt sich, sie in ihrer Besonderheit zu entdecken und deutlich mehr wertzuschätzen. Dies ist aber bei Weitem nicht das einzige Leitmotiv für dieses Buch. Jede Geschwisterposition hat ihre besonderen und faszinierenden wie ihre belastenden und frustrierenden Seiten. Geschwisterbeziehungen sind ein großer Schatz im Leben. Sie verhelfen uns zu vielerlei Fähigkeiten wie teilen, streiten und sich versöhnen können, einander trösten, sich durchsetzen oder Kompromisse schließen, sich wehren und etwas einstecken.

Die Geschwisterposition prägt das soziale Verhalten

Die Geschwisterposition hat keine Auswirkungen auf Intelligenz oder auf Extro- oder Introvertiertheit. Aber sie prägt uns in unserem sozialen Verhalten und in den Persönlichkeitseigenschaften: wie wir auf Menschen reagieren, wie wir Konflikte lösen oder nicht lösen, wie wir Kompromisse schließen oder eben nicht. Die Geschwisterposition wirkt sich darauf aus, ob wir uns gut oder weniger gut in sozialen Netzwerken und Beziehungen bewegen können, ob wir vermitteln können oder unseren eigenen Kopf durchsetzen.

Frank Sulloway sagt:»Der Einfluss der Geburtenfolge auf die Persönlichkeitsentwicklung ist fünf- bis zehnmal größer als auf die akademischen Leistungen und den Intelligenzquotienten.«[4]

Bei Zweitgeborenen gibt es zum Beispiel zwei ganz gegensätzliche Muster, die aber beide häufig auftreten: Manche Zweite schrecken immer wieder davor zurück, Verantwortungsposten zu übernehmen, weil sie ein tief sitzendes Kindheitsmuster in sich tragen: *Das steht deinem älteren Bruder/deiner älteren Schwester zu, du darfst diese Aufgabe nicht übernehmen.*

Eine jüngere von zwei Schwestern erzählt:»*Meine Schwester bestimmt mein ganzes Leben. Schon als Kind hat sie mir immer alles weggenommen, meine Kleider, meine Spielsachen, Freundinnen. Das prägt mich bis heute. Ich kann nicht mit Rivalität umgehen…*

Sobald mir jemand etwas streitig macht, sei es Freundschaften oder Essen oder Termine, gerate ich in Panik. Einerseits will ich nicht, dass jemand mir etwas Wichtiges wegnimmt, so wie meine Schwester mir immer alles weggenommen hat. Aber gleichzeitig bin ich auch nicht imstande, für das zu kämpfen, was ich will. Mit allen Menschen, mit denen ich zu tun habe, inszeniere ich ständig die Ängste im Blick auf meine Schwester aufs Neue.«

Es kann aber auch ganz anders sein. Ein Zweitgeborener erzählt: *»Schon früh habe ich meinen großen Bruder in vielem übertrumpfen können. So sehe ich heute Vorgesetzte oder Konkurrenten in meinem Umfeld als eine Chance und positive Herausforderung. Ich sage mir dann: Das kann ich auch. Die oder den hole ich ein. Ich mache es besser als er oder sie.«*

So kann die Geschwisterposition sehr unterschiedliche Erfahrungen beinhalten, die sich negativ oder positiv auf das weitere Leben auswirken können. Ein älterer Bruder, der nur mit Schwestern aufgewachsen ist, wird in einem Berufsumfeld, in dem er es nur mit Frauen zu tun hat, aller Wahrscheinlichkeit nach leichter zurechtkommen als einer, der nur Brüder hat. Es kann aber auch umgekehrt sein, wenn er als Kind von den Schwestern mit Häme überschüttet, unterdrückt oder ausgelacht wurde. In diesem Fall kann er auch als Erwachsener möglicherweise mit Frauen keine positive Kommunikation aufbauen.

Männer, die nur mit Brüdern groß geworden sind, sind aller Voraussicht nach besser auf ein Berufsfeld, in dem hauptsächlich Männer arbeiten, vorbereitet. Aber auch da gilt: War die Kindheitserfahrung negativ, dann werden solche Männer möglicherweise aufatmen, wenn sie vermehrt mit Frauen zusammenarbeiten können.

Eine ältere Schwester von Brüdern wird vermutlich eine Führungsposition in männlichen Milieus mit einer gewissen Selbstverständlichkeit wahrnehmen können. Und eine jüngere Schwester von Brüdern wird in Männermilieus möglicherweise besonders beliebt und erfolgreich sein können, wenn sie Erfahrungen machen konnte, wie das Miteinander mit älteren Brüdern am besten funktioniert.

Es kann aber auch hier bei negativen Vorerfahrungen ganz anders sein.

Die Geschwisterposition prägt das Selbstbild

Wie man sich selbst sieht und einordnet, hängt wesentlich von der Stellung in der Geschwisterreihe ab. Ein Jüngster: *»In all meinen Beziehungen, ganz gleich ob zu Freunden oder zu Kollegen ... fühle ich mich wie der Jüngste, wie der kleine Bruder, selbst dann, wenn ich der Ältere bin ... Ich bin 45 Jahre alt, aber in meinen Augen bin ich immer noch der Junge.«*[5]

Das eigene Selbstbild, die Stellung in der Welt, das Gefühl für die Position in Gruppen und sozialen Netzwerken wird wesentlich von der Grunderfahrung als Kind geprägt. Eine Erstgeborene: *»Egal, wo ich hinkomme. Ich denke immer: Du bist verantwortlich, dass hier alles funktioniert. Von dir wird erwartet, dass du es gut machst. Und wenn es nicht klappt, bist du schuld.«* Oder ein Erstgeborener: *»Ich fühle mich immer an der Spitze, wenn ich mit anderen Menschen zusammentreffe. Vom Grundgefühl bin ich vorne.«*

Die Geschwisterposition prägt den Umgang mit den eigenen Kindern

Die Erfahrungen, die wir mit Geschwistern machen, prägen nicht nur im Umgang mit Gleichaltrigen und das Selbstbild, sondern auch das Verhalten gegenüber den eigenen Kindern.

Erstgeborene, die sich als Kind vom Nächstgeborenen entthront fühlten, geraten im Blick auf ihr zweitgeborenes Kind möglicherweise in einen ähnlichen emotionalen Konflikt, wie sie ihn als Kind ständig erlebt haben: sie fühlen sich herausgefordert oder bedroht.

Sie können eine Angst entwickeln (ähnlich der in der Kindheit), von diesem Kind den Platz streitig gemacht zu bekommen. Es kann aber auch sein, dass negative Erfahrungen der Kindheit geheilt wurden. Dann kann ein erstgeborenes Elternteil entspannter und gelassener mit eigenen Kindern umgehen.

Zweitgeborene können auch als Erwachsene so im Neid auf das eigene ältere Geschwisterkind gefangen sein, dass sie dies wiederum unbewusst auf ihr erstgeborenes Kind übertragen. Barbara Sullivan beschreibt: »*Ich selbst habe einen älteren, hochbegabten Bruder, und ich habe einen sehr begabten, erstgeborenen Sohn. Eines Tages fiel mir auf, dass ich meine jüngere Tochter sehr oft gegen ihren älteren Bruder verteidigte. Ich musste der Tatsache ins Auge sehen, dass ich immer noch mit Schwierigkeiten aus der Kindheit zu kämpfen hatte. Ich versuchte immer noch, die Frustrationen wettzumachen, die ich bei Konkurrenzkämpfen mit meinem älteren Bruder empfunden hatte. Als ich verstanden hatte, warum ich dazu neigte, mein zweites Kind über die Maßen auf Kosten meines Ältesten zu beschützen, gelang es mir, ein gerechterer und besserer Vermittler in den Meinungsverschiedenheiten meiner Kinder zu werden.*«[6]

Allein schon die Erkenntnis solcher Zusammenhänge kann wie ein geöffneter Vorhang plötzlich ein ganz neues Licht auf gegenwärtige Beziehungen werfen.

Nicht nur auf die Beziehungs- und Lebensgestaltung wirkt sich die Geschwisterposition aus, sondern auch auf den Erziehungsstil. Sehr verallgemeinernd könnte man sagen, dass Erstgeborene eher einen strengen Erziehungsstil haben unter dem Leitwort: *Bemühe dich, streng dich an, das Leben ist eine ernste Angelegenheit …*

Jüngste dagegen erziehen in der Regel gelassener und ungezwungener nach dem Motto: *Das Leben ereignet sich, ich muss mich nicht um alles kümmern.*

Wer sich und seine eigenen Lebensmuster unter dem Aspekt der Geschwisterposition sehen lernt, versteht sich und andere besser. Der Umgang miteinander kann entspannter sein, wenn wir manches unter anderen Vorzeichen einordnen und dann auch so stehen lassen können.

Frauke erzählt: »*Mein Mann ist ein Einzelkind. Früher habe ich mich immer gewundert, dass er sich so oft zurückzog und alle Entscheidungen alleine getroffen hat. Seitdem ich mehr Sensibilität für das Thema Geschwisterposition habe, verstehe ich, dass er es als Einzelkind immer gewohnt war, allein Entscheidungen zu treffen, allein seine Zeit zu gestalten, allein mit sich zurechtzukommen. So kann ich sein Verhalten besser einordnen und fühle mich nicht ständig davon provoziert.*«

Verständnis für sich und andere kann eine Konsequenz aus den Erkenntnissen der Geschwisterforschung sein. Das allein aber wäre zu wenig. Das Verstehen eröffnet auch Chancen zur Veränderung.

Sobald wir auch das Belastende der jeweiligen Position sehen lernen, können wir daraus Schlussfolgerungen ziehen und uns auf einen Weg der Neugestaltung einlassen. Manchmal braucht es auch Heilung von Verletzungen, die sich aus den Erfahrungen der Kindheit speisen.

Eine Mutter – die Jüngste von drei Kindern – hat selbst fünf Kinder. Sie sagte: »*Als jüngstes Kind achtete ich immer darauf, dass mein jüngstes Kind nicht in den typischen Mustern der Jüngsten erzogen und behandelt wurde. Ich wurde jahrelang als ›Kleines‹ oder ›Baby‹ bezeichnet, auch als ich schon größer war. Man traute mir nie etwas zu. Das wollte ich bei unserem Sohn ganz bewusst anders machen, und es ist mir auch gelungen.*«

So kann das Thema »Geschwister« in vielerlei Hinsicht positiv nutzbar gemacht werden.

Das Selbstverständnis kann erweitert, der Umgang mit anderen entspannter werden, bestimmte Konflikte zwischen Menschen können sich teilweise auch aus den Erfahrungen der Geschwisterpositionen in den Ursprungsfamilien erklären lassen. Diese neue Sicht kann dann auch andere Lösungsansätze bereithalten.

Es kann auch dazu helfen, sich aus manchen Kindheitsverwicklungen oder Festschreibungen durch Geschwistererfahrungen zu lösen und neue Wege zu gehen. Als erwachsener Mensch entwickle ich mich – hoffentlich – weiter und bin eben nicht mehr immer die Besserwisserin oder Nörglerin, der Zurückhaltende oder der kleine Dumme.

So können wir von diesem Thema in vielerlei Hinsicht profitieren – in Arbeitsbeziehungen, in Familien, in einer Ehe, in der Gemeinde und in vielen anderen Bezügen, in denen wir stehen. An diesem Buch haben sich viele Personen mit ihren Erfahrungen beteiligt. Wenn ich mit Menschen ins Gespräch komme, frage ich oft, in welcher Geschwisterposition sie aufgewachsen sind. Häufig ergeben sich daraus sehr interessante Gespräche. Und auch hier bestätigt sich immer wieder: bestimmte Muster haften bestimmten Geschwisterpositionen an.

Viele Menschen waren bereit, von ihren Erfahrungen zu erzählen. Manche wollten dabei ganz bewusst anonym bleiben, andere wollten gerne mit Namen genannt werden. Ihnen allen sei an dieser Stelle ganz herzlich gedankt. Ihre Beiträge bereichern das Buch. Ihre Beispiele und Erzählungen verdeutlichen und bestätigen vieles, was die Wissenschaft an Ergebnissen und Erkenntnissen zutage gebracht hat. Die Berichte zeigen aber auch: Es kann alles aber auch ganz anders sein. Die Geschwisterposition ist keine Festschreibung, aber eine Grunderfahrung, die mich fürs Leben prägt.

Die Geschwisterposition kennen

Nicht immer ist die Reihenfolge der Geburt auch die Position, die in der Geschwisterreihe eingenommen wird.

Ich werde die Positionen in folgender Reihenfolge beschreiben: erstes Kind, Einzelkind, zweites Kind, drittes Kind, jüngstes Kind. Folgende Faktoren sollten dabei beachtet werden: Nach dem dritten Kind wiederholt sich die Reihe.[7] Das bedeutet, dass das vierte beziehungsweise siebte Kind wieder ähnliche Muster aufweist wie ein erstes Kind. Ein fünftes beziehungsweise achtes Kind wird ähnliche Verhaltensmuster aufweisen wie ein zweites; ein sechstes beziehungsweise neuntes Kind ähnliche wie ein drittes. Dabei spielen allerdings der Altersunterschied zwischen den Geschwistern und auch das Geschlecht eine entscheidende Rolle. Je größer die Geschwisterschar, desto schwieriger sind solche Definitionen.

Altersunterschied

Bei geringem Altersunterschied verstehen sich Geschwister einander zugehörig, bei größerem Altersunterschied übernimmt das ältere Geschwister häufig bereits die Rolle des Miterziehers, des Beschützers und des Verantwortlichen.

Je größer der Altersunterschied zwischen den einzelnen Kindern ist, desto weniger gelten diese Einteilungen. Ab einem Altersunterschied von fünf und mehr Jahren sieht man das danach geborene Kind wieder wie ein erstes beziehungsweise wie ein Einzelkind an. Denn die typische Geschwisterbeziehung auf gleicher Ebene kann sich mit größerem Altersabstand nicht mehr entwickeln.[8] Mit einem solchen Kind beginnt also die Reihenfolge wieder von vorn, falls weitere Geschwister nachfolgen.

Je größer der Altersunterschied zwischen den Kindern ist, desto eher bilden sich Verhaltensmuster von Einzelkindern oder eben auch Koalitionen und Untergruppen.

Nehmen wir an, dass eine Familie zum Beispiel aus fünf Kindern mit folgender Altersstruktur besteht: Junge (12), Mädchen (10), Mädchen (5), männliche Zwillinge (3). Dann werden die Zwillinge eine Untergruppe bilden und ebenso die beiden älteren Geschwister. Mit zunehmendem Alter und Eintritt in die Pubertät kann es sein, dass sich die beiden Mädchen mehr zusammenschließen. Das hängt aber auch davon ab, ob die beiden Mädchen sich verstehen oder ob sie wesensmäßig, interessensmäßig oder temperamentsmäßig einander eher fremd sind oder sich nahestehen.

Je nach Größe und Altersabstand können so sehr unterschiedliche 2er- oder 3er-Untergruppen und Koalitionen entstehen.

Geschlechterfolge

Wenn zum Beispiel in einer Familie fünf Kinder sind, und nur eines davon ein anderes Geschlecht hat, dann wird dieses Kind immer eine Sonderrolle spielen – entweder als etwas Bedeutendes oder als ein Kind, das aus der Reihe fällt und nicht dazupasst.

Schwestern entwickeln so gut wie immer mehr Nähe zueinander als Brüder. Auch im Erwachsenenalter haben Schwestern zueinander mehr Kontakt, besprechen intimere Themen als Brüder.[9]

Zwillinge oder Mehrlinge

Bei Zwillingen oder Mehrlingen gilt, dass der oder die zuerst Geborene auch das Erste in der Geschwisterfolge ist. Folgende Beobachtung mache ich immer wieder:

Wenn ich ein Zwillingspaar treffe und die beiden sich vorstellen (in einer Gruppe oder mir persönlich), dann lautet der nächste Satz meist: »*Ich bin aber die Zweite.*« Oder: »*Ich bin der Erste, der geboren wurde.*« Die Geburtenfolge ist immer präsent. Zwillingen ist es also sehr bewusst, in welcher Position sie zueinander und in der möglicherweise weiteren Geschwisterreihe stehen. Es ist sogar ein sehr wichtiger Ausdruck ihrer Identität.

Neulich begegnete mir ein älteres eineiiges Schwesternpaar. Sie erzählten mir: »*Wir wissen nicht, wer die Ältere ist, denn als wir geboren wurden, ahnte unsere Mutter nicht, dass sie Zwillinge in sich trug. Es gab damals ja noch keine Ultraschalluntersuchungen. Unser Vater war so verwirrt, als da noch ein zweites Kind auf die Welt kam, dass er am Schluss nicht mehr wusste, welche von uns zuerst da war.*«

Andere Sonderstellungen sind zum Beispiel Mehrlingsgeburten wie Drillinge, Vierlinge, Fünflinge etc.

Mein Platz in der Geschwisterreihe:

Ich bin ein Drilling und die Zweite in der Geburtenfolge. Nach uns dreien kommt mein Bruder, der um drei Jahre jünger ist als wir. Da wir immer zu dritt zu Hause waren, wurden wir oft miteinander verglichen, so nach dem Motto: »Deine Schwester kann dies und jenes gut, mach das auch so wie sie!« Das ist einer der Gründe, warum der Eindruck in mir entstand, dass ich nicht passe, wie ich bin, und dass die anderen besser sind als ich – nicht nur in dem, was sie tun, sondern auch in dem, was sie sind. Mittlerweile hasse ich es, wenn ich mit jemandem verglichen werde. Ich verteidige mich oft mit den Worten: »Ich darf sein, wie ich bin. Ich muss nicht so sein wie andere.« Das Bewusstsein dafür, dass ich genauso gut bin wie die anderen, ist allerdings immer noch nicht da. Ein positiver Aspekt vom »Drillingsein« ist, dass ich mich mit meinen Schwestern sehr verbunden fühle. Wir haben manche Sachen zur gleichen Zeit durchgemacht – vor allem in der Pubertät – und dabei ähnliche Empfindungen gehabt. Das verbindet und hilft, vor allem in den schwierigen Zeiten. Wir konnten sehr gut miteinander reden. Auch wenn wir alle drei sehr verschieden sind und teilweise in anderen Ländern wohnen, verstehen wir uns heute immer noch gut und haben regelmäßigen Kontakt zueinander.

Eine andere Sache ist mir aufgefallen: Dadurch dass ich die Liebe beziehungsweise Aufmerksamkeit meiner Eltern nie »für mich allein« gehabt habe – sie war gezwungenermaßen immer durch drei dividiert –, fühle ich mich sehr schnell nicht geliebt und nicht beachtet. Ich brauche sehr viel Anerkennung von anderen Menschen und ich habe immer wieder Angst, dass ich nicht mehr geliebt werde. Aus dieser Angst heraus fällt es mir oft schwer, Sachen auszusprechen, die mich am anderen stören. Ähnlich ist es, wenn ich eine völlig andere Meinung über ein bestimmtes Thema habe. Ich habe Angst, die Anerkennung oder Sympathie des anderen zu verlieren. Im letzten Jahr habe ich einiges dazugelernt und kann schon öfter sagen, was mir an anderen nicht gefällt. Es ist ein Prozess, der noch nicht abgeschlossen ist.

Ansonsten finde ich es toll, in einer Großfamilie aufgewachsen zu sein. Ich habe schon früh gelernt, dass es nicht immer nach meinem Kopf gehen kann. Man lernt auch früh, zu teilen und an die anderen zu denken. Heute liebe ich das, wenn alle zusammenkommen und miteinander plaudern.

Ich habe festgestellt, dass ich viele Freunde und davon viele verschiedene brauche.

(35 Jahre)

Es macht einen großen Unterschied, ob Zwillinge eineiig oder zweieiig sind. Zweieiige Zwillinge werden sich, vor allem wenn das Geschlecht auch noch verschieden ist, einander nie ganz so nah fühlen wie eineiige Zwillinge.

Eltern werden vor allem bei eineiigen Zwillingen ein besonderes Augenmerk darauf richten, die beiden auseinanderhalten zu können. Jeder kleine Unterschied wird bemerkt und festgehalten: »Marc ist eher ruhig, Manuel länger wach.« – »Julia ist ungeduldiger, Sara zufriedener.« Jede Beobachtung zieht wiederum verändertes Verhalten der Eltern nach sich, allein dadurch werden sich die Kinder auch unterschiedlich entwickeln.

Zwillinge stehen vor einer anderen Herausforderung als andere Geschwister. Sie müssen nicht das Zusammenleben lernen, sondern die Abgrenzung. Ein Beispiel dafür ist die Erkennung des eigenen Namens. Ein Kind erkennt diesen meistens schon im Alter von sechs Monaten. Bei Zwillingen dauert dies viel länger. Oft können sie erst mit zwei Jahren zwischen dem eigenen Namen und dem des Zwillings unterscheiden.[10] Eine Frau erzählte mir, dass sie manchmal mit vier Jahren noch nicht genau wusste, ob sie nun die eine oder die andere war. Darum ist es wichtig, Zwillingen zu helfen, ihre Unterschiede deutlich zu erkennen. Namen, die vom Klang her verschieden sind, unterschiedliche Kleidung, eigene Spielsachen sind dabei eine große Hilfe.

In der Geschwisterforschung[11] spricht man auch von Pseudozwillingen. Das sind Kinder, die im Abstand von weniger als 18 Monaten geboren wurden.

Pseudozwillinge fühlen sich häufig als Zwillinge. Sie sind fast gleich alt, aber dennoch in ihrer Entwicklung verschieden. Sie sind sehr stark aufeinander bezogen. Das kann einerseits ein ungeheurer Druck für das jüngere Kind sein, das Gleiche können zu müssen wie das ältere Kind. Für das ältere Kind wiederum ist der Konkurrenzdruck massiv. Auch in einer solchen Geschwisterkonstellation ist die Betonung der Verschiedenheit durch die Eltern enorm hilfreich und auch entlastend. Jedes Kind darf Verschiedenes können. Jedes Kind ist wertvoll und auf seine Art etwas Besonderes.

Adoptivkinder

Adoptierte Kinder bringen immer schon eine belastete Vergangenheit mit, denn aus schwerwiegenden Gründen können sie nicht in ihrer Ursprungsfamilie aufwachsen. Entweder wurden sie abgelehnt oder vom Jugendamt aus der Familie genommen. Es kann sein, dass sie die Eltern durch ein Unglück verloren haben oder sie wurden sogar von den Eltern verkauft. In jedem Fall spürt ein adoptiertes Kind, dass es eigentlich woanders hingehört. Manche Kinder integrieren sich gut in ihre neue Familie, andere haben extreme Probleme.

Wenn ein adoptiertes Kind in einen bestehenden Geschwisterkreis kommt, dann ändert sich dadurch manchmal der Platz der bisherigen Kinder in der Reihenfolge, was für alle Seiten kompliziert und häufig mit negativen Gefühlen behaftet ist. Da die Adoptiveltern ein großes Interesse an einer positiven Integration des adoptierten Kindes haben, werden sie diesem Kind mehr Aufmerksamkeit schenken. Dies wiederum bekommen die leiblichen Kinder deutlich zu spüren. Schnell ist dies der Nährboden für Rivalität, Eifersucht und Neid oder Mobbing unter den Geschwistern.

Meistens bemüht sich das adoptierte Kind (je nach Alter) am Anfang um Integration und Anpassung. Es befindet sich in der ersten Phase noch in der schwächeren Position. In einer späteren Phase kommt es dann häufig zu Problemen, da das adoptierte Kind Enttäuschungen und Verletzungen von vergangenen Beziehungen und Erlebnissen neu inszeniert und in der neuen Familie wiederbelebt. Für die Adoptiveltern und die neuen Geschwister ist das keine leichte Situation, denn sie müssen in so einem Fall therapeutische Aufgaben übernehmen. Das adoptierte Kind braucht Verständnis und die Möglichkeit zu neuen, besseren Erfahrungen. Manches muss eventuell auch nachgeholt werden. Dies setzt ein hohes Maß an Einfühlungsvermögen und erzieherischen Fähigkeiten voraus.

Einem adoptierten Kind sollte so bald wie möglich (altersgerecht) die Wahrheit über seine Herkunft gesagt werden. Wird sie verschwiegen, entwickelt das Tabu eine unheimliche Dynamik. Denn jedes adoptierte Kind, dem seine Herkunft verschwiegen wird, weiß dennoch auf einer unbewussten Ebene, dass es seine Wurzeln woanders hat.

Wenn darüber nicht offen gesprochen wird, entsteht keine Echtheit und kein tiefes Vertrauen zwischen Adoptiveltern und Adoptivkind(ern).

Patchworkfamilien

Das Zusammenfinden von zwei Familien mit Kindern nach Scheidung oder Tod macht es nicht nur für die Eltern, sondern auch für die Kinder schwierig, ihren Platz zu finden. Vor allem dann, wenn die eigene Position in der Geschwisterreihe verändert wird. War ein Kind zuvor das älteste und wird durch die Heirat der Eltern auf die Position des zweiten oder dritten Kindes in der Geschwisterreihe verwiesen, so muss es seinen Platz und damit auch seine Identität wieder ganz neu finden. Wenn zusätzlich noch der Verlust eines Elternteils verarbeitet werden muss, wird es schwierig werden, sich emotional und auch systemisch neu zu verorten.

Antonia erzählt: *»Mein Vater ließ sich scheiden, als seine damalige Frau mit dem zweiten Kind schwanger war. Er heiratete wieder. Danach wurde ich geboren. Manchmal fühle ich mich als Jüngste (meines Vaters). Ich bin aber auch die Älteste und Einzige meiner Mutter. So ist es für mich nicht immer leicht, mich innerlich zu verankern. Ich finde in mir eine interessante Mischung aus Einzelkind und Jüngster.«*

Tod

Eine Sondersituation entsteht immer durch den Tod eines Geschwisterkindes. Manche erfahren erst spät, dass es vor ihnen noch andere Kinder gab, die bereits vor ihrer Geburt starben. Andere sind schon am Leben, wenn ein Geschwisterkind stirbt, und bekommen neben dem eigenen Schmerz auch das Leid der Eltern und Geschwister hautnah mit.

In solch einem Fall kann es sein, dass sie die Rolle des verstorbenen Kindes übernehmen. Wenn zum Beispiel das älteste Kind stirbt, kann es sein, dass das zweite diese Position und den Auftrag dieses Kindes übernimmt.

Karl König meint, dass das bewusste Miterleben des Todes eines Geschwisterkindes die nachfolgenden in eine neue Position zwingt.[12] Ob dies der Fall ist, hängt aber auch mit davon ab,

- wie die Eltern damit umgehen und welche Bedeutung sie dem gestorbenen Kind einräumen. Wurde es überhöht oder tabuisiert oder konnten die Eltern einen versöhnten Umgang mit dem Geschehen pflegen und (entspannt) darüber reden?
- wie die Eltern mit den anderen Kindern umgehen. Es spielt eine entscheidende Rolle, ob ein Kind eine Position oder einen Auftrag übernehmen muss, oder ob es an seinem Platz bleiben kann.

Auf jeden Fall spielt es immer eine Rolle,

- ob die Kinder davon wissen oder ob das Erlebte von den Eltern tabuisiert wurde. Wenn Kinder erst als Erwachsene erfahren, dass es vor ihnen noch ein anderes Kind gab, das bereits vor ihrer Geburt oder vor der bewussten Erinnerungsfähigkeit gestorben ist, dann ist das oft wie ein Aha-Erlebnis oder wie eine plötzliche Erkenntnis: Irgendwie ahnte ich das schon immer, aber jetzt erst wird es wirklich bestätigt.
- wie alt das Geschwisterkind bei seinem Tod war. Starb es bereits in der Schwangerschaft oder kurz nach der Geburt?
- ob die Kinder das Geschwisterkind kannten oder nur aus Erzählungen von ihm wissen. Wurde es als zugehörig oder als fremdes Wesen der Vergangenheit erlebt?

Behinderung oder Krankheit

Ist ein Geschwisterkind behindert oder schwer krank, dann wird es irgendwann von den jüngeren Geschwistern überholt. Das ist sowohl für das behinderte Kind nicht einfach als auch für das jüngere Kind nicht. Das behinderte oder kranke Kind muss seinen Platz an ein anderes abtreten. Für die jüngeren Kinder kann dies auch mit Schuldgefühlen verbunden sein. Sie können schneller oder besser sprechen, laufen, lesen oder denken. Sie spüren, dass sie dem älteren Kind damit einen Platz streitig machen, der eigentlich dem behinderten oder kranken Kind zustehen würde.

Jüngste

Oft werde ich von Jüngsten, die drittes Kind sind, gefragt: »*Bin ich nun Jüngstes oder Drittes?*« Meine Rückfrage lautet dann: »*Wie fühlen Sie sich? Eher als Jüngstes oder als Drittes?*« Das eigene Empfinden gibt dann Antwort auf die Frage – und häufig trifft eben auch beides zu.

Aber auch für Kinder in einer großen Geschwisterreihe von vier oder mehr Kindern kann es schwierig sein, sich zu positionieren. Gerade dann zum Beispiel, wenn es zwei ältere Kinder gibt und dann erst nach einem Altersabstand von fünf Jahren weitere drei Geschwister geboren wurden. Die dann geborenen Kinder können wieder sein wie erstes, zweites oder drittes – genauso gut kann es aber auch sein, dass das dritte Kind sich auch wie ein drittes und das vierte wie ein viertes usf. fühlt.

All die genannten Beispiele machen deutlich, dass es nicht für alle Leser dieses Buches ganz einfach sein wird, für sich zu klären, welche Position für sie zutrifft. Möglicherweise müssen sie sich mehreren Positionen zuordnen. Doch auch das kann helfen, sich selbst besser zu verstehen und kennenzulernen.

Das erste Kind

Zur Einstimmung

Mein Platz in der Geschwisterreihe:

»Ännchen, denen zeigen wir es!« Dies ist der Satz, den meine Mutter mir während ihrer Schwangerschaft mit mir immer wieder sagte. Er klingt ein wenig wie eine Beschwörung, er ist voller leidenschaftlichen Kampfgeistes, ein wenig rebellisch und gleichzeitig reflektiert er doch unsere enge Beziehung und das Team, das sie mit mir und für mich bildete. Ich war ihr erstes von am Ende vier Kindern und doch für meine Familie nicht im klassischen Sinne das Erstgeborene. Beide Familien – sowohl väterlicher- als auch mütterlicherseits – hatten sich aus der familiären und ökonomischen Situation heraus einen Sohn erhofft. Meine Mutter war das einzige Kind meiner Großeltern geblieben. Meinem Großvater, der zum Zeitpunkt meiner Geburt immer noch ein mittelständisches Bauunternehmen führte, fehlte der Nachfolger. Meine Mutter, seine Tochter, wuchs in dem beständigen Wissen auf, dass sie doch eigentlich ein Sohn hätte sein sollen, und litt unter der Vorstellung, sie müsse den fehlenden »Jungen« ersetzen. Anstatt ihren natürlichen musisch-kreativen Begabungen nachzugehen und Lehrerin zu werden, was ihrer großen Leidenschaft und Geduld, mit Kindern zu arbeiten, entsprach, kämpfte sie sich – auch um meinen Großeltern gerecht zu werden – durch ein Bauingenieur-Studium: Als eine der wenigen Frauen allein unter über 300 Männern. Anstatt mit Röcken und Schmuck stand sie mit derben Arbeitsstiefeln und Stahlhelm im Bauleitungsbüro und war Teil einer Mannschaft, die Brücken baute. Als sie dann nach der Heirat mit dem ersten Kind schwanger wurde, waren die Erwartungen auch aufseiten meiner Großeltern immer noch groß, dass vielleicht doch noch der ersehnte Nachfolger geboren wurde. Nachdem der Arzt meiner Mutter während einer der Vorsorgeuntersuchungen eröffnet hatte, dass es ein Mädchen geben würde, behielt sie dieses Wissen bis zur Geburt für sich. Noch heute lacht sie, wenn sie mir das entsetzte Gesicht meiner Großmutter beschreibt, die in den Kreißsaal gerannt kam:»Oh, liebe Güte, ein Mädchen!« Als dann in nicht einmal zwölf Monaten mein Bruder das Licht der Welt erblickte, war die Welt endlich in Ordnung – endlich der männliche Thronfolger da und nun auch das Mädchen recht für den Rest der Familie. Ich musste relativ schnell groß werden, weil die Wiege und der Kinderwagen nun für meinen Bruder gebraucht wurden. Die ganze Familie streckte ihre Finger nach meinem Bruder aus. Meine Großeltern, die im selben Haus wohnten, beschlagnahmten ihn gar. Ich wich meiner Mutter nicht von der Seite, es war spannend mit ihr. Sie wusste wunderbare Geschichten zu erzählen, ging mit mir ständig auf Entdeckungsreise und fütterte ununterbrochen meinen Wissensdrang. Ich kann mich erinnern, dass ich mich weigerte, in den Kindergarten zu gehen, weil ich die anderen Kinder und auch die Erzieherinnen einfach langweilig fand, während mir meine Mutter beständig neue Türen in andere Welten öffnete. Ich war ein ernstes Kind, ein kritisches – eines, das eher»Nein« als»Ja« sagte. Mein Bruder war das »Ja-Kind« – der Sonnenschein, der mit seiner Fröhlichkeit und seinem Witz alle ansteckte. Aber obwohl wir sicher sehr unterschiedlich waren und auch heute sind, wurden wir ein sehr gutes Team. Vielleicht weil sich unsere so verschiedenen Begabungen nicht direkt tangierten, gab es keine Eifersüchteleien. Ich kann mich an kaum einen Streit in unserer Kindheit erinnern. Uns waren unterschiedliche Rollen zugeteilt und die spielten wir. Er war der Liebling aller Tanten, wurde an Weihnachten und Ostern mit Präsenten überhäuft, war aber stets bereit zu teilen. Führten wir etwas im Schilde (und das taten wir meist gemeinsam), gefiel ich mir sehr oft in der Vorstellung, dass ich der strategische Kopf war. Ich wusste dennoch, dass er bei der Durchführung mit seinem Charme wesentlich weiter kam als ich mit meiner verkopften, bisweilen ein wenig altklugen ernsthaften Art. Andererseits war er mein kleiner Bruder und ich war für ihn verantwortlich. Das war mir eingeimpft worden. Manchmal machte er mir das Aufpassen schwer, gerade als wir noch relativ klein waren. Er war immer draufgängerischer, mutiger, rebellischer und bisweilen auch frecher als seine disziplinierte, ruhige Schwester. Einmal gelang es meinem Bruder als Dreijährigem, das Auto, in dem noch der Schlüssel steckte – meine Mutter war schnell ausgestiegen, um etwas aus dem Haus zu holen –, in Bewegung zu setzen. Während ich schlief, hatte er sich auf dem Fahrersitz niedergelassen und steuerte das Auto aus dem Hof geradewegs in die im Feierabendverkehr stark frequentierte Hauptstraße. Hätte ihn und das Auto eine Schneewehe nicht so aufgehalten, dass das Auto nur halb in die Hauptstraße hineinhing, hätte es wohl sehr böse geendet. So aber wachte ich inmitten eines Straßenchaos durch lärmendes Autohupen links und rechts von uns auf. Mein Bruder saß vorne am Steuer und betrachtete wenig eingeschüchtert die Szene, die er verursacht hatte, während ich mit Tränen und Geschrei, Hilfe zu holen versuchte. Ein anderes Mal hatte meine Mutter meinem Bruder angedroht, sie würde ihn einfach im Wald aussetzen, wenn er sich weiter so ungezogen benehmen würde. Anstatt aber meinem Bruder Angst einzuflößen, hatte sie etwas vollkommen anderes bewirkt: Ich kannte meinen Bruder und wusste, dass er nicht so einfach klein beigeben würde. So versetzte die Drohung meiner Mutter mich in Angst und Schrecken, in dem Wissen, dass es ihm tatsächlich blühen könnte. Ich flehte also meine Mutter an, sie möge doch gnädig sein und meinen Bruder bei uns lassen. Etwas Ähnliches ereignete sich, als meine Eltern als Erziehungsmaßnahme für meinen Bruder eines Abends in der Adventszeit den Knecht Ruprecht bestellt hatten. Ich weiß noch, dass er mir mit der Rute und der tiefen Stimme überhaupt nicht geheuer war und vor allem, als er begann, ein großes goldenes Buch aus seinem Sack zu ziehen und aus einem »Sündenregister« vorzulesen. Das »Sündenregister« meines Bruders war ziemlich lange und wieder fürchtete ich, dass mein Bruder durch seine mitunter frechen Fragen sich noch weiter in den Mist setzen könne. Ich begann also, die vorgetragenen Delikte kleinzureden. Denn anstatt von dem großen Mann mit dem dunklen Kittel und der Rute beeindruckt und eingeschüchtert zu sein, saß mein Bruder in bester Laune auf dem Sofa, betrachtete den Kerl mit großem Interesse und unternahm nichts zu seiner Verteidigung. Aber letztendlich hatte mein Bruder natürlich recht behalten: Er hatte auf den schweren Sack des Kerls spekuliert.

Und tatsächlich: Trotz der Strafpredigt regnete es am Ende eine Menge Geschenke, die mein Bruder ganz selbstverständlich annahm, während mir die Sache immer noch nicht geheuer war.

So wuchsen mein Bruder und ich fast wie Zwillinge zehn Jahre lang nebeneinander auf. Wir hielten in der Schule zusammen, gingen zusammen in die Kinderkantorei, das Schulorchester, das DLRG-Schwimmen. Er war mein wichtigster Vertrauter bis weit ins Studium hinein. Manchmal denke ich darüber nach, dass es für ihn vielleicht nicht immer leicht neben mir war. Ich lernte sehr gerne, nicht um der guten Noten willen, nicht weil ich unter Druck gesetzt wurde oder anderen etwas beweisen und besser als sie sein wollte. Nein, das Lernen an sich war spannend: das Aufbrechen zu neuen Welten, all die Fragen, die sich daraus ergaben. Ich war eine klassisch fleißige Schülerin, ohne es bewusst selbst zu merken. Meinem Bruder wurde ich mitunter als gutes Beispiel von Lehrern, die uns beide unterrichteten oder uns beide kannten, vorgehalten. Dabei war mein Bruder keineswegs ein schlechter Schüler – ich bewunderte ihn immer sehr dafür, dass er für einen sehr geringen Aufwand immer sehr gute Noten bekam. Er war einfach ein bisschen fauler oder nahm Sachen erst in letzter Minute in Angriff; oder ihm waren andere Dinge einfach wichtiger. Er setzte sich auf diese Weise sehr viel stärkeren Konfrontationen mit unseren Eltern aus und ging bisweilen mit dem Kopf durch die Wand. Dennoch hat diese Art von Sozialisation jeden von uns wohl sehr geprägt: Für mich war im Grunde immer klar gewesen, dass ich Medizin studieren würde. Durch ein paar größere und kleinere Erlebnisse wurde ich in diesem Wunsch noch bestärkt. Meinem Bruder stellte sich die Frage nach der Studienwahl ein Jahr später. Meine Mutter war überzeugt davon, dass ebenfalls Medizin sein Fach sein würde. Doch mein Bruder weigerte sich. So beauftragte meine Mutter mich, die Anmeldeformulare für die zentrale Vergabe von Studienplätzen in der Medizin auszufüllen. Durch diese Anmeldung bekam mein Bruder den positiven Bescheid – auch wegen seines sehr guten Abiturs –, einen Medizinstudienplatz antreten zu können. Mein Bruder war über diese Aktion sehr verärgert und wischte weitere Diskussionen mit den folgenden Sätzen vom Tisch: »Denkt ihr denn wirklich, dass ich die Nummer drei sein will? Zuerst werden alle Papa als Arzt konsultieren, dann kommen sie zu meiner Schwester und irgendwann dann auch zu mir. Das will ich nicht.« Andererseits war er von klein auf mit meinem Großvater auf dem Bau unterwegs gewesen. So war es im Grunde eine fast rationale Schlussfolgerung, dass er sich für ein Ingenieurstudium entschied. Als mein Bruder und ich neun und zehn Jahre alt waren, wurde meine Mutter noch einmal schwanger. Wir bekamen noch einen kleinen Bruder und weil meine Eltern zu sehr Sorge hatten, dass dieser nun als Nachkömmling alleine aufwachsen würde, waren sie froh und dankbar, als sich innerhalb kurzer Zeit Kind Nummer vier einstellte. Mein Bruder und ich waren nun also nach zehnjährigem Duett plötzlich die »Großen«, während die beiden »Kleinen« – mein jüngerer Bruder und meine Schwester – nur eben zehn Jahre später in demselben Muster zusammen aufwuchsen, sodass meinen Eltern, die sehr dank- oder undankbare Aufgabe zukam, über 20 Jahre denselben Aufs und Abs an demselben Gymnasium mit denselben Lehrern nachzukommen. Als mein jüngerer Bruder auf die Welt kam, war ich selig vor Glück. Ich hatte immer sehr gerne mit Puppen gespielt und war jahrelang nicht ohne eines meiner Puppenkinder anzutreffen gewesen. Nun bekam ich also ein echtes Baby. Und mein kleinerer Bruder war das schönste Baby der Welt! Ich adoptierte ihn und probierte endlich das Wickeln, Füttern und Anziehen an ihm aus, was ich jahrelang mit meinen Puppen erprobt hatte. Da seine Wiege und dann das Kinderbett in den ersten Jahren, während bei uns das Haus erweitert wurde, auch in meinem Zimmer stand, entwickelte sich eine ganz besondere Beziehung. Er schlief neben mir, während ich bis spät lernte. Er hatte ein wenig dieselbe ruhig wissbegierige Art. Und er liebte Lexika und Tierbücher und sammelte die seltsamsten Informationen. Einmal fragte er mich, als er gerade ein bisschen mehr zu sprechen begonnen hatte, und schreckte mich damit aus meiner ersten Schlafphase auf: »Anna, was ist ein Tagpfauenauge?«

Meine kleine Schwester war von Anfang an ein Temperamentbündel, rebellisch wie der ältere meiner beiden Brüder – immer mit dem festen Vorsatz behaftet: »Na wartet nur, euch zeige ich es. Ich bin nicht die Kleinste hier!« – und in ihren Strategien uns allen überlegen. So brauchte es einige Zeit, bis meine beiden Brüder herausfanden, dass sich in dem Puppenwagen, den meine Schwester stets mit Engelsmiene vor sich herschob, ein erstaunliches Waffenarsenal an James-Bond-Pistolen und

Schwertern aus Plastik unter den Puppen befand, nach dem sie wochenlang gefahndet hatten. Der Einzige, von dem sie Ratschläge annahm, war der ältere meiner beiden Brüder. Meiner Mutter konnte sie sehr klar ihren Willen zeigen und nicht davon abweichen. Allerdings waren der ältere meiner beiden Brüder und meine Schwester sich schon wieder so ähnlich, dass, hatten sie einmal einen Kampf auszufechten, er unerbittlich war: Der ältere meiner Brüder befestigte einmal über Wochen die Barbiepuppen meiner Schwester im Kronleuchter unseres Wohnzimmers. Bei über drei Metern Zimmerhöhe liefen wir beständig darunter vorüber, während meine Schwester verzweifelt ihre Puppen suchte. Als sie sie dann endlich entdeckte, eliminierte sie die Schuhe unseres Bruders durch das Fenster, sodass dieser sich ebenfalls ziemlich lange auf die Suche begeben musste.

Es macht einen deutlichen Unterschied, ob man nun zu viert ist oder zu zweit. Für meinen Bruder und mich war es nach zehn Jahren Zweisamkeit eine Umstellung. Es gab sicher Zeiten, gerade als meine jüngeren Geschwister noch sehr klein waren und wir gerade ins Teenager-Alter gekommen waren, dass wir es durchaus sehr »uncool« fanden, wenn meine kleineren Geschwister während Familienausflügen zunächst gewickelt werden und später auf das Töpfchen mussten. Während wir im Urlaub surfen gehen wollten, buddelten die beiden »Kleinen« im Sand. Da Musik in unserer Familie immer eine sehr große Rolle spielte, begannen wir zwar sehr früh, unser eigenes Quartett zu bilden. Allerdings haben wir es stets bedauert, nicht zu viert in die Schule oder das Orchester gehen zu können. Als ich im Abitur stand, hatte meine kleine Schwester gerade erst gelernt, wie man mit beiden Händen Akkorde auf dem Klavier spielt. Als ich wegen des Studiums zu Hause auszog, verließ der kleinere meiner Brüder gerade die Grundschule.

Während der Vorbereitungsphase zum medizinischen Staatsexamen und zur ärztlichen Approbation war ich noch einmal fast drei Monate zu Hause eingezogen, nach sechs Jahren Studium. Ich bin heute sehr, sehr dankbar für diese Zeit, die wegen des intensiven Lernens eigentlich nicht in bester Erinnerung hätte bleiben müssen. Stattdessen waren diese Monate ganz wunderbar. Ich erlebte und entdeckte meine beiden jüngeren Geschwister noch einmal ganz neu. Sie waren inzwischen zu richtigen Persönlichkeiten herangereift. Es machte nicht nur Spaß, mit ihnen gemeinsam zu musizieren, es waren vor allem die Ideen und die Diskussionen, die wir bis spät in die Nacht hinein führten, die bereicherten. Es war mein kleiner Bruder, der mich jeden Abend einmal ums Dorf führte, damit ich durch frische Luft den Kopf wieder freibekam. »Gassi führen« nannten wir das. Und es war meine kleine Schwester, die, als ich kurz vor dem Examen nicht mehr überzeugt von meinem Wissen und meinen Fähigkeiten war, zu mir sagte: »Anna, du kannst es! Du schreist jetzt hier und jetzt und an dieser Stelle ganz laut: Ich kann es!« Obwohl ein Verantwortungsgefühl für meine Geschwister in mich hineingepflanzt wurde und es mich wohl nie gänzlich verlassen wird, ist jedes von meinen Geschwistern eine unglaubliche Bereicherung für mich und mein Leben. Ich fürchte zwar, dass ich noch mit über 80 Jahren beim Überqueren der Straße mit meinen Geschwistern mich zuerst nach den Autos, dann nach ihnen umsehen und dann im Kommandoton sagen werde: »Achtung, passt auf!« oder »Los! Jetzt gehen wir!« Dennoch gibt es bei uns im Grunde keine Hierarchien. Wir hatten immer eine sehr starke Diskussionskultur und es war nicht wichtig, wer etwas sagte sondern wie jemand seinen Standpunkt durch die treffendsten Argumente untermauerte. Wenn jemand dennoch ein Vergehen gegen die Demokratie witterte, dann wurde auch dies auf den Tisch gebracht. So kann ich mich daran erinnern, dass mir meine Großmutter einmal ein Lebensmittelpaket für das Studium vorbereitet hatte, als ich an einem Wochenende nach Hause gefahren war. Unter anderem war eine Brezel meines Lieblingsbäckers darunter und meine Großmutter hatte auch noch einen Kuchen für mich gebacken. Einige Zeit später stellte ich beim Einpacken fest, dass sowohl die halbe Brezel verschwunden als auch ein großes Stück aus dem Kuchen geschnitten war. Beigelegt war ein Zettel: »Auch der Zweitgeborene hat ein Recht!« Es gibt keine Rangfolge bei uns – wir sind zu viert ein sehr gutes Team und da wir sehr unterschiedlich sind, bringt jeder seine Begabungen ein, sodass wir uns, je älter wir werden, umso mehr gegenseitig genießen können. Meine Schwester hat es bereits mit zehn Jahren, als sie von der Grundschule ins Gymnasium eingeschult werden sollte, sehr schön auf den Punkt gebracht: »Mama, heute gibt es überhaupt keinen Grund, dass du mitkommst. Meine drei Geschwister werden mich begleiten. Und mit denen stehe ich ganz gut da.«

Beim Schreiben dieses Artikels wurde ich durch Fragen auch dazu angeregt, mir Gedanken zu machen, wie die Position in der Geschwisterfolge mich beeinflusst hat – in positivem wie negativem Sinn. Meine Mutter sagte mir einmal:»Du musst einfach der Schneepflug sein für deine Geschwister.« Es war eine Feststellung und eine Selbstverständlichkeit. Ich war nie fleißig oder ehrgeizig, weil ich besser als meine Geschwister sein wollte. Das war nie ein Thema. Für meine Geschwister und mich gehörte es stets zum Pflichtprogramm, die Aufgaben, die man uns stellte, sehr ordentlich zu erledigen. Jeder war verantwortlich dafür, sein Bestes zu geben. Was mich dennoch sicherlich prägt, ist Ausdauer und Disziplin, aus dem Gefühl heraus, dafür verantwortlich zu sein, dass etwas angepackt werden muss. Vielleicht aus dem Hintergrund meines Geschwisterkreises fällt es mir nun im Augenblick auch nicht schwer, Studenten zu unterrichten und Wissen weiterzugeben – es macht mir viel Freude. Andererseits realisiere ich jedoch auch, dass das ewige»In-der-Verantwortung-Stehen« dazu führt, dass ich mir schwerer tue, Aufgaben abzugeben und häufig denke:»Ach was, das erledige ich am besten schnell selbst.« Das lässt dann anderen keine Chance, sich einzubringen, und kann kreativeres Potenzial, indem eben mehrere Ideen zusammenkommen, mindern. Andererseits birgt das Überladen mit Verpflichtungen auch das hohe Risiko in sich, überarbeitet und frustriert anderen und sich selbst das Leben schwer zu machen. Es sind dann doch immer wieder meine Geschwister, die mich mit ihrem Humor auf den Boden bringen. Der Ich-zentrierte Fokus auf meine Probleme und Sorgen öffnet sich dann wieder für meine Mitmenschen. Durch meine Geschwister erhalte ich reflektierten Einblick in mich selbst und den Weitblick für das Wesentliche. Jeder ist dem anderen wichtig und gemeinsam können wir über uns selbst lachen. Das ist eine Kunst, die ich nie verlernen möchte und täglich wieder neu erstrebe.

Dr. med. Anna-Sophia Wahl (27 Jahre)
Neurowissenschaftlerin an der ETH/Uni Zürich

Beschreibungen

Das erste Kind ist das Erste. Da werden Sie mir zustimmen. Doch dieser banale Satz drückt eine Grundthematik aus. Ein erstes Kind kommt als Erstes zur Welt. Es eröffnet eine neue Generation. Das Erstgeborene ist darum in vielen Völkern auch Symbol für den Fortbestand der Familien und der Sippe. Auf ihm liegen alle Hoffnungen. Dieses Kind setzt die Geschichte der Familie fort.

Falls das erste Kind ein erwünschtes Kind ist, sind Eltern und eventuelle Großeltern stolz auf dieses Kind, das eine neue Generation eröffnet. Sie wollen ihre Rolle gut ausfüllen. Eltern von Erstgeborenen meinen häufig, es besser machen zu können als alle anderen Eltern, die sie kennen oder in ihrem Umfeld beobachten. Vor allem Eltern, die selbst Erstgeborene sind, erwarten von sich, die besten Eltern der Welt sein zu können. Beim ersten Kind machen die Eltern viele Fotos, dokumentieren die Entwicklung mit Filmen oder Tagebuchaufzeichnungen oder einer Internetchronologie. Das erste Lächeln, die ersten Greifversuche, die ersten Worte, der erste Zahn, die ersten Zeichnungen – beim ersten Kind ist dies alles etwas ganz Besonderes.

Erstgeborene sind Erwartungserfüller

Hinter solchem Verhalten der Eltern stehen hohe Erwartungen und Hoffnungen: Mit diesem Kind entsteht etwas Neues. Diesem Kind eröffnen sich großartige Möglichkeiten, wir unterstützen und fördern es nach allen unseren Kräften. Das Kind spürt: Ich mache den Eltern Freude und es macht mir Freude, den Eltern eine Freude zu machen. Es spürt aber auch: Es wird viel von mir erwartet. Meine Eltern, eventuell auch die Großeltern oder andere Verwandte, legen große Hoffnungen in mein Leben. Ich darf sie nicht enttäuschen.

Somit liegt auf dem Leben eines ersten Kindes immer auch ein gewisser Druck: *Mache es gut, mache es besser, enttäusche nicht. Streng dich an.*

Erstgeborene sind in ihrem Selbstwertgefühl darum stärker als die nachfolgenden Geschwister auf die Bestätigung der Eltern angewiesen und lassen sich auch leichter durch elterlichen Druck umstimmen. Wo Jüngere rebellieren würden, neigen die Ersten dazu, sich den Eltern zu beugen, sich bei Fehlverhalten zu entschuldigen oder zumindest schuldig zu fühlen. Diese Erwartungshaltung der Eltern ist ein hervorragender Nährboden für Leistungsorientierung, Selbstkritik und Perfektionismus. Fehler sind für Erstgeborene unverzeihlich, denn sie wollen es gut, ja am besten perfekt machen. Sie wollen beeindrucken und niemanden enttäuschen oder verletzen. Dahinter steht die Angst vor Zurückweisung. Fast alle Erstgeborenen tragen dieses Muster in sich und manche leiden auch sehr darunter.

Erstgeborene haben meist ein sehr sensibles und *strenges Gewissen*. Das liegt daran, dass das erste Kind eben das Erste ist, an dem Eltern sich in der Erziehung versuchen und bei dem sie es besonders gut machen wollen. Darum wird das erste Kind von der vollen Wucht der elterlichen Bemühungen, Normen, Wertmaßstäbe, Einstellungen und Disziplinierungen getroffen.

Erstgeborene sind meistens auch sehr fürsorglich und verantwortlich. Wir finden sie als Erwachsene oft in Positionen, in denen sie Verantwortung für andere Menschen übernehmen und diesen helfen können.

Mein Platz in der Geschwisterreihe:

Meine erste Erinnerung an meine Schwester und mich gemeinsam ist eine Situation auf dem sonnigen Balkon der elterlichen Wohnung. Ich decke ihr Gesicht mit einem Tuch zum Schutz gegen die Sonne zu. Selbst noch Kleinkind, muss das damals meinem ersten fürsorglichen Instinkt entsprungen sein. Den habe ich bis heute beibehalten, meine Frau spricht mich öfter darauf an. Nicht immer nur ist es allerdings ein Genuss, in meiner Fürsorge zu stehen; manchmal übertreibe ich damit wohl auch.

Das Verhältnis zu meiner Schwester hat sich sehr unterschiedlich entwickelt. Ich behaupte, es hängt auch sehr stark von den Lebensphasen ab. Die Erfahrungen und Erlebnisse jeder Phase beeinflussen die eigene Position in der Familie und damit wiederum das Echo, das man damit provoziert.

Wir beide jedenfalls hatten keineswegs zu allen Zeiten ein so positives Verhältnis wie heute. Unsere Eltern haben uns, denke ich heute, sehr gleichberechtigt und doch als Junge und Mädchen unterschiedlich behandelt. Es erwuchs zunächst eine Konkurrenz um Aufmerksamkeit, eine zeitweise intensive Streitlust zwischen uns beiden. Freunde nannten uns gelegentlich deswegen »Geschwister Fürchterlich«.

In der Pubertätsphase habe ich wohl gemeint, meine brüderliche Seite auf das Recht des Älteren zu konzentrieren. Aufgaben, die mir oblagen, habe ich häufig an meine Schwester weiterdelegiert, natürlich mit der »fürsorglichen« Mission, das müsse schließlich »für alle« erledigt werden – allerdings nicht durch mich. Meine Schwester wehrte sich dagegen. Mit Erfolg und durchaus einem latenten schlechten Gewissen bei mir.

In der Phase der Trennung (während ich zum Zivildienst zu Hause auszog und meine Schwester mit den Eltern in eine andere Stadt weiterzog) begann ein völlig neues Verhältnis zu meiner Schwester. Ich selbst begann, aus der uns durch die Eltern gestatteten Autonomie unerwarteten Nutzen zu ziehen. Die eigene Wohnung und das dabei zu Erledigende – mein Umgang damit überraschte meine Eltern: Heute kann ich das für einen 20-Jährigen als überaus ordentlich zu bezeichnende Organisierer, Haushalten und Ordnung halten als nachträgliches Einlösen des selbst empfundenen Defizits meiner Schwester und Eltern gegenüber sehen.

Interessant ist, dass meine Schwester und ich einen parallelen Gleichklang in der Art entwickelten, wie wir jeweils unsere Studentenleben organisierten. Jedenfalls eine Zeit lang.

Autonomie und Verantwortung in Einklang zu bringen, ist uns heute beiden ein großes Bedürfnis – das gut im Alltag gelang und gelingt.

Meine Schwester und ich haben dann, in einer Phase räumlicher Distanz und eines dennoch elterlich verorteten Familienkerns, in der Regel zu sehr harmonischen und häufig in Ort und Rahmen ungewöhnlichen Treffen gefunden: Beide einte uns damals unsere Reaktion, um die teils überbordende Kreativität unseres Vaters abzufedern und dadurch die mütterliche Seelenlage zu schonen. Das gilt bis heute, aber in etwas anderer Weise. Unsere Mutter starb sehr früh – die Angst, Trauer und Erinnerung um und an sie eint uns bis heute.

Dennoch hat wieder eine neue Phase begonnen. Beide haben wir eigene Familien, sind räumlich getrennt und telefonieren regelmäßig. Dabei kommt zweierlei zum Ausdruck: Keiner von uns hat heute eine »führende« oder »entscheidende« Rolle gegenüber der ehemals gemeinsamen Familie inne. Wohl aber innerhalb der jeweils eigenen: Fürsorglich zu denken und zu handeln, scheint uns beiden ein wesentlicher Zug zu sein, der uns eint. Dinge anzugehen, die eigene Meinung zu sagen und zu vertreten, ist uns gemein. Hin und wieder zu provozieren, sich auch einmal anderen zu verweigern und gelegentlich etwas Porzellan zu zerschlagen, ist mir dennoch geblieben. Allerdings heute in reflektierter Weise, mehr als damals: als meine Schwester für mich ein immens wichtiger Sozialisationspartner war, als ich Mechanismen und Wirkung von dominantem Verhalten schlicht ausprobieren wollte. Aber sie hat, Gott sei Dank, immer gut dagegengehalten. Auch dafür danke ich ihr heute!

(47 Jahre)
Studium der Kommunikationswissenschaften,
mit Psychologie und Marketing, Abschluss M. A.,
verheiratet, 2 Kinder, Verlagsgeschäftsführer, Kirchengemeinderat

---

Hohe Erwartungen ziehen unweigerlich *Schuldgefühle und Minderwertigkeitskomplexe* nach sich. Die Schuldgefühle von Erstgeborenen sind signifikant höher als bei Zweit- oder Drittgeborenen. Sie fühlen sich für alles verantwortlich, zuständig und darum auch bei Misslingen schuldig. Um von den Mustern »Schuld und Versagen« frei zu werden, brauchen Älteste oft sehr lange.

In aller Regel sind Erstgeborene darum *auch leistungsorientiert und diszipliniert.* Sie setzen sich ein – auch später als Erwachsene – und übernehmen Verantwortung. Sie sind Wegbereiter und haben den Überblick. So haben sie es von klein auf gelernt.

Erstgeborene sind *Vorangeher.* Ein Erstes war zuerst da und es will und muss vorn sein. Es fällt übrigens auf, dass Erstgeborene bei Führungen, Wanderungen und Ähnlichem gerne vorn sind. Sie setzen sich häufig an die Spitze einer Gruppe. Bei Spaziergängen zu zweit sind sie dem Wegbegleiter gerne immer ein oder zwei Schritte voraus, ohne das zu bemerken. Erst wenn sie darauf aufmerksam gemacht werden, entdecken sie, dass sie sich als Schrittmacher verstehen. Sie gehen auch gerne als Erste in ein Gebäude oder ein Gelände hinein. Sie haben einen inneren Antreiber, der sie nach vorne stürmen lässt oder der ihnen sagt: Dieser Platz steht dir zu. – Oder: Du musst als Erste/r vorangehen. Der erste Mensch, der den Mond betrat, Neil Armstrong, war ein Erstgeborener.»...von den ersten dreiundzwanzig Astronauten, die in den Weltraum geschossen wurden, waren einundzwanzig Erstgeborene oder Einzelkinder! Alle sieben Astronauten der ersten ›Mercury-Mission‹ waren die Erstgeborenen in ihren Familien.«[13] Ein tief sitzendes Urmuster: *Ich bin vorne oder ich muss vorne sein.*

Ihren Platz im Leben sehen Erstgeborene sozusagen *vorn,* an erster Stelle.

Erstgeborene sind *Weltverbesserer.* Sie finden sich häufig in Berufen, in denen Verantwortung übernommen werden muss oder etwas zur Verbesserung der Welt beigetragen werden kann. Denn die Muster, die von Kind auf gelernt wurden, prägen natürlich auch die spätere Berufswahl. Überdurchschnittlich viele Staats- und Regierungschefs waren oder sind Erstgeborene: zum Beispiel Julius Caesar, Isaac Newton, Alexander Hamilton, F. D. Roosevelt, Harry Truman, Winston Churchill, George Washington, Saddam Hussein, Boris Jelzin, Mao Tse-Tung, Angela Merkel.

Auch unter Ärzten und Psychologen finden sich auffallend viele Erstgeborene. In diesen Berufen kann die Welt von ihrem Schaden geheilt werden.

Bei Seminaren oder Vorträgen, bei denen etwas dazugelernt und damit verbessert werden kann, ist der Anteil der Erstgeborenen ebenfalls besonders hoch.

Eine interessante Beobachtung dazu. *Bei meinen Vorträgen über Geschwisterpositionen hatte ich in den ersten Jahren immer Material dabei, in dem die einzelnen Geschwisterpositionen noch etwas erklärt waren – aufgelistet unter fünf Kategorien: Erstes, Einzelkind, Zweites, Drittes, Jüngstes. Für alle Geschwisterpositionen hatte ich die gleiche Anzahl an Handzetteln dabei. Regelmäßig ging mir das Material für die Erstgeborenen aus. Nachdem mir das mehrere Male passiert war, kam ich zu dem Schluss: In deinen Vorträgen sitzen überdurchschnittlich viele Erstgeborene. Wenn ich gelegentlich während eines Vortrages frage:* »*Wer ist Erstgeborene(r)?*«*, ist es immer das gleiche Ergebnis: Der Anteil dieser Gruppe ist mit 50–60 Prozent weit überrepräsentiert. Warum ist das so?* – *Meine Erklärung: Bei Vorträgen kann ich etwas dazulernen, die Welt besser verstehen und Ansätze der Verbesserung entdecken. Erstgeborene wollen das auf jeden Fall und kommen deswegen gerne zu solchen Veranstaltungen.*

Belastung der Position des Erstgeborenen: Falls das erste Kind nicht erwünscht war, dann spürt es, dass es seinen Eltern keine Freude, sondern eher eine Belastung ist oder ihnen sogar schadet. Es hat deren Pläne durchkreuzt, es hat vielleicht auch Schande über die Mutter gebracht oder die Eltern zur Heirat gezwungen. Dies kann dazu führen, dass Eltern dem Ersten gegenüber eine unbewusste negative Einstellung haben. Mütter oder Väter kommen eventuellen Aggressionen vielleicht dadurch auf die Spur, wenn sie sich fragen: *Welche Pläne hat dieses Kind zerstört? Mussten wir deswegen heiraten? Hat es unsere Urlaubspläne zerstört? Musste ich meine berufliche Laufbahn deswegen unterbrechen? Hat es uns in finanzielle Schwierigkeiten gebracht?*

Die Gefühlslage unerwünschter Kinder ist oft sehr verworren: Sie spüren die Gefühle der Eltern und fühlen sich schuldig dafür, dass sie da sind; schuldig, weil sie auf die Eltern Belastungen gebracht haben oder weil die Eltern wegen ihnen streiten. Im weiteren Verlauf fühlen sie sich für alle Schwierigkeiten der Eltern miteinander verantwortlich: *Wegen mir haben sie geheiratet. Wenn es zwischen den beiden nicht klappt, bin ich schuld. Also muss ich schlichten. Ich muss ein liebes Kind sein und es meinen Eltern recht*

machen. Ich stelle mich zwischen die beiden als Puffer und versuche,
ihnen wieder gute Gefühle zu geben. Auf diese Weise bin ich vielleicht
doch ein bisschen ein liebes Kind.

Ganz egal, ob nun unerwünscht oder willkommen – Erstgeborene sind aufopferungsvoll, sie wollen gefallen. Sie haben gelernt, wie man möglichst wenig Fehler macht. Selten kämpfen sie für sich, sondern wenn, dann für die Verbesserung der Welt, für Recht und Ordnung. Sie haben eine Vorliebe für geregelte und durchorganisierte Aufgaben. Verschiedene Forscher haben bei Erstgeborenen die Neigung festgestellt, sich gerne im Bereich von Mathematik, Ingenieurwissenschaften, Chemie, Physik und Architektur zu betätigen.[14]

Als Erwachsene sind sie oft die *zielorientierten Macher.* Sie fallen in der Regel gleich auf, sie setzen sich ein und nehmen anstehende Dinge in die Hand. Sie fühlen sich zuständig. Sie haben von klein auf gelernt, Verantwortung zu übernehmen und den Überblick zu behalten.

Erstgeborene beschreiben es selbst wie folgt: »*Das Leben ist eine ernste Angelegenheit. Es gibt jede Menge zu tun, und ich habe daran einen wichtigen Anteil. Deswegen plane ich auch gerne und will vorausdenken. Überraschungen liebe ich nicht so sehr. Ich möchte gerne alles im Griff haben. Wenn etwas nicht wie geplant läuft, fühle ich mich gleich schuldig.*«

Auf ihrem Spezialgebiet gelangen sie zu einer gewissen Berühmtheit. Bekannte Erstgeborene sind Galileo Galilei, Martin Luther, Johann Wolfgang von Goethe, Mahatma Gandhi, Albert Einstein, Sophia Loren, Vaclav Havel, Margret Mead.

Als Erwachsene sind sie auch häufig Initiatoren von Projekten und Leiter von Gruppen. Es kann sein, dass andere unter der starken Führung von Ersten leiden, dass sie sich von den vielen Ideen, Projekten und Aktivitäten, die doch alle angeblich so wichtig sind, unter Druck gesetzt fühlen.

Frank Sulloway hat darauf hingewiesen, dass Erstgeborene häufiger tüchtiger sind als später geborene Kinder und das nicht deshalb, weil sie einen höheren IQ haben, sondern weil sie sich mehr anstrengen als Zweit- oder Drittgeborene. Laut Sulloway[15] sind in allen untersuchten Geschwisterpaaren die Erstgeborenen dominanter, ehrgeiziger und aggressiver als die danach geborenen Kinder. Unter diesem Druck reagieren Zweitgeborene häufig entweder mit Rebellion oder mit Unterwerfung. *Erstgeborene stellen viele Fragen.* Warum? Als Verantwortungsträger müssen sie Bescheid wissen und können sich einen besseren Überblick verschaffen, wenn sie viel fragen und klare Antworten auf gestellte Fragen bekommen. So können sie eine Situation einschätzen, daraus Schritte ableiten und Lösungen finden. Mit ihrem Perfektionismus machen sie es aber sich selbst und anderen oft auch schwer. Denn übersteigerter Perfektionismus kann zu Kleinlichkeit und Kontrollverhalten, Pedanterie oder Besserwisserei führen.

Mein Platz in der Geschwisterreihe:

Ich bin der erstgeborene Sohn von drei Kindern. Nach mir kamen noch zwei Schwestern. Als Sohn war ich sehr erwünscht und wurde mit großer Freude empfangen. Ein »Stammhalter«.

Es war mitten im Zweiten Weltkrieg, mein Vater war an der Front und meine Mutter verantwortlich für die Familie. Meinen Namen Günther erhielt ich nach dem U-Boot-Kommandanten Günther Prien. Im Dritten Reich waren Söhne wichtig und so bekam ich viel Liebe und Aufmerksamkeit von meinen Eltern. Für meine Mutter ist das so geblieben, auch nach der Ankunft meiner beiden Schwestern. Ich war ihr Liebling, etwas Besonderes, bis an ihr Lebensende. Meine beiden Schwestern haben immer etwas darunter gelitten. Mein Vater war einige Jahre nach dem Krieg in der Gefangenschaft und ich war der »Mann im Haus«.

Ich habe in dieser Stellung bis heute ein außergewöhnliches Verantwortungsgefühl und eine starke Leistungsorientierung entwickelt. Ich suche gerne nach Lösungen im Beruf und in der Familie und denke, dass ich das am besten kann. Manchmal gebe ich dadurch auch Antworten auf »nicht gestellte Fragen«. Das ist dann nicht immer hilfreich.

Ich bin ganz automatisch in Leitungsaufgaben hineingewachsen. Meine Sensibilität ist etwas unterentwickelt (sagt meine Frau). Aber ich kann damit gut leben. Ich bin gerne Vermittler, weil ich mit einer Sachlage auf sicherem Boden bin. Bei zu vielen Emotionen fühle ich mich auf unsicherem Terrain und suche deshalb (natürlich) schnell nach logischen Lösungen. Wegen dieser Prägung ist es mir auch wichtig, dass es den Menschen in meinem Umfeld gut geht, auch im Geschäftsleben und in der Gemeinde Jesu.

Schließlich bin ich ja ein verantwortungsbewusster Mensch.

In meiner Familie lebe ich aber auch meine andere Seite. Ich liebe meine Frau, meine Kinder und meine inzwischen zehn Enkelkinder über alles. Aber auch hier bin ich der Ansprechpartner und der »Ratgeber«, wenn in der Familie vor allem im Sachbereich Fragen anstehen. Meine Frau deckt den emotionalen Bereich sehr gut ab. Ich bin gern so, wie ich bin. Ich kenne meine Defizite und freue mich, wenn andere durch ihre Gaben diese ausgleichen. Im Älterwerden lerne ich das Loslassen. Ich spüre, dass mir das guttut.

Günther Bausch (71 Jahre)
Steuerberater, Leitungsfunktion und Geschäftsführung in vielen
verschiedenen christlichen Werken und Gremien,
zusammen mit Hilde in der Eheberatungsarbeit tätig

Erstgeborene setzen sich ein – aber weniger für eigene Rechte und Bedürfnisse, sondern für das Recht und die Gerechtigkeit an sich. Wenn ihnen ein Fehler auffällt, sind sie meistens die Ersten, die sich zu Wort melden oder einen Leserbrief oder Beschwerdebrief schreiben. In ihnen sitzt das Muster: »Das kann man so nicht lassen. Das ist falsch. Da muss ich was dagegen tun.«

Ulrike beschreibt es so: »*Ich gehe mit einem inneren Filter durch die Welt, der mir dauernd signalisiert ›richtig‹ oder ›falsch‹, ›gut‹ oder ›schlecht‹. Dieser innere Filter kann auch sehr bedrückend sein, denn oft fühle ich mich zuständig, wenn ich etwas in meinen Augen Falsches oder Schlechtes entdecke. Dann meine ich, ich müsste initiativ werden und etwas sagen oder melden oder helfen.*«

Erstgeborene sind von klein auf *Verteidiger,* zunächst nur des ersten Platzes in der Familie, später auch Verteidiger von Recht und Ordnung in größeren gesellschaftlichen Zusammenhängen. Typische Berufe von Erstgeborenen sind die des Juristen, Staatsanwalts, Richters, Polizisten oder Controllers. Denn in diesen Berufen kann man schon vom Berufsverständnis her etwas für Recht und Gesetz tun, für die Wiederherstellung bzw. Erhaltung der Ordnung oder für Bestrafung bzw. Verhinderung von Unrecht sorgen.

Erste gelten nach wissenschaftlichen Forschungen[16] eher als *konservativ,* als die Bewahrer des Bisherigen. Sie verstehen sich als Vertreter der Regeln der Eltern und deren Generation. Sie sind altersmäßig den Eltern am nächsten, zumindest näher als ihre Geschwister. Sie fühlen sich den Eltern verpflichtet und bilden eine Brücke zwischen den Eltern und den jüngeren Geschwistern. Ihre Rolle als Älteste kann ihnen niemand streitig machen.

Frank Sulloway hat sich dem Thema »Konservativismus der Erstgeborenen« in seinen Forschungen ausführlich gewidmet. Er beschreibt anhand vieler historischer Dokumente, dass Innovationen selten von Erstgeborenen ausgingen, sondern fast immer von später geborenen Kindern, die den Mut hatten, sich gegen das Werte- und Denksystem der Elterngeneration aufzulehnen. Er beruft sich hierbei auf die Beobachtung, dass erste und zweite Kinder sich sehr häufig unterschiedlich entwickeln. Seine Antwort: Das Zusammenleben in einem gemeinsamen Lebensraum, also dem Elternhaus, zwingt sie dazu, sich in unterschiedlichen Nischen zu behaupten. Der oder die Erstgeborene verteidigt die elterlichen Werte und Vorstellungen, während der oder die Zweite sich einen anderen Bereich suchen muss.

So resümiert Sulloway: »Es liegt in der Stellung von Erstgeborenen, dass sie sich stärker mit Macht und Autorität identifizieren. Erstgeborene kommen als Erste in die Familie und sie nutzen ihre überlegene Größe und Stärke, um diese besondere Stellung zu verteidigen. Sie sind bestimmender, dominanter, ehrgeiziger, eifersüchtiger auf ihren Status bedacht und gleichzeitig defensiver als ihre jüngeren Geschwister. Diese wiederum neigen aufgrund ihrer untergeordneten Position im Familiensystem dazu, den Status quo infrage zu stellen und unter bestimmten Bedingungen auch eine ›revolutionäre Persönlichkeit‹ zu entwickeln. Im Namen der Revolution haben sich Spätgeborene (bedeutet: später als Erste geborene – *Anmerkung der Autorin*) wiederholt den altehrwürdigen Grundannahmen ihrer Zeit entgegengestellt. Die kühnen Forscher, die Bilderstürmer und die Häretiker, die wir aus der Geschichte kennen, kommen aus ihren Reihen.«[17]

In der Geschwisterfolge sind Erste immer die *Vorbilder* – sowohl aus dem Blickwinkel der Geschwister als auch von den Erwartungen der Eltern her. Dafür müssen sie auch am meisten tun. Sie müssen alles erkämpfen: Wege bahnen, Freiheiten durchsetzen, Erwartungen erfüllen. Wo die Jüngsten schon nicht mehr kämpfen müssen, haben Älteste viel Schweiß und Mühe investiert. Eine Älteste meint: »*Manchmal sehe ich das Bild eines Dschungels vor mir. Damit man darin einen Weg gehen kann, muss man diesen Weg mit einer Machete freischlagen. Alle anderen, die danach kommen, finden den Weg schon gebahnt. Das ist für mich ein Bild des ersten Kindes, des Wegbereiters.*«

Über diesen oft »mühsamen Job« beschweren sich Älteste auch häufig, wenn sie älter werden. Sie weisen darauf hin, dass die jüngeren Geschwister Dinge tun dürfen oder erlaubt bekommen, die ihnen als Älteste in diesem Alter nie erlaubt worden wären.

Als meine jüngste Schwester mit 14 alleine auf eine Party durfte, fand ich das sehr ungerecht. Ich war bereits 16, bis meine Eltern mir das erlaubten. Und es hatte viele Kämpfe, Tränen und Wut gekostet. Doch sie durfte einfach so gehen…

Mein Platz in der Geschwisterreihe:

Im Großen und Ganzen fühle ich mich in meiner Rolle als Erstgeborene wohl. Das war schon als Kind so im Verhältnis zu meinem vier Jahre jüngeren Bruder. Es hat mir viel bedeutet, als ich zuerst gespürt und später aus seinem Mund erfahren habe, dass er mich bewundert und stolz ist, mich als Bruder zu haben.

Mit Ausnahme kurzer Unterbrechungen hatten wir schon als Kinder ein außergewöhnlich liebevolles Verhältnis, das bis heute andauert. Zusammengeschweißt hat uns auch die Ablehnung gegenüber unserem erfolgreichen, aber autoritären Vater. Ich habe oft die Verpflichtung gespürt, nicht nur meinen Bruder, sondern auch meine Mutter gegenüber Vater zu verteidigen, weil ich beide als zu schwach empfunden habe, sich selbstständig gegen seine patriarchalische, ungerechte Art zu wehren. Das hat vor allem während meiner Pubertät zu fast täglichen, lautstarken Konflikten zwischen meinem Vater und mir geführt, an denen sich die beiden anderen meist nur verhalten beteiligten. Verarbeitet haben Vater und ich diese langjährige Phase verbaler Gewalt im Prinzip bis heute nicht, man kann allenfalls von einem fragilen Waffenstillstand sprechen. Mein Bruder scheint ihm vergeben zu haben. Ich habe bislang keinen befreienden Zugang zu ihm gefunden und leide unter dem schwierigen Verhältnis. Bis heute verletzt sein Verhalten und sein Umgang gegenüber mir nahestehenden Personen schnell mein Gerechtigkeits- und Fairnessempfinden, was möglicherweise durch meine Stellung als Erstgeborener besonders ausgeprägt ist.

Mein Wunsch, besser als andere zu sein, ist merklich ausgeprägt, wie es wohl für viele Erstgeborene charakteristisch ist. Ich bin recht leistungsfixiert erzogen worden, was zu einem gewissen Drive und Perfektionismus, aber auch zu einem latenten Gefühl der Unzulänglichkeit und daraus folgender Unzufriedenheit geführt hat. Ich habe den Eindruck, dass dabei von familiärer Seite her in meinen Bruder weniger hohe Erwartungen gesetzt wurden als in mich. Als Resultat eigener Negativerfahrungen haben meine Eltern starken Wert darauf gelegt, uns bei Eröffnung aller Möglichkeiten die volle Freiheit der Berufswahl zu lassen. Gleichzeitig wurde aber auf subtile Weise transportiert, dass eine Berufswahl ohne Karriere inakzeptabel war. Wir hatten daraufhin beide erhebliche Probleme, herauszufinden, welchen Weg wir beruflich einschlagen sollten. Ich bin Rechtsanwalt geworden, mein Bruder hat BWL studiert.

Persönlich betrachte ich mich als sehr reflektierten Menschen, was mir typisch für meine Generation zu sein scheint. Gleichzeitig empfinde ich mich richtungslos ob der vielen Möglichkeiten, was mich oft schmerzlich unzufrieden und sinnsuchend macht. Den Glauben als maßvollen Kompass lerne ich erst kennen, empfinde ihn aber bereits jetzt als eine tiefe Quelle der Kraft und des Friedens. Für die Zukunft wünsche ich mir, Gottes Liebe noch mehr im Alltag zu verinnerlichen, und darüber hinaus, meine Berufung zu finden.

Rechtsanwalt (33 Jahre)

Es macht natürlich einen großen Unterschied, ob jemand das erste von zwei oder das erste von mehreren Kindern ist. Bei zwei Kindern ergibt sich auch in der Kommunikation ein relativ einfaches Gefüge. Mit jedem weiteren Kind vervielfältigt sich die Möglichkeit der Kommunikation und der Koalitionen. Die Optionen, sich zu verbünden oder zu verfeinden, nehmen zu. Auch das Lebensgefühl eines Ältesten ist ein grundsätzlich anderes, wenn er oder sie ein Vorangeher von zweien oder von vielen ist. Ein erstes Kind von vielen Geschwistern fühlt sich ein bisschen wie ein Heerführer oder ein Hirte. Wenn nur zwei Geschwister da sind, ist das erste Kind eher ein Kumpel oder Verbündeter.

Karl König meint, Erstgeborene hätten ein *Janus-Gesicht*,[18] also ein doppeldeutiges oder in zwei unterschiedliche Richtungen gewandtes Gesicht. Sie sind einerseits den Eltern zugewandt und ihnen zur Treue verpflichtet, auch von den jüngeren Geschwistern werden sie »aufseiten der Eltern« gesehen.

Aus dem Blickwinkel der Eltern aber sind sie »Kind«. Der Erstgeborene »muss eine doppelte Rolle spielen. Die Eltern sind der Kapitän auf dem Schiff der Familie; der Erstgeborene steht am Steuerruder, um des Kapitäns Befehle auszuführen. Wohl gehört er zur Mannschaft, aber doch nicht ganz.«[19] Diese Doppelrolle führt laut König dazu, dass ein Erstgeborenes nie ein sorgloses Kind sein kann. Es ist von Anfang an mit dem Bewusstsein einer Verantwortung und eines Auftrages erfüllt.

Mein Platz in der Geschwisterreihe:

Im Rückblick betrachtet war mir als Kind eigentlich nicht bewusst, dass ich der Erstgeborene war. Vor mir hatte meine Mutter eine Fehlgeburt gehabt. Als ich etwa zwei Jahre alt war, bestand bei mir der Verdacht auf Leukämie. Die Ängste meiner Mutter hatten auch Auswirkungen auf mich, denn ich hatte immer Angst vor dem Tod. Oft verhandelte ich in Gedanken mit Gott, dass ich vielleicht noch diese Woche erleben dürfte. Meiner Schwester, die 13 Monate nach mir kam, fehlte nichts. Ich liebte meine Schwester über alles, wir waren wie ein Herz und eine Seele. Dies änderte sich, als meine zweite Schwester kam, die vier Jahre jünger als ich ist. Meiner Mutter wurde oft alles zu viel, sodass mein Vater mich immer wieder zur Arbeit mitnahm.

Die Rolle als Ältester brachten meine beiden Schwestern mir sehr schnell bei, denn sie lagen sich sehr oft heftig in den Haaren und ich versuchte immer zu vermitteln und zu schlichten. Auch wenn sie Blödsinn machten, versuchte ich den Ärger mit den Eltern zu mildern. Deshalb bekam ich oft Prügel für meine Schwestern, weil ich versucht hatte, sie zu schützen.

Eine Situation ist mir noch sehr stark in Erinnerung: Eines Abends – ich war ungefähr sechs Jahre alt – als wir schon längst ins Bett gebracht worden waren, standen meine Schwestern vor meiner Tür und weinten lautstark, weil die Eltern nicht da waren. Ich suchte gleich das ganze Haus ab und fand unsere Eltern nicht. Um nicht in Panik zu geraten, tröstete ich meine Schwestern und beruhigte sie. Ich war selbst innerlich total in Aufruhr, weil ich Angst hatte und nicht wusste, wo unsere Eltern waren. Aber um meine beiden Schwestern nicht noch mehr zu beunruhigen und sie zu beschützen, ließ ich mir meine Angst nicht anmerken. Wie sich später herausstellte, waren unsere Eltern nur ganz kurz ins Nachbarhaus gegangen. Aber für uns war es eine gefühlte Ewigkeit. Wie waren wir erleichtert, als sie wieder zu Hause waren! Am erleichtertsten aber war wahrscheinlich ich, weil der große Druck des Beschützen-Müssens an diesem Abend von mir abfiel.

Interessant ist für mich, zu beobachten, dass mein zehn Jahre jüngerer Bruder meine Eltern ganz anders erlebte und erlebt als ich. Diesbezüglich habe ich das Gefühl, für ihn eine Art »Grenzensprenger« gewesen zu sein. Viele Freiheiten, die ich mir erkämpfen musste, waren für ihn im gleichen Alter schon selbstverständlich.

Meine Rolle als Ältester ist bis heute die Rolle des um den Ausgleich Bemühten. Für mich war und ist es wichtig, dass es eine gewisse Harmonie innerhalb der Familie gibt, was manchmal nicht so einfach ist. Aber meine Geschwister wissen, dass ich Streit schlichten kann und bei Problemen für sie da bin.

Johannes Drechsler (46 Jahre)
Diplom-Religionspädagoge und Logotherapeut

Die ersten Kinder sind immer ein bisschen die »*Versuchskaninchen*«. Am ersten Kind lernen die Eltern ihr Elternsein und ihre Erziehung. Die Eltern sind noch unsicher und ängstlich und gehen sehr bewusst und durchdacht in der Erziehung vor. Wenn das erste Kind zum ersten Mal krank ist, geraten manche Eltern in Panik. Sie wissen nicht, wie sie mit solch einer Situation umgehen sollen. Diese Gefühle von Unsicherheit oder Angst übertragen sie natürlich auch auf das Kind. Erste versuchen, Fehler möglichst zu vermeiden. Als Erwachsene sind sie oft vorsichtige, bedachtsame und überlegte Menschen.

Beim ersten Kind löst sich die Paarsituation auf und das Paar entwickelt seine Rollen als Eltern. Dies führt immer auch zu einer Auseinandersetzung mit den eigenen Kindheitsmustern. Das muss nicht negativ sein, es kann sehr erhellend und bereichernd sein, sich selbst auf dem Hintergrund der eigenen Kindheitsgeschichte besser zu verstehen. Es kann aber auch für einen selbst sowie in der Beziehung zum Partner sehr konfliktträchtig werden.

Es kann sein, dass eine Mutter sagt: »*Schön, wie er mit dem Kind umgeht.*« Oder aber: »*Wie geht er denn mit dem Kind um? Das macht mir Angst.*« Und umgekehrt kann es sein, dass eine Mutter sagt: »*Ich freue mich, Mutter zu sein!*« Oder aber: »*Manchmal habe ich Gefühle in mir, die mich beunruhigen. Da ist manchmal so eine Wut oder Hass auf mein Kind in mir. Was soll das bedeuten?«* Auch die eigenen Erfahrungen mit Erziehung und die Vorstellungen, was ein Kind können oder wissen soll, können sehr unterschiedlich sein und zu ernsthaften Konflikten führen.

Je nach Vorerfahrungen der Eltern spürt das Kind natürlich den Konflikt oder auch die Harmonie zwischen den Eltern und wird sich entsprechend verhalten.

Bei Unfrieden zwischen den Eltern wird es sich schnell schuldig fühlen und sich damit in die Rolle des Vermittlers gedrängt fühlen. Auf jeden Fall fühlt sich das erste Kind ganz nah zu den Eltern, fühlt sich zugehörig. Wenn die Eltern nicht im Frieden miteinander sind, wird das Kind zum Koalitions- oder Bündnispartner eines Elternteiles. So wird es im Konfliktfall immer hin- und hergerissen sein und sich in jedem Fall dem anderen Elternteil gegenüber schuldig fühlen.

Jirina Prekop berichtet von ihrer Erfahrung, dass die »meisten der Kinder, die in Erziehungsberatungsstellen und kinderpsychiatrischen Ambulanzen von besorgten Eltern wegen ihrer Auffälligkeiten (Schlafstörungen, Entwicklungsstörungen, Teilleistungsschwächen und Verhaltensauffälligkeiten aller Art wie Autismus, Hyperaktivität, ADS oder tyrannisches Verhalten) vorgestellt werden, eben Erstgeborene sind«.[20] Als Gründe dafür nennt sie, dass das erstgeborene Kind eine solche starke Veränderung in die Paarbeziehung bringt, dass das Kind – im Falle von Unfrieden in der Ehe – zwischen die Fronten gerät und den Konflikt der Eltern durch seine Auffälligkeiten sichtbar macht.

Die Umstellung der Eltern auf das erste Kind ist erheblich schwieriger als die Veränderungen, die durch ein zweites Kind entstehen. Das prägt auch die Einstellung der Eltern zum zweiten Kind. Meistens ist diese von Anfang an positiver, die Erziehung und die Entwicklung des Kindes sind weniger angstbesetzt. Es wird weniger ausprobiert, es ist mehr Sicherheit im Umgang mit dem Kind vorhanden.

Die Geburt des Zweiten

Wenn ein Ältestes ein Geschwisterkind bekommt, ist dies einerseits eine spannende Erfahrung. Älteste sind in aller Regel stolz auf das Geschwisterchen, häufig aber stellen sich auch bald Neid und Eifersucht ein. Sie verlieren ihre Einzelkind-Rolle, ihren Status als Hauptperson der nächsten Generation. Denn nun muss das Ältere mit dem Zweiten alles teilen: Zuwendung und Zeit der Eltern, später vielleicht auch Spielzeug und Zimmer.

Bisher war sich das älteste Kind der alleinigen Zuwendung der Eltern sicher. Bisher galt alle Aufmerksamkeit ihnen, sie waren Kronprinz oder Kronprinzessin, nun nimmt das Baby alle Kraft der Eltern in Anspruch. Es fordert alle Kraft, Aufmerksamkeit, Zärtlichkeit und Zuwendung der Eltern beziehungsweise der Mutter. Wenn Oma und Opa oder andere Gäste zu Besuch kommen, ist auf einmal das Baby wichtiger. Alles dreht sich nur noch um das Geschwisterchen. Was für eine Enttäuschung für das Erstgeborene. So hatte es sich das nicht vorgestellt, einen Bruder oder eine Schwester zu bekommen.

Es kann eine tiefe Kränkung im Erstgeborenen hervorrufen. Ja mehr noch – einen tief sitzender Schmerz. Das bisherige Lebensmuster funktioniert nicht mehr, es ist eine Entwurzelung, vielleicht sogar eine Form der Traumatisierung. Helen Keller:»Lange Zeit betrachtete ich meine kleine Schwester als Eindringling. Ich wusste, dass ich aufgehört hatte, meiner Mutter einziger Liebling zu sein, und der Gedanke daran erfüllte mich mit Eifersucht. Die Kleine saß ständig auf Mutters Schoß, dort, wo mein gewohnter Platz war, und schien alle ihre Sorge und Zeit in Anspruch zu nehmen.«[21]

Nach der Geburt eines Geschwisterchens wendet sich das Älteste darum häufig zunächst eher dem Vater zu. Die Mutter ist emotional besetzt, zeitlich kaum verfügbar. Es ist ein Glücksfall für ein Kind, wenn der Vater dann auch dafür zur Verfügung steht.

Denn manche Väter wissen nicht, wie sie mit dem Erstgeborenen umgehen sollen. Oder sie sind aus beruflichen Gründen nicht greifbar oder sie engagieren sich nicht für die Familie.

Natürlich kann jede Krise eine Chance sein und zum Reifen der Persönlichkeit beitragen. In aller Regel erleben Erstgeborene das auch so. »Der König bekommt sein Gefolge, der Hirte seine Herde.« Daraus erwachsen den Erstgeborenen besondere Qualitäten wie Ehrgeiz, Führungsbereitschaft, Verantwortungsfähigkeit, Pflichtgefühl, Ernsthaftigkeit und Treue zur Tradition.

Der Verlust der Einzelkind-Position führt zur Ausbildung bestimmter Eigenschaften: Mit der Geburt des Zweiten werden sie zu Ersten und damit zum Großen, Stärkeren, Vorbild, Verantwortlichen und Ideengeber. Sie können erklären, helfen, bestimmen und betreuen. Sie lernen dadurch auch, zurückzustecken und zu teilen, sie müssen Frustrationen und Verluste aushalten. Oft versuchen sie, durch herausragende Leistungen den Verlust der Zuwendung wieder wettzumachen. Sie haben gelernt, zu helfen, einzustehen für das Jüngere und Verantwortung zu übernehmen. Sie orientieren sich in ihrem Wertedenken an den Erwachsenen und versuchen deren Ordnungen und Traditionen hochzuhalten und weiterzugeben.

Jirina Prekop bilanziert: Je größer der Altersabstand zwischen den Geschwistern, desto weniger groß ist die Gefahr von Neid und Eifersucht. Kürzere Altersabstände oder das gleiche Geschlecht dagegen rufen mehr Konkurrenzgefühle hervor. Gründe dafür sieht sie in der größeren Nähe zueinander bei geringerem Alter oder gleichem Geschlecht. »Rivalität hat immer dort einen Nährboden, wo es nur kleine Unterschiede gibt, sodass ein Aufholen oder sogar Überholen des Rivalen möglich erscheint … Meist ist das Verhältnis zwischen einem Bruder und einer Schwester um einiges weniger konfliktgeladen als zwischen zwei Schwestern oder zwei Brüdern.«[22]

Die Entthronung kann aber auch negative Konsequenzen nach sich ziehen. Sehr deutlich ist dies in der Geschichte von Kain und Abel zu sehen. Seine Wut, Eifersucht und Enttäuschung verleitet Kain schlussendlich zum Mord an seinem Bruder Abel (1. Mose 4). Er vernichtet den Konkurrenten. Eine ganz ähnliche Thematik finden wir in der Geschichte des verlorenen Sohnes (Lukas 15). Der Ältere erlebt diesen so: »Erst nimmt der mir den Platz bei den

Eltern weg, dann verschleudert er das Erbe und dann bekommt er auch noch ein Fest, nachdem er alles verprasst hat und hier einfach so wieder auftaucht …«

Jirina Prekop schreibt in ihrem Buch »Erstgeborene« sehr drastisch, wie sie als Zweite darunter zu leiden hatte, dass ihre ältere Schwester sich durch ihre Geburt zurückgesetzt fühlte und sie selbst darum immer wieder von ihr drangsaliert wurde. Erst im hohen Alter verstand sie, was für eine Kränkung ihre Geburt für die Schwester bedeutet haben musste und wie sehr diese darunter gelitten hatte. Sie erzählt, wie gut es ihrer Beziehung tat, als sie ihrer älteren Schwester gegenüber äußerte, dass sie sie als älteste Schwester akzeptiere und bereit sei, den zweiten Platz einzunehmen. Allerdings waren die beiden Frauen bei dieser Aussprache bereits um die siebzig.[23]

Häufig erleben Eltern bei der Geburt eines zweiten Kindes, dass das erste Kind sich deutlich verändert. Entweder das Kind regrediert, fällt also auf eine frühere Entwicklungsstufe zurück. In so einem Fall will das Kind wieder die Flasche, macht wieder in die Hose, will wieder gewickelt werden oder verhält sich in Sprache und Benehmen wie ein Baby. Dahinter steckt der Eindruck: *Wenn ich volle Zuwendung will – so wie das Baby sie bekommt –, dann muss ich eben auch wieder wie ein Baby sein.*

Solchem Verhalten begegnet man am besten, indem man direkt auf die dahinterliegende Sehnsucht antwortet: mit Liebe und Zuwendung. Das ältere Kind muss hören: Du bist geliebt. Wir mögen dich. Du bist unser großes Kind und wir lieben dich. Dein Geschwisterchen ist das kleine Kind und wir lieben es auch. Beide haben ihr Anrecht auf unser Herz.

Es kann aber auch sein, dass das älteste Kind bei der Ankunft eines Geschwisterchens wütend, zornig, abweisend und unfreundlich wird und dies gegenüber den Eltern oder dem Geschwisterchen mit drastischen Verhaltensmustern zeigt. In ihm entsteht das Gefühl: *»Jetzt habe ich Konkurrenz bekommen – und wer ist schuld? Die blöde Mama oder der doofe Papa – oder das dumme Geschwisterchen. Ich bin nicht mehr die Nummer 1. Jetzt muss ich die Liebe,*

Zeit und Aufmerksamkeit mit einem anderen Kind teilen, das sich Mama und Papa angeschafft haben.«

Wenn ein erstgeborenes Kind nach der Geburt eines Geschwisterkindes Wutanfälle bekommt, ist dies der Versuch, Aufmerksamkeit auf sich zu ziehen. Es will eigentlich hören:»Wir mögen dich genauso wie vorher.« Und vor allem:»Du bist der/die Große und du bist für uns ganz wichtig.« Wutanfälle und Schimpfworte sind ebenso wie Regression und Trotz ein Ruf nach Liebe und Aufmerksamkeit.

Am hilfreichsten ist in so einem Fall, wenn Eltern vermitteln, dass sie das Kind verstehen und ihm erlauben, auch wütend oder traurig zu sein. Wenn es auch mit seiner Wut und seinem Schmerz weiterhin aufgefangen wird und geliebt ist, dann fühlt es sich verstanden und findet so am schnellsten aus der Ablehnung wieder heraus.

Es wäre falsch, von dem ersten Kind nach der Geburt eines Geschwisterchens sofort Verständnis und Verantwortungsbereitschaft zu erwarten. Auch das Erstgeborene hat immer noch die gleichen Bedürfnisse nach Nähe, Zuwendung, Zärtlichkeit und Aufmerksamkeit wie zuvor.

Die Kränkung durch das Geschwisterkind hat für Erstgeborene häufig die Konsequenz, seine Überlegenheit gegenüber dem Konkurrenten auszuspielen und sich auf diese Weise einen einigermaßen sicheren Platz in der Familie zu erhalten. Oft geraten erste Kinder auch in einen inneren Rachemechanismus, indem sie das jüngere Kind heimlich quälen, schlagen oder ärgern. Ähnliches wird in dem Erlebnisbericht auf Seite 180 gut ausgeführt. Die heimliche Botschaft lautet:*»Dieses Kind ist schuld an meinem Schmerz. Dafür muss es bestraft werden.«*

Ulrike erzählt:*»Als Kind schlug ich immer meine Puppen und ließ sie laut weinen. Das Weinen und die Traurigkeit der Puppen schaffte mir eine große Befriedigung. Wenn sie lange genug geweint hatten, nahm ich sie auf den Arm und tröstete sie wieder.«*

Dieses Spielverhalten ist im Grunde genommen eine Verlagerung der negativen Gefühle gegenüber den Geschwistern auf andere

Objekte, in diesem Fall auf die Puppen, die stellvertretend leiden müssen.

Den Erwachsenen gegenüber versuchen Erstgeborene aber häufig, ihre Enttäuschung oder Wut hinter einer übereifrigen Fürsorge zu verbergen. Sie kümmern sich aufopfernd um das Geschwisterchen, präsentieren es anderen Menschen, versuchen es zu trösten und den Eltern auf diese Weise zu helfen. In der Rolle der großen Schwester oder des großen Bruders bleibt den Erstgeborenen wenigstens ein bisschen Zuwendung oder Anerkennung durch die Eltern erhalten. Und das schlechte Gewissen im Blick auf die bösen Fantasien kann auf diese Weise gemildert werden.

Daraus entwickelt sich das oben bereits beschriebene typische Muster der Erstgeborenen: *»Ich zeige, wie groß und klug ich schon bin, und werde dafür gelobt und anerkannt. Damit das aber so bleibt, muss ich mich ständig anstrengen, um weiterhin gelobt zu werden und anerkannt zu bleiben. Ich darf meine Wut oder Enttäuschung nicht zeigen!«*

Liebe und Zuwendung basieren also auf der erbrachten Leistung. Die Eltern erkennen die dahinterstehende Not oft gar nicht, sondern sind stolz auf ihr großes Kind und bestätigen es in seiner Leistung und fördern damit weiter den fatalen Kreislauf zwischen Leistung und Anerkennung. So geraten Erstgeborene oft immer weiter unter Druck und leiden unter einer inneren Unruhe: immer getrieben zu neuen Taten, um Anerkennung, Lob und Bestätigung zu erhalten.

Mein Platz in der Geschwisterreihe:

Als Kind wollte ich auf jeden Fall beeindrucken. Bei allem, was ich machte wollte ich es meinen Eltern oder Lehrern recht machen, mehr noch: be ihnen an erster Stelle stehen. Ich wollte vorne dran sein, meiner Schwester ein Vorbild sein und den Ton angeben. Ich wollte bevorzugt werden.

Ich war fleißig und das Lernen fiel mir leicht. Durch gute Noten bekam ich Anerkennung, im Sport war ich mit meiner Freundin Klassenbeste. Auf der anderen Seite hatte ich damit zu kämpfen, dass meine Schwester so beliebt war. Diesen Wildfang fanden alle nett. Dabei konnte sie zu mir ziemlich gemein sein. An eine Szene erinnere ich mich noch besonders gut: Sie ärgerte mich so lange, bis mir der Kragen platzte und ich ihr meine Flöte auf den Kopf schlug, die daraufhin zerbrach.

Ich war absolut überzeugt von meiner Meinung. Ich fühlte mich im Recht, egal, worum es ging. Einmal bin ich bei einer Klassenfahrt nach Straßburg alleine ins Münster gegangen, da die anderen nicht mitwollten. Allerdings habe ich sie den ganzen Nachmittag nicht wieder getroffen. Ich wäre nicht einmal auf die Idee gekommen, um der Gemeinschaft oder einer Beziehung willen mein Vorhaben aufzugeben. So habe ich auch oft allein in der Mittagspause Hausaufgaben gemacht, weil ich sie erledigt haben wollte, während die anderen Zeit miteinander verbrachten. Und als die anderen zu mir sagten: »Du passt eigentlich gar nicht zu uns«, sagte ich: »Stimmt!« Ich stand auf und bin nie wieder zu der Gruppe zurückgegangen.

Willensstärke, Entscheidungsfreudigkeit und Zielstrebigkeit sind für mich nichts Besonderes. Weil ich verstehen will und Wissen auch Sicherheit gibt, erarbeite ich auch gerne Themen, die ich dann mit Vorliebe an andere weitergebe.

Ganz häufig spüre ich Konkurrenz zwischen mir und anderen, wenn ich den Eindruck habe, dass mir da jemand meinen Platz streitig macht oder mich überflügeln könnte. Dann möchte ich wieder Erste sein, typisch Erstgeborene eben. Wenn mir das bewusst wird, kann ich es Gott abgeben, beten, bitten, dass er mich satt macht, von ihm empfangen, wonach ich mich so sehne.

Mein ganzer Selbstwert war viele Jahre darauf aufgebaut, die Beste zu sein beziehungsweise dem anderen überlegen. Das macht einsam. Vielleicht ragt man auf diese Art etwas heraus, aber die Sehnsucht, geliebt zu werden, bleibt unerfüllt. Erst später habe ich gelernt, dass es in Beziehungen auch hilfreich sein kann, Schwächen zu zeigen. Und noch viel später habe ich für mich entdeckt, wie wertvoll es ist, den anderen wahrzunehmen mit dem, was er mir vermitteln möchte, und seine Gefühle zu verstehen.

Gleichwertigkeit in Beziehungen fällt mir heute da leicht, wo ich sein kann, wie ich bin, wo andere mich mit meinen Macken annehmen und ich die anderen mit ihren Stärken schätze. Mir hilft zu fragen:»Was dient dem wir?«, also der Beziehung, dem Miteinander. Das öffnet ganz neue Möglichkeiten für mich.

Krankenschwester, Individualpsychologische Beraterin (ICL),
Referentin (44 Jahre)
ehrenamtlich in Leitung Caféarbeit, ehrenamtlich in Klinikseelsorge,
verheiratet, Mutter von drei Kindern

Erstgeborene der Bibel

Kain ist der erste Erstgeborene der Bibel. Und damit hat er auch bei der Geburt von Abel erlebt, dass er entthront wurde. Sein Leben lang hatte er einen tief sitzenden Konflikt mit seinem nach ihm geborenen Bruder. Unter anderem führte dies dann zum Mord an diesem Bruder. Später rechtfertigt Kain sein Verhalten Gott gegenüber mit den Worten:»Soll ich meines Bruders Hüter sein?« (1. Mose 4,9). Hinter einer solchen Formulierung könnten auch ein tiefer Schmerz, Wut und Enttäuschung stecken, die man auch so ausdrücken könnte: *Erst war ich allein, dann kommt ein Zweiter und dann soll ich auch noch auf ihn aufpassen? Das ist doch wohl zu viel verlangt!* (Mehr dazu Seite 193.)

Abraham war ein typischer Erstgeborener. Er ist bereit, zu gehorchen und Gottes Erwartungen zu erfüllen. Gott sprach zu Abraham:»Geh aus deinem Vaterland und von deiner Verwandtschaft und aus deines Vaters Haus in ein Land, das ich dir zeigen will« (1. Mose 12,1), und Abraham ging.»Da zog Abram aus, wie der Herr zu ihm gesagt hatte« (1. Mose 12,4). An anderer Stelle heißt es (1. Mose 22,1 ff):»…versuchte Gott Abraham und sprach zu ihm: Abraham! Und er antwortete. Hier bin ich.« – Gott fordert Abraham auf, seinen Sohn zu opfern. Abraham diskutiert nicht mit

Gott, wie es zum Beispiel Zweit- und Drittgeborene tun würden, sondern es heißt: »Da stand Abraham früh am Morgen auf …« – und er tat all das, was Gott ihm befohlen hatte.

Ein anderer Wesenszug von ersten Kindern wird ebenso an Abraham deutlich: Als der von Gott verheißene Sohn lange ausbleibt, nimmt er die Sache selbst in die Hand und zeugt mit der Magd seiner Frau ein Kind.

Auch *Mirjam* ist eine typische Erstgeborene. Sie bewacht den kleinen Mose, als die Eltern ihn notgedrungen in einem Schilfkörbchen aussetzen, damit er nicht ermordet wird (2. Mose 2,4). Sie fühlt sich für ihren kleinen Bruder verantwortlich und passt auf ihn auf. Später will sie als Erwachsene gerne das Volk Israel aus der Gefangenschaft führen und wird sauer auf Mose, weil Gott ihn erwählt hat und nicht sie. Sie fühlt sich zurückgesetzt. Dies führt dann im weiteren Verlauf zu Mobbing gegenüber Mose und seiner Frau (4. Mose 12; siehe auch Seite 200).

Samuel, ebenfalls Erstgeborener, wird von seiner Mutter bereits als kleines Kind zum Tempeldienst gebracht. Er hört in der Nacht seinen Namen und steht sofort auf, um der Aufforderung Folge zu leisten. Zunächst verwechselt er noch die Stimme Gottes mit der seines Lehrmeisters Eli. Dann aber lernt er, zwischen Menschenstimme und Gottesstimme zu unterscheiden. Beim dritten Mal antwortet Samuel: »Rede, denn dein Knecht hört« (1. Samuel 3). Typisch für Erstgeborene: Er steht sofort auf der Matte, um zu gehorchen und die an ihn gerichteten Erwartungen zu erfüllen.

Der *ältere Sohn* im Gleichnis vom verlorenen Sohn (Lukas 15,11 ff) weist ebenfalls typische Erstgeborenen-Muster auf. Er versteht nicht, wie der Vater den verlorenen (jüngeren) Sohn einfach so wieder aufnehmen kann. Er kann es nicht akzeptieren, dass der Vater diesem »Gnade« gewährt, dass er sogar ein Fest für ihn veranstaltet. Der jüngere Sohn hat die Gesetze übertreten, den Anstand verletzt, sich Rechte herausgenommen und nun darf er einfach so wieder heimkommen.

Der ältere Sohn hat ein tiefes Empfinden von Ungerechtigkeit und Zurückgesetzsein. Dieser Bruder bekommt ein Fest, das doch ihm als dem Braven und Gehorsamen eigentlich viel eher zustehen würde. Er reagiert wütend und verbittert (mehr dazu Seite 204).

Zum Ausklang

Mein Platz in der Geschwisterreihe:

Als erstgeborenes Mädchen von sechs Kindern unter vier Jungs und einer kleinen Schwester wurde ich sofort in die Ersatz-Mutter-Rolle mit großer Verantwortung gesteckt. Der mir nachfolgende Bruder als Namensträger meines Vaters folgte nach einem Jahr direkt nach. Insofern war das Zeitfenster für eine Erstlings-Wunschkind-Vorrangstellung sehr limitiert, zumal meine Mutter neben der Schwangerschaft noch im gerade gegründeten Unternehmen meines Vaters mitarbeitete.

Schlechte Voraussetzungen für ein Lebenskonzept? Viele Kinder, eine Unternehmerfamilie mit wenig Zeit seitens Vater und Mutter, ein strenges christliches Elternhaus mit vielen Veranstaltungen und Einsätzen – und somit vielfältige Aufgaben und eine übergroße Verantwortung gerade für die Erste. Nein – ich habe unendlich von dieser Stellung profitiert: immer selbst schnell und klug zu entscheiden, den eigenen Kopf in Umsichtigkeit und mit Weitsicht zu benutzen, weil die physische Kraft meinen Brüdern gegenüber voraussehbar nicht ausreichte, und zielstrebig auf kurzen Wegen zu Ergebnissen zu gelangen – das heißt leistungsorientiert, diszipliniert und ehrgeizig zu leben. Das schloss gleichwohl aber auch die diplomatische Integration meiner Geschwister ein: Ich gab an, was, wie und in welcher Zeit zu erreichen war, musste sie motivieren und ideenreich sein, um mit der selbstbewussten Männertruppe erfolgreich zu sein. Neben der Schule und dem Studium habe ich bereits Schülerkreise und Jugendkreise initiiert und geleitet, außerdem im Chor gesungen, Musikinstrumente gelernt und gespielt sowie missionarische Einsätze in ganz

Deutschland durchgeführt. Ich war ehrgeizig, in der Schule erhielt ich gute Noten – für mich oft nicht »gut« genug. Ich bin – auf Umwegen – ein sehr lebendiger, lebensfroher und bejahender, dynamischer Mensch geworden, der immer viele Ideen hat, nur Herausforderungen und Chancen sieht, der mehr vom Kopf als von Gefühlen geleitet wird – und der als »Winner« wahrgenommen wird. Ich bin zeitlebens neugierig auf erfülltes und spannendes Leben geblieben, habe mich nie mit platten Antworten begnügt, sondern selbst Wahrheit und Wissenschaft erforscht und meinen Vater – bis zur Verzweiflung – intellektuell gefordert. Durch frühes Verantwortungsbewusstsein habe ich Organisationstalent, Schnelligkeit sowie Zuverlässigkeit und Beständigkeit erlernt. Mit wenig Aufwand und Einsatz, taktisch geschickt und klug sowie ergebnisorientiert, effizient den maximalen Erfolg erreichen, hilft mir als spätere Chefin von vielen Mitarbeitern dreier Unternehmen und als heutige Managerin nach wie vor sehr. In der Berufswelt, die bei Wirtschafts-Führungskräften zumeist unter Männern stattfindet, verspüre ich auch heute noch einen hohen Pflichtbewusstseins-Anspruch und eine starke Leistungsorientierung in mir: immer die Erste und Beste sein zu müssen, immer einen Kick erfolgreicher als andere!

Das sind auch gleichzeitig die »Risiken« dieser sonst mehrheitlich chancenreichen Ausgangspositionierung:

Der unstillbare Ehrgeiz, die permanente Leistungskonditionierung und die übergroße Verantwortlichkeit, gepaart mit einem Harmoniebedürfnis, es allen recht zu machen und Konflikte oder Streit zu vermeiden, bergen ein großes Belastungspotenzial für die eigene Gesundheit und die psychische Hygiene. Die Sucht nach Anerkennung, Wertschätzung und Leistungsbestätigung hat mich als Teenager in eine ernste Krise gebracht, die ich aber eigenständig wieder bewältigte. Der Perfektionismus und die permanente Überforderung führten auch zu schlaflosen Nächten, in denen unerledigte Themen des Tages dann nachts auf ungesunde Weise abgearbeitet werden. Wenn permanenter Ehrgeiz Stress- und Burn-out-Symptome produzieren, gilt es daher für mich immer, diesem bewusst und mit scharfer Bremse entgegenzusteuern. Leider sind die Muster, die wir in unserer Kindheit, in unserem sozialen und christlichen Umfeld erworben haben, oft schwer zurückzudrehen und nicht leicht neu zu besetzen.

Wie oft verfalle ich leider immer wieder in die eingeübte Lösung der unsäglichen Leistungs-Schraube, des mangelnden »Neinsagen«-Könnens und des überfordernden »Ich-kann-das-alles« hinein – selbst zu Lasten des eigenen Körpers und der eigenen Seele. Wir produzieren dann diese »altbekannten«, auch negativen Gefühle, mit denen wir groß geworden sind – wir meinen sie zu brauchen. Obwohl wir es eigentlich brauchen, uns davon zu verabschieden, innezuhalten, einen Schritt zurückzutreten – und auch mal nicht »vorn« zu stehen und zu sein. Hierbei hilft mir mein Glaube und mir nahestehende Menschen, nicht die Verantwortung, die ich habe, in den Vordergrund zu stellen, sondern meine Beziehung zu meinem Gott und zu Menschen, die mich schätzen, wie ich bin und weil ich bin – unabhängig von Leistung, unabhängig von Erfolg, unabhängig von Äußerlichkeiten und externer Anerkennung. Und ich lerne immer wieder neu, Erfolge auch anderen neidlos gönnen zu können, anderen eine Vorrangstellung einzuräumen, wo sie es verdient haben und es richtig ist. Dies gründet in dem Wissen und aus der Erkenntnis, dass ich mich selbst, dass ich meine Erfahrungen und meine Gefühle loslassen kann, weil ich von Christus ergriffen bin.

AEH (55 Jahre)
erstgeborene Tochter eines bekannten christlichen Unternehmers,
heute Geschäftsführerin eines internationalen
Software-Unternehmens, nebenbei engagiert als
Social Business Angel in der Wirtschaft u. a

Hilfen zu einem positiven Selbstbild für Erstgeborene

Erstgeborene müssen vielleicht am längsten lernen, was es heißt, »aus der Gnade zu leben«. Ihr Selbstwertgefühl gründet viel zu häufig auf Leistung, Ergebnissen und Erfolgen. Barbara Sullivan kommt zu dem Schluss: »Christen, die erste Kinder in ihrer Familie waren, versuchen oft, wie Kain, im Schweiße ihres Angesichts und in ihrer eigenen Kraft zu arbeiten, statt in der Kraft des Heiligen Geistes Gott zu dienen.«[24]

Dass sie an sich wertvoll sind, unabhängig von ihrem Tun, können Erstgeborene oft nur schwer begreifen. Erlösung bedeutet auch Erlösung von Selbsterlösung und Selbstaufwertungsstrategien. Gott spricht uns sein Ja zu. Das macht das Leben wertvoll, darauf können wir unseren Wert aufbauen. Genau das müssen Erstgeborene oft besonders mühsam lernen.

Es scheint ja zunächst auch einfacher, alles selbst in die Hand zu nehmen, sich auf sich zu verlassen. Da weiß man, wo man dran ist. Und es ist eben das tief sitzende Muster der Erstgeborenen. Sie haben gelernt: Am besten *mache ich es selbst und alles allein. So komme ich am schnellsten voran und kann nach meinem Tempo und meinen Vorstellungen arbeiten.*

Erlösung und Gnade hat immer auch damit zu tun, loslassen zu können. Sich Gott oder anderen Menschen zu überlassen. Verantwortung abgeben zu dürfen und gelassen zuschauen, was passiert.

Wer mit sich selbst gnädig umgeht, kann auch anderen gnädig begegnen.[25]

- Ich bin geliebt – unabhängig von meiner Leistung. Ich darf darum das Leben in kleinen Portionen zu mir nehmen – ich muss nicht immer ein Übermaß an Leistung von mir erwarten.
- Ich darf auch Nein sagen. Ich muss es nicht allen Menschen recht machen. Das Leben wird nicht durch die permanente Anerkennung anderer reicher.
- Ich darf auch Fehler machen und dazu stehen. Gerade im Unvollkommenen wird das Leben oft erst besonders spannend. Vergebung entlastet.
- Der Perfektionismus ist ein Feind. Mit übermäßig hohen Erwartungen und Zielen überfordere ich mich oft selbst und überhöhe mein Selbstbild.
- Kleine Ziele sind auch gut: weniger ist oft mehr.
- Positive Selbstbotschaften helfen gegen ständige Selbstkritik.

- Ich darf Humor entwickeln und über eigene Fehler lachen lernen.
- Ich darf meine Gewissenhaftigkeit und Verantwortungsfähigkeit positiv nutzen lernen. Andere Menschen können von meinen Fähigkeiten profitieren.
- Es ist nicht schlimm, wenn ich gerne vorn bin. Das gehört zu meiner Persönlichkeit. Aber die Welt geht auch nicht unter, wenn andere einmal vorn stehen und Verantwortung übernehmen.
- Es gehört zu mir, dass ich gerne plane, dass ich Listen und Strukturen brauche. Aber ich kann von anderen lernen, dass das Leben auch ungeplant und ungeordnet funktionieren kann.

Erziehungstipps

Die Tendenzen zur Perfektion nicht noch weiter verstärken: Es ist gut, wenn Eltern sich bewusst machen, dass Erstgeborene es sowieso recht machen wollen und dass sie nicht noch zusätzlichen Druck ausüben müssen, um ihre Erziehungsziele zu erreichen.

Schuldgefühle nicht noch durch übermäßige Strenge verstärken: Da Erstgeborene sowieso von allen Geschwisterpositionen die meisten Schuldgefühle haben, sollten Eltern eher auf Entlastungsstrategien achten.

Einem Kind deutlich sagen:»Das ist nicht so schlimm«,»Wir sind nicht böse auf dich«,»Das können wir miteinander wieder in Ordnung bringen«... Es hilft, weniger Druck zu machen, nicht übermäßig zu bestrafen. Denn Erstgeborene strafen sich selbst sowieso ständig durch negative Selbstbotschaften.

Loben: Erstgeborene sehnen sich nach Lob. Ihr ganzes Bemühen zielt darauf ab, anerkannt zu sein. Deswegen ist es gut, wenn Eltern unabhängig von Leistungen loben, Zärtlichkeit und Wertschätzung geben.

Dem Kind den ersten Platz einräumen und es würdigen: Das erste Kind darf Privilegien haben. Es hat eine Vorrangstellung. Wenn die Eltern dies betonen, ihm (altersgerecht) mehr Rechte einräumen als den jüngeren Geschwistern, dann hilft das dem ersten Kind, sich seiner Würde und seiner Wertigkeit bewusst zu werden.

Bewusst Zeit allein mit dem Erstgeborenen verbringen: Jedes Kind braucht Sonderzuwendung. Da es die Ersterfahrung des Erstgeborenen war, die alleinige Zuwendung der Eltern zu haben, tut es ihm gut, nach der Geburt von weiteren Geschwistern immer wieder an dieser Urerfahrung anknüpfen zu können.

Quatsch machen. Erstgeborene meinen:»Das Leben ist eine ernste Angelegenheit. Da gibt es nichts zu lachen.« Darum ist es gut, ganz bewusst Spaß mit ihm zu machen, ohne Erfolgsdruck Zweck- und Sinnloses zu tun und ihm zu erlauben, dies einfach zu genießen.

Seine Leistung anerkennend bestätigen, wenn es sich zum Beispiel um das jüngere Kind kümmert (aber deshalb nicht automatisch Babysitter-Dienste von ihm erwarten). Es ist genauso wichtig, auch den jüngeren Kindern Pflichten zu übertragen. So kann Druck vom Ältesten genommen werden.

Einzelkinder

Zur Einstimmung

Mein Platz in der Familie:

Wenn meine Mutter nach unserer Familie gefragt wurde, sagte sie immer: »Wir haben nur das eine Kind« – und mit Zögern – »leider!« Warum eine Mutter nur ein Kind und das Kind keine Geschwister hat, mag an der Lebensplanung, an später Elternschaft, an beruflichen Zielen oder an der »Belastbarkeit« von Eltern liegen. Bei meinen Eltern waren es mehrere Fehlgeburten, die irgendwann zur Einsicht führten, dass ich ein »Einzelkind« bleiben würde, das eine und einzige.

In früher Kindheit empfand ich das nicht bewusst als schmerzlich oder als Nachteil. Ich kannte nichts anderes. Manche Geschwisterkinder äußerten sogar, ich sei zu beneiden: »Du musst nichts teilen, du hast alles für dich, hast alles Spielzeug für dich allein. Ich muss die Kleider meiner Geschwister auftragen.«

Ich war kein »verwöhntes Einzelkind«. Ich wurde nicht mit Spielsachen und materieller Zuwendung überhäuft, wohl aber richteten und konzentrierten sich Liebe, Fürsorge und Sorge, Erwartungen und Sehnsüchte, Ziele und Pläne allein auf mich. Der Anspruch, es mit diesem einzigen Kind »rundum gut und richtig« zu machen, war in der Erziehung für meine Eltern leitend. Erziehungsbücher wurden gelesen und in erfahrenen Müttern Vorbilder gesehen. Schließlich gab es für sie keine zweite Chance, in der Erziehung zu reifen, dazuzulernen und bei einem weiteren Kind individuell und in manchen Dingen anders zu handeln und zu erziehen.

In Bezug auf Spielkameraden wurden mir aber die Schwierigkeiten als Einzelkind durchaus bewusst: spontanes Spielen mit Geschwistern fehlte.

Entweder ich passte mich den Interessen und Aktivitäten der Eltern an oder sie sich den meinen. Zeit zum Spielen, Toben und Treffen mit Gleichaltrigen musste vereinbart werden und immer bestand eine Abhängigkeit vom Einverständnis, den Zeitplänen und Sympathien anderer Kinder und deren Eltern.

Mit zunehmendem Kindes- und Jugendalter wurde mir deutlich, dass in meiner Familie eine andere Beziehungskonstellation als bei Familien mit mehreren Kindern bestand. Es gab kein »wir« (wir Kinder) und »ihr« (ihr Eltern). Es gab nur ein »Wir« als Einheit meiner Eltern und mir oder ein abgrenzendes »Ihr« und ein »Ich«. Ähnlich wie bei einer Geschwisterkonstellation von drei Kindern war auch bei der Familie zu dritt manchmal einer übrig. Was mir fehlte, war, dass ich mich in der Familie nicht an Geschwistern orientieren konnte. Ich konnte nicht zusammen mit Geschwistern ein Gegenpol zu den Eltern sein, mich an Geschwistern messen, von ihnen lernen oder einfach die »große« oder »kleine« Schwester sein. Ich konnte mich nicht mit Kindern in der Familie vergleichen, eigene Begabungen, Stärken oder Schwächen gegenüber Geschwistern entdecken. Ich war ausschließlich »Kind« im Gegenüber zu Erwachsenen. Die Zeit, die Interessen, die Ansichten, die Wertigkeiten und Gewohnheiten und Erfahrungen, die ich mit meinen Eltern teilte, gaben ein starkes Gefühl der Gemeinschaft. Insofern ich diese nicht mit ihnen teilte, war ich eher allein. Eine dritte Alternative in Form von Zeit und Interessen mit den Geschwistern sowie gemeinsame Ansichten, in denen sich die Kinder gegenseitig gegenüber den Eltern unterstützen und stärken, gab es nicht. Wertigkeiten, Gewohnheiten und Erfahrungen hatte ich hauptsächlich mit und über Erwachsene und nicht durch ältere Geschwister, die in manchem entlastende Vorreiter hätten sein können, gerade auch im Blick auf Schritte zum Erwachsen- und Selbstständigwerden. Trotzdem war ich durch das Zusammensein mit Erwachsenen nicht altklug oder an die Sprache und Umgangsweise der Erwachsenen angepasst. Wohl aber wurde mir im frühen Erwachsenenalter klar, dass ich bei Widerständen gegenüber den Eltern allein auf weiter Flur war.

Eifersucht und Konkurrenz mit Geschwistern um die Aufmerksamkeit der Eltern, um Begabungen und materielle Dinge gab es nicht. Auch stand nicht die Frage im Raum, wer von den Geschwistern wohl im Erwachsenenalter welche Vorstellungen, Wertigkeiten, Eigenschaften und Lebensentwürfe in welchem Grad von den Eltern übernehmen oder ganz eigene Wege gehen würde. An mir als Einzelkind hing es, ob jemand den Familiennamen weiterträgt oder jemand in zunehmendem Alter der Eltern die Fürsorge für sie übernimmt. Als Einzelkind (zumal als Tochter) trägt man Erinnerungen, Beziehungen zu Verwandten, Ziele, Vorstellungen und Wertigkeiten der Eltern weiter – oder sie gehen verloren. Ich fühlte und fühle mich noch heute als allein »zuständig« in jeglicher Beziehung: An mir hängt es, Erwartungen der Eltern zu erfüllen oder »Nein« zu sagen, Fürsorge zu geben und Gemeinsames weiterzutragen. Je nachdem wie sehr Eltern daran hängen und festhalten, kann daraus ein großer Druck auf Einzelkinder entstehen. Eine eigene Identität zu bilden zwischen »behalten«, sich verabschieden und Eigenes zu finden, geht nicht ohne Kämpfe einher – zumal wenn es gilt, zwischen der Suche nach einem eigenen Leben, eigenen Interessen, Beziehungen, Wertigkeiten, Zielen und Interessen einerseits und den Erwartungen der Eltern, ihren Sehnsüchten und Bedürfnissen, die sich nicht auf mehrere Kinder richten, sondern auf dieses einzige Kind konzentrieren, abzuwägen.

Je mehr ich begann, mein eigenes Leben zu leben, desto mehr wurde mir bewusst, dass Geschwisterkinder im Erwachsenwerden und besonders auch im Älterwerden der Eltern eine große Unterstützung und Entlastung füreinander sein können. Mehrere Geschwister verlängern die Zeit des fürsorglichen Elternseins der Eltern und geben den Eltern die Möglichkeit, langsamer ins Loslassen ihrer erwachsenen Kinder hineinzuwachsen. Denn wie sich die Fürsorge der Eltern auf das Einzelkind ganz konzentriert, so ist diese Konzentration mit dem Erwachsenwerden des Einzelkindes und dem Verlassen des Elternhauses auf einmal vorbei. Das Elternhaus wird nicht langsam leerer, wie bei Geschwisterfamilien, und die entstandene Lücke hängt nun ganz an eben diesem einzigen Kind.

Gerade im Erwachsenwerden und im Erwachsenenleben empfinde ich es eher als Belastung, keine Geschwister zu haben, die Wege außerhalb des Elternhauses vorangehen und mit denen man Gemeinsamkeiten aus der Kindheit mit ins Leben nimmt, mit denen man sich über die Eltern, über Entwicklungen in der Lebensgeschichte und über Vergangenes austauschen kann. Es gibt keine Gemeinschaft und Nähe in der Familie außer der der Eltern. Die Zuständigkeit und eventuell Pflege der älter werdenden Eltern ist auf das Einzelkind konzentriert, ohne dass man sich im Geschwisterkreis abwechseln und gegenseitig entlasten kann. Mit dem Verlust der Eltern geht die ganze Herkunftsfamilie verloren, ohne dass man Gemeinsames aus der Kindheit mit Geschwistern zusammen weitertragen und bewahren könnte.

Heute genieße ich die Gemeinschaft mit anderen, ein volles Haus und eine große Familie und sehe Freunde und Vertraute als Geschenk und etwas Besonderes. Auf Ältere kann ich mich gut einstellen und bin mit Kindern gerne zusammen. Erwartungen anderer nicht zu entsprechen, fällt mir noch heute schwer und Abgrenzung ist nicht meine Stärke. Mein Mann (Bruder einer elf Jahre älteren Schwester und somit quasi auch Einzelkind) und ich wurden mit vier Kindern gesegnet. Wir haben uns bewusst eine große Familie gewünscht und erleben dies als großen Segen. Die Angst, ich könnte jedem einzelnen Kind nicht gerecht werden, besteht trotz der großen Unterschiedlichkeit der Kinder und ihren je eigenen Begabungen, Bedürfnissen und ihrer je eigenen Art, sich Aufmerksamkeit von uns als Eltern zu holen, immer wieder. Vor- und Nachteile, die sie als Geschwisterkinder erleben, gibt es auch. Es werden gegenüber Einzelkindern sicher zum Großteil andere sein. Aber sie haben neben uns als Eltern einander und ich spüre ihnen beim gemeinsamen Spielen, Toben, Erzählen und Erleben ab, dass es für sie und uns ein großes Geschenk ist.

Pfarrerin (43 Jahre)
in Stellenteilung mit ihrem Ehemann,
verheiratet und Mutter von 4 Kindern

Beschreibungen

Es macht einen Unterschied, ob wir Einzelkinder aus unserer heutigen Zeit betrachten oder Einzelkinder, die heute 30, 40, 50 oder 60 Jahre alt sind. Der Anteil der Einzelkinder in unserer heutigen Gesellschaft beträgt circa 20 Prozent, wohingegen ein Einzelkind früher eher ein »Ausnahmekind« war. Viele der Vorurteile gegenüber Einzelkindern stammen noch aus dieser Zeit. Allerdings wachsen viele Einzelkinder heute in einer Ein-Eltern-Familie auf und empfinden deswegen ihr Leben häufig als schwieriger oder konfliktbehafteter als das von Kindern mit Geschwistern und zwei Elternteilen. Jedes Erstgeborene war zunächst ein Einzelkind. Darum ähneln Einzelkinder in vielem den ersten Kindern. Sie leiden oft unter dem Gefühl, »nicht gut genug« zu sein, und stehen unter Rechtfertigungs- und Beweiszwang.

Was ihnen aber fehlt, ist die Erfahrung des Vorangehens vor einer Geschwisterschar ebenso wie die Erfahrung des Verlustes der Vorrangstellung. Karl König nennt die Einzelkinder: »Schäfer ohne Herde« oder »König ohne Gefolge«.[26] Sie bleiben allein und sie fühlen sich oft auch in einer großen Menschenmenge einzeln. Oft sind sie in Kindergruppen oder Schulklassen die typischen »*Gemobbten*«, denn sie haben kein Handwerkszeug, um mit Gleichaltrigen angemessen umzugehen. Früher, als Einzelkinder eher die Ausnahme waren, wurden sie oft als die Abgesonderten und damit auch die Sonderlinge gesehen. Sie zogen die negativen Gefühle anderer auf sich.

Doch auch heute finden Einzelkinder es manchmal schwierig, die Gegenwart anderer Menschen zu ertragen, wenn sie nicht die Erfahrung machen, in einer Gruppe mit anderen Kindern oder einer Kinderkrippe Gemeinschaft zu erleben. Sie haben meist wenig bis gar keine Erfahrung darin, mit Chaos, Verwirrung und unterschiedlichen Interessen, die zwangsläufig in größeren Geschwistergruppen auftreten, fertig zu werden.[27]

Einzelkinder aus der heutigen Eltern- oder Großelterngeneration waren oft auch sehr *schweigsam*. Die Kommunikation mit Gleichaltrigen war eher etwas Ungewohntes und Unvertrautes. Sehr treffend zitiert Karl König aus einem Lebensbericht von James Kirkup: »Wegen meiner Schweigsamkeit und Verschlossenheit behandelten mich andere Kinder – auch einige Lehrer –, als ob ich nicht normal wäre. Sie nannten mich blöde, aber sie störten mich nicht. Die Spielstunden waren mir ein Gräuel, denn Spiele irgendwelcher

Art mochte ich nicht. Der Spielplatz mit einer Horde von wilden, schreienden Kindern wurde zum Ort des Schreckens für mich. Ich versuchte immer, mich im Halbdunkel des Schuppens – einer großen offenen Überdachung am Ende des Spielplatzes – möglichst unsichtbar zu machen.«[28] Einzelkinder nehmen ihre Welt wahr, aber sind innerlich nicht wirklich daran beteiligt. Die anderen sind oft »Fremde« für sie, sie fühlen sich wie ein »Kind der Schwelle«, sie haben Sehnsucht nach den anderen, aber getrauen sich nicht hinaus. So beschreibt es Karl König, selbst ein Einzelkind.[29]

Heutige Einzelkinder, die zeitweise in Kleinkindbetreuungen oder Krippen aufwachsen, weisen weniger Verhaltensmuster eines reinen Einzelkindes auf. Doch wenn sie in der Kindheit fast nur Erwachsene um sich haben oder hatten, sind sie bereits als Kinder *kleine Erwachsene*. Dies bringt es mit sich, dass Einzelkinder eine verkürzte Kindheit erleben. Schon früh orientieren sie sich ausschließlich an Erwachsenenmustern und an der Welt der Erwachsenen. Die ganze Zuwendung der Eltern ist auf dieses eine Kind konzentriert. Sie sind im Verhalten und in der Kommunikation, in der Wortwahl und in den Gedankenführungen die einzigen Vorbilder. Dies ist ein Grund dafür, warum Einzelkinder auch in der Sprachentwicklung Gleichaltrigen meistens voraus sind. So erscheinen sie oft schon sehr wortgewandt, können sich gut ausdrücken, wirken oft im frühen Alter wie kleine *Kommunikationsprofis*.

Einzelkinder werden oft auch schon sehr früh selbstständig. Vor allem dann, wenn beide Elternteile berufstätig sind oder eben auch in Familien mit nur einem Elternteil, in denen Vater oder Mutter zwingend arbeiten müssen.

Einzelkinder sind den Einflüssen der Eltern stärker ausgesetzt als Kinder mit Geschwistern. Dies kann positiv wie negativ sein. Wenn die Eltern einen guten Umgangsstil mit ihrem Kind pflegen, dann sind Einzelkinder oft leistungsbewusster, freundlicher, optimistischer und sozialer als Geschwisterkinder.

Negativen Einflüssen durch die Eltern ausgesetzt zu sein, ist für jedes Kind schwierig. Als einziges Kind hat man weniger Möglichkeiten, dem auszuweichen oder sich zu schützen. Sind weitere Geschwister da und die Eltern sind depressiv oder süchtig, gewalttätig oder psychotisch, so können diese einander gegenseitig oft noch schützen oder sich helfen. Ein Einzelkind muss damit alleine fertig werden.

Sie sind darum eher in der Gefahr, zum Partnerersatz (siehe Seite 175 f.) zu werden, als Kinder mit Geschwistern.

Mein Platz in der Familie:

Als Kind fand ich es immer doof, wenn mich jemand fragte, ob ich es gut finde, dass ich Einzelkind bin, oder ob ich lieber Geschwister hätte.

Ich wusste, dass ich nicht absichtlich ein Einzelkind bin, aber meine Mutter war in einem Alter, in dem sie keine Kinder mehr bekommen konnte, und so erschien es mir zwecklos, mir Geschwister zu wünschen

Außerdem hatte ich ja keinen Vergleich. Ich wusste nicht, wie es ist, wenn man Geschwister hat. Was sollte ich also auf die Frage antworten?

Insgeheim wünschte ich mir natürlich Geschwister, besonders eine Schwester hätte ich gerne als Freundin und enge Vertraute gehabt. Dann hätte ich jemand gehabt, der mit mir auf einer Ebene gewesen wäre.

Im Rückblick erkenne ich immer mehr, wie sehr mir das gefehlt hat und welche Spuren das bis heute hinterlassen hat.

Ich wuchs in einer Erwachsenenwelt auf, meine Opas lebten mit im Haus, das war zwar schön, weil sie auch Zeit hatten, mit mir zu spielen oder mir etwas vorzulesen, aber es ersetzt nicht den Umgang mit Gleichaltrigen. Ich habe viele Cousins und Cousinen, ein Verwandtschaftstreffen war für mich ein echtes Highlight, aber auch dort war ich immer die Jüngste.

Ich ging gern in den Kindergarten, doch da die meisten Kinder am anderen Ende des Ortes wohnten, war es schwierig für mich, außerhalb der Kindergartenzeiten Freundschaften zu pflegen und Sozialverhalten unter Gleichaltrigen zu üben oder mich auch mal durchsetzen zu können.

Ich denke, dass meine Defizite im kommunikativen Bereich auch damit zusammenhängen.

Da meine Eltern Verpflichtungen gegenüber den Großvätern hatten, bekamen wir wenig Besuch oder machten selten Besuche bei anderen Familien mit Kindern. Auch kindgerechte Ausflüge waren eine Seltenheit. Mit Geschwistern wäre das wahrscheinlich leichter für mich gewesen, wir hätten wenigstens einander gehabt.

Ich fühlte mich oft einsam, vielleicht eher unbewusst. Lesen wurde mein Lieblingshobby. Was hätte ich auch sonst tun sollen? Vielleicht konnte ich dadurch auch der Realität entfliehen und Abenteuer erleben, die in meinem wirklichen Leben nicht stattfanden.

Wenn ich im Haushalt helfen sollte, kam ich mir oft benachteiligt vor, weil ich dachte:»Ich muss alles machen. Wenn ich Geschwister hätte, könnten wir uns die Arbeit teilen.«

In der Schule wurde ich öfter gehänselt und ich wusste nicht, wie ich mich wehren sollte. Neulich bekam ich mit, wie die Neffen meines Mannes miteinander redeten. Sagte der eine:»He, ihr zwei Deppen, kommt mal unterm Tisch vor.« Kam prompt die Antwort von unten:»Selber Depp da oben.« Klar ist so ein Umgangston nicht toll, aber unter Geschwistern wahrscheinlich in gewisser Weise normal, und ich dachte spontan:»Hätte ich Geschwister gehabt, hätte ich mich in der Schule vielleicht auch besser wehren können.« Bei solchen Anpöbelungen war ich immer völlig hilflos und eingeschüchtert.

Mir ist natürlich klar, dass Geschwisterbeziehungen auch nicht immer harmonisch sind, aber ich denke, dass es auch im Erwachsenenalter bereichernd sein kann, Geschwister zu haben. Ich sehe es bei Freunden. Da besucht man mal die Schwester oder den Bruder im Ausland, hat einen Anlaufpunkt in einer anderen Stadt, kann Erlebtes teilen oder unterstützt sich in schwierigen Situationen und sagt sich vielleicht auch ungeschminkter die Wahrheit.

Mir wird immer mehr bewusst, dass es gerade für Einzelkinder sehr wichtig ist, enge Freunde zu haben, auf die man sich verlassen kann und zu denen man eine tiefe Beziehung hat.

Mit circa Mitte zwanzig wurde mir auch bewusst, dass ich ganz allein für meine Eltern zuständig sein werde, wenn sie einmal Hilfe brauchen, und dass ich auch allein zurückbleiben werde, wenn sie einmal sterben. Ich habe zwar noch andere Verwandte, aber Geschwister sind einem doch näher als ein Cousin oder eine Cousine. Deshalb bin ich auch froh, inzwischen verheiratet zu sein und ein Kind zu haben, ich werde also nicht allein sein.

Als mein Sohn circa ein Jahr alt war und mir ständig alles wegnahm, zum Beispiel meine Kochutensilien, regte mich das fürchterlich auf. Irgendwann dachte ich:»Das ist wie bei Geschwistern, die um Spielsachen streiten.« Dass mir jemand meine Sachen wegnimmt, war eine ganz neue Erfahrung für mich.

Ich wünsche mir für meinen Sohn, dass er kein Einzelkind bleibt. Ich bin aber mal gespannt, wie ich mit Geschwisterstreit oder auch Rivalität usw. umgehen werde, da ich ja keine Erfahrung damit habe. Ich kann also nicht sagen: Das war gut, das möchte ich auch so machen; oder: Das hat mich immer genervt, das möchte ich anders handhaben.

Kinderkrankenschwester,
Kinderstundenmitarbeiterin (34 Jahre)

Wenn keine Freunde oder Verwandte in unmittelbarer Nähe leben, beschränkt sich das emotionale Gefüge von Anfang an bis zum Eintritt in Kindergarten, -krippe, Kindertagesstätte oder Schule auf zwei Personen: Vater und Mutter. Das Kostbarste, das sie haben, nämlich die Eltern – müssen sie nie mit jemandem teilen. Einzelkinder sind darum meistens auch sehr *treue Menschen.* Sie wissen, wie wertvoll eine Beziehung sein kann und dass man eine solche nicht durch Leichtfertigkeit oder Unbedachtheit aufs Spiel setzen sollte.

Zuwendung erleben Einzelkinder als selbstverständlich. Sie mussten als Kind nie um Aufmerksamkeit kämpfen, sondern sie galt ihnen allein. Dieses Muster leben Einzelkinder oft auch als Erwachsene. Sie empfinden es als Kränkung, wenn andere ihnen nicht ungeteilt zugewandt sind oder wenn sie ihnen ins Wort fallen oder ebenfalls Aufmerksamkeit einfordern. Einzelkinder und Erstgeborene brauchen die Zustimmung anderer und versuchen, sich ihr Leben so einzurichten, dass sie auf diese Weise Anerkennung und

Bestätigung erfahren. Sich abgrenzen und zu Erwartungen und Forderungen Nein sagen, fällt ihnen darum schwer. Weil Beziehungen kostbar und nicht in großer Zahl vorhanden sind, kommen Einzelkinder auch als Erwachsene gut mit Menschen zurecht, die entweder wesentlich älter oder wesentlich jünger als sie selbst sind. Einzelkinder finden wir darum häufig auch in pflegenden Berufen.

Einzelkinder neigen zu Alleingängen. Ihren Platz im Leben finden Einzelkinder *allein*. Es ist ein klassisches Ergebnis der Sozialpsychologie, dass wir als Erwachsene dieselben Muster und emotionalen Situationen wiederherzustellen versuchen, die wir als Kind erlebt haben. Auch wenn diese negativ waren, versuchen wir, es uns wieder so einzurichten, wie wir es kennen. Das vermittelt ein Stück Heimat.

So machen es Einzelkinder auch. Sie sind auch als Erwachsene oft allein und auch meistens gerne allein. Wenn sie mit anderen zusammen sind, genießen sie das für eine Weile, aber dann sehnen sie sich auch schnell wieder nach dem Alleinsein. Sie treffen Entscheidungen allein, lösen Konflikte allein, machen Pläne allein. Sie selbst finden daran nichts Schlimmes, es ist für sie Normalität.

Es kann aber dann zum Problem werden, wenn Einzelkinder mit einem Partner verheiratet sind, der mit Geschwistern aufgewachsen ist. Als solcher hat er oder sie gelernt, Absprachen zu treffen, Konflikte mit anderen gemeinsam zu lösen, Pläne miteinander zu schmieden und Entscheidungen mit anderen abzusprechen.

Erst im Spiegel des anderen wird einem Einzelkind dann möglicherweise bewusst, dass es auch andere Lebensmuster geben kann und dass andere Menschen eine wichtige Rolle in Entscheidungen und Zukunftsplanungen spielen könnten.

Aber selbst dann, wenn Entscheidungen mit anderen abgesprochen waren – in Familie oder Arbeitsteams –, sind diese für sie oft nicht bindend, sondern sie handeln aus dem Spontaneindruck heraus dann doch anders. Somit sind sie für ihre Mitmenschen, was Absprachen anbelangt, häufig nicht so verlässlich. Sie sind unberechenbar, sie verunsichern oder frustrieren andere oder machen ihnen manchmal sogar Angst.

Häufig wird Einzelkindern aufgrund solchen Verhaltens zu Unrecht Egoismus vorgeworfen. Alleingänge von Einzelkindern können leicht missgedeutet werden. Darum ist es hilfreich, wenn Einzelkinder um ihre Motive wissen und diese anderen mitteilen. Hinter manchen Alleingängen steckt auch Angst, andere nicht zu verstehen, zu kurz zu kommen oder sich im Vielerlei der Bedürfnisse anderer zu verlieren.

Geschwister machen die Erfahrung: Ich muss mich arrangieren. Freundschaften können in die Brüche gehen, aber Geschwister bleiben wir immer. Wir sind auf Gedeih und Verderb einander ausgeliefert. Wir müssen zu einer gemeinsamen Lösung finden. Diese Erfahrung fehlt Einzelkindern.

Mein Platz in der Familie:

Ich habe es immer genossen, der Einzige zu sein. Gerne hätten meine Eltern noch mehr Kinder gehabt – eine jüngere Schwester verstarb zwei Tage nach der Geburt. So blieb ich der Einzige, geliebt von Anfang an. Ohne Konkurrenz.

Ein Vetter und eine Cousine aus der Verwandtschaft waren in der Kleinkindzeit die Spielkameraden. Sie wohnten im selben Dorf, ein gutes Stück weg von meinem Elternhaus. Wenn ich Lust hatte, konnte ich mit ihnen etwas unternehmen; wenn ich für mich sein wollte – kein Problem. Mit ihren Spielsachen durfte ich mitspielen, meine Dinge gehörten mir. Keiner machte mir etwas streitig.

Freunde in der Kindergartenzeit und während der Grundschule waren in meinem Elternhaus stets willkommen. Meine Mutter versorgte uns mit Essen und Trinken. Wohl nicht zuletzt deshalb hatte ich an Freunden keinen Mangel.

Mein Vater hatte viel Zeit für mich. Oft unternahmen wir weite Wanderungen zu zweit. Er erzählte gerne und ich erinnere mich gut, wie er ausführlich auf alle meine Fragen einging. »Du bist ein wandelndes Lexikon«, war der Kommentar einer Grundschullehrerin, als ich wohl etwas altklug mit dem so fast nebenbei erworbenen Wissen in der Klasse auffiel.

Bis zur zweiten oder dritten Klasse war es jahrelang ein abendliches Ritual, dass mir meine Mutter vor dem Einschlafen (und nach dem Sandmann in Radio von 18.55 Uhr bis 18.59 Uhr – da hieß es »Bettzeit!«) aus der dicken Kinderbibel von Anne de Fries vorgelesen hat. Ich denke, es waren insgesamt mindestens fünf oder sechs Durchgänge durch die bekannten biblischen Geschichten. Ich wollte sie immer wieder hören. Später im Studium der evangelischen Theologie kam mir noch aus dieser Kinderzeit manches biblische Detailwissen zugute, das sich andere erst mühsam erarbeiten mussten.

Verwöhnt wurde ich, soweit ich mich erinnern kann, nicht besonders. Dafür fehlten die finanziellen Voraussetzungen auch noch im zweiten Jahrzehnt nach dem Krieg. Andere Kinder hatten ohne Zweifel mehr. Bei uns zu Hause gab es weder Fernseher noch Auto, gegessen wurde, was meine Mutter im Garten angebaut hatte, Coca-Cola und Ähnliches kannte ich nur von Kindergeburtstagen bei anderen Kindern. Aber ich kann mich nicht erinnern, je das Gefühl gehabt zu haben, dass mir etwas fehlte.

Sich rechtfertigen müssen, bei etwas nicht zu genügen, um Anerkennung kämpfen müssen – das waren Fremdworte für mich. Geliebt von beiden Eltern konnte sich ungestört ein Urvertrauen entwickeln, das mich bis heute im Leben trägt. Vermutlich ist es auch diese Erfahrung bedingungsloser, nicht hinterfragter Liebe, die prägend für meinen Glauben und mein inneres Bild von Gott geworden ist.

Begeistert durch die Erzählungen meines Vaters über seine Zeit im Evangelischen Seminar in Schöntal wollte ich dann im Alter von 15 Jahren auch dorthin. Schweren Herzens ließen mich meine Eltern ziehen. Bisher gewohnt, zwei Zimmer im Haus für mich selbst zu haben, fand ich mich in einem Raum wieder, den ich mit sieben anderen zu teilen hatte. Im Schlafsaal waren wir zu viert. Einer schnarchte immer. Alles, was ich zu Hause an Herausforderungen, die das Zusammenleben mit Geschwistern mit sich bringt, vielleicht versäumt habe, konnte ich hier ausführlich nachholen. Und in der Rückschau muss ich sagen, dass mir wohl beides sehr gutgetan hat: das Aufwachsen als Einzelkind mit dem hier grundgelegten Selbstvertrauen und die Gruppenerfahrung im Internat. Letztere hilft mir bis heute im Umgang mit Menschen, die völlig anders strukturiert sind als ich und mit denen ich dennoch (oder gerade deshalb?) gut und gerne zusammenarbeite.

Traugott Mack (57 Jahre)

Die Schlüsselfrage jedes Einzelkindes lautet: »*Warum bin ich eigentlich allein?*« Dafür kann es unterschiedliche Gründe geben: Entweder konnten oder wollten die Eltern kein zweites Kind haben. Je nachdem wie die Antwort lautet, wird die emotionale Situation für das Kind und den späteren Erwachsenen sehr unterschiedlich sein.

Wenn die Eltern kein anderes Kind haben konnten, aber gerne gehabt hätten, wird das erste mit besonderer Zuwendung überschüttet. Es fühlte sich schon als Kind *als Mittelpunkt des Universums*. Dieses Gefühl kennen die ersten Kinder auch – bis zur Geburt des zweiten. Alle Liebe galt allein ihnen.

Wenn die Eltern kein weiteres Kind wollten, dann liegt der Grund entweder darin, dass schon das erste Kind ungewollt oder ungeplant war. Oder die Eltern wollten weitere Kinder, merkten dann aber nach der Geburt des ersten Kindes, wie anstrengend es ist, Kinder großzuziehen. Dadurch bekam dieses Kind immer latent zu spüren: »Mehr Arbeit mit Kindern wollen wir nicht. Du bist lästig, du bist anstrengend genug ...«

Es kann auch sein, dass die Eltern rational denkende Menschen mit klarer Lebensplanung waren. So trafen sie die Entscheidung: »Ein Kind und dann ist gut. Mehr wollen oder brauchen wir nicht.« Einzelkinder solcher Eltern werden oft mit starker Disziplin erzogen und sind darum ebenfalls als Erwachsene gut durchorganisiert. Aber innerlich sind sie oft verbittert, frustriert oder wütend, denn sie durften nie wirklich Kind sein. Sie mussten funktionieren, verlässlich, perfektionistisch, organisiert und gewissenhaft sein.

Ein weiterer Grund für das Einzelkind-Dasein kann sein, dass die Geburt des einzigen Kindes kompliziert war oder sich schon die Schwangerschaft schwierig gestaltete. Dann haben die Eltern

Angst vor einer weiteren solchen Erfahrung und wollen deswegen kein weiteres Kind. Es kann auch sein, dass die Eltern insgesamt ängstliche Menschen sind und sich kein weiteres Kind zutrauen. Dann erziehen sie ihr einziges Kind meistens auch mit besonderer Obhut. Die Gefahr von Überbehütung liegt in so einem Fall sehr nahe. Eltern gehen mit dem ersten und darum auch mit einem einzigen Kind ängstlicher um als mit später geborenen Kindern. Diese *Ängstlichkeit* überträgt sich auf das Kind. Deswegen sind manche Einzelkinder im Erwachsenenalter oft auch ängstlicher oder leichter zu verunsichern.

Einzelkinder müssen sich vieles erkämpfen. Sie müssen sich von Anfang an in der Welt der Erwachsenen zurechtfinden. Sie haben darin keine Wegbegleiter, Vorangeher oder Nachfolgende in Form von Geschwistern.

Die Einsamkeit oder das Alleinsein als ständiges Lebensgefühl führt bei vielen Einzelkindern zu *Unsicherheit,* vor allem im sozialen Bereich. Es fehlt ihnen ja die Erfahrung im Umgang mit Gleichaltrigen. Auf diese Weise sind ihnen viele zwischenmenschliche Probleme im Verlauf ihrer Kindheit nie begegnet.

Dies führt oft dazu, dass Einzelkinder sich Freunde mit vielen Geschwistern suchen. Die Sehnsucht nach einer größeren Familie und dem Eingebundensein in große Netzwerke kommt darin zum Ausdruck. Marcel Rufo, Kinder- und Jugendpsychiater und selbst ein Einzelkind, beschreibt Einzelkinder so: »Sie suchen sich Freunde, die viele Geschwister haben, als ob sie sich aus einem Gefühl der Isolation heraus um den Anschluss an eine Großfamilie bemühten.«[30]

Diese innere Einsamkeit versuchen manche durch besonderen Charme oder außergewöhnliche Leistung auszugleichen. Viele Einzelkinder bringen besondere Leistungen hervor: zum Beispiel Albert Einstein, Sammy Davis jr. oder Leonardo da Vinci waren Einzelkinder. All solche Berufe, in denen sie ganz auf sich alleine gestellt arbeiten können, sind für Einzelkinder besonders geeignet. Sie stehen weniger unter Konkurrenzdruck wie Erstgeborene und mussten sich schon als Kind weniger mit anderen vergleichen. Das kommt ihnen im Erwachsenenalter zugute.[31]

Einzelkinder neigen häufig auch zur *Idealisierung ihrer Mitmenschen.* Da sie nie Geschwister hatten, werden Freunde leicht zu den erwünschten oder idealen »Wahlgeschwistern« erhoben. Einzelkinder haben hohe Erwartungen an Freunde. Oft haben sie auch imaginäre, also erfundene Freunde, mit denen sie spielen, sprechen oder Abenteuer erleben. Diese Vorstellungen von den imaginären Freunden werden dann oft auf reale Beziehungen übertragen. Da sie als geschwisterloses Kind nie die Erfahrung machen, dass Gleichaltrige auch Fehler machen, sind sie vom Fehlverhalten ihrer Freunde oft schockiert. Sie suchen in Freunden den idealen Bruder oder die ideale Schwester. Wenn sie dann entdecken, dass diese nicht so ideal sind, wie sie sich das wünschen würden, können sie auch schnell enttäuscht sein.

Mein Platz in der Familie:

Ich weiß nicht, ob ich ein typisches Einzelkind bin, denn es wird ja immer behauptet, dass Einzelkinder total verwöhnt und oft auch sehr von sich überzeugt sind. So habe ich das zumindest schon mehrmals von meiner Umwelt erfahren.

Als Kind bin ich sehr früh auf mich allein gestellt gewesen, zum Beispiel war ich mit fünf Jahren alleine zu Hause und ziemlich selbstständig. Dazu muss ich erwähnen, dass meine Eltern »Auswanderer« sind und meine Omas, Tanten, Onkels und Cousinen circa 700 Kilometer entfernt wohnen. Deshalb ist meine Bindung zu meinen Eltern sehr eng, auch heute noch.

Ein paar Dinge, die ich in meiner Kindheit immer nicht so angenehm fand: Ich hatte einige Freundinnen, die sehr neidisch auf meine »Einzelposition« waren. Eine Freundin, die auch unbedingt eine Barbiepuppe wollte, diese aber nicht bekommen hat, warf dann aus lauter Frust meine Puppe vom Balkon. Damit war meine Barbiepuppe kaputt und die Freundschaft beendet. Einige Freundinnen haben sich mit mir nur bei mir zu Hause getroffen, weil ich ja ein eigenes Zimmer hatte und die anderen oft ihr Zimmer mit Geschwistern teilen mussten.

Eine Eigenschaft, die ich für mich jetzt als typisch ansehen würde, ist, dass ich sehr darauf bedacht bin, es allen recht zu machen. Ich versuche auch, nach Möglichkeit jedem Konflikt aus dem Weg zu gehen. Wenn ein Konflikt auftritt, egal, ob beruflich oder privat, suche ich immer erst bei mir den Fehler.

Zu meinen Eltern habe ich bis heute einen sehr engen Kontakt. Da sie jetzt auch immer wieder etwas »kränkeln«, ist es für mich selbstverständlich, alles liegen und stehen zu lassen und für sie da zu sein.

(44 Jahre)

Viele Einzelkinder haben eine interessante Mischung aus den Verhaltensmustern der Erst- und Letztgeborenen in ihrer Persönlichkeit. Oft entwickelt sich das bei solchen Einzelkindern, die in einem größeren Familienverband aufwachsen. Wenn also zum Beispiel Vettern und Cousinen in unmittelbarer Nähe sind, und dadurch häufig Kontakte zu Gleichaltrigen möglich sind, können Einzelkinder Sozialkompetenz in diesen Gruppen erlernen: Einfühlung, Kompromissbereitschaft, Zuhören, Rücksichtnahme, gemeinsame Ziele.

Wenn ein Kind ein Nachzügler ist, also mit großem Abstand zu den anderen Geschwistern aufwächst, dann fühlt es sich oft auch wie ein Einzelkind. In solch einem Fall sind die Eltern schon relativ alt. Das bedeutet: Die Eltern werden dem Kind mit einer gewissen Gelassenheit begegnen; aber vielleicht werden sie auch all die Erwartungen, die die ersten Kinder nicht erfüllten, nochmals in dieses Kind hineinlegen.

Ablösung

Einzelkinder habe Mühe mit der Ablösung von zu Hause. Sie lassen die Eltern alleine zurück. Die enge Verbindung zu den Eltern, den bisherigen einzigen Bezugspersonen, muss gelöst werden. Das ist für beide Seiten schwer. Im Fall von Krankheit oder Tod sind sie alleine für die Eltern zuständig. Eine tiefe innere Verpflichtung den Eltern gegenüber gehört zu ihrem Grundgefühl.

Einzelkinder der Bibel

Ein typisches Einzelkind in der Bibel war *Johannes der Täufer*. Er hatte sehr alte Eltern. Einerseits war er sehnlichst erwartet worden und kam dann doch völlig überraschend zu einer Zeit, als die Eltern mit dem Thema »Kinder« längst abgeschlossen hatten.

Auf eine gewisse Weise fühlte er sich herausgehoben und bevorzugt. Seine Berufung war etwas ganz Besonderes. Er war Wegbereiter für Christus, war ein »Rufer in der Wüste«. Seine Eltern wussten um diese besondere Berufung und hatten ihn mit Sicherheit entsprechend erzogen und auf diese Aufgabe vorbereitet. Die Einsamkeit in der Wüste war für ihn vermutlich leicht auszuhalten. Eine gewisse Eigenwilligkeit wird auch von ihm berichtet: Er ernährte sich von Heuschrecken und wildem Honig und kleidete sich mit Kamelhaar (Matthäus 3,4). Später wurde er ins Gefängnis geworfen und war auch dort wieder »allein«.

Beide Kinder von Abraham waren durch den großen Altersabstand (14 Jahre) Einzelkinder. Das eine Kind, *Ismael*, stammt von Hagar, der Magd Saras. Sara wird ungeduldig, weil ihr die Erfüllung der Verheißung Gottes nach eigenen Kindern zu lange dauert. Darum gibt sie Abraham ihre Magd, damit er mit ihr ein Kind zeugt. Das klappt wohl auch auf Anhieb. Ein Engel spricht eine Vorhersage über diesen Sohn aus: »Er wird ein wilder Mensch sein, seine Hand wider jedermann und jedermanns Hand wider ihn, und er wird wohnen all seinen Brüdern zum Trotz« (1. Mose 16,12). Von ihm wird berichtet, dass er später den kleinen Isaak ärgert. Mutwillen mit ihm treibt (1. Mose 21,9). Dieses Verhalten wird für Sara zum Anlass, Hagar und ihren Sohn zu verbannen. Schweren

Herzens schickt Abraham Hagar und seinen erstgeborenen Sohn Ismael deshalb fort. *Isaak* muss nach den Erkenntnissen der Geschwisterforschung ebenfalls als Einzelkind betrachtet werden. Er war das lang ersehnte und erwünschte Kind von Sara und Abraham. Er erlebte die Bevorzugung durch Vater und Mutter in besonderer Weise. Sicher hat Abraham den Schmerz der Trennung von Ismael auch dahin gehend verarbeitet, dass er sich in besonderer Weise um seinen anderen Sohn bemühte. Bis zu seinem vierzigsten Lebensjahr bleibt Isaak in enger Symbiose und unverheiratet bei seinen Eltern. Auch das ist typisch für Einzelkinder – sie haben Mühe, sich von den Eltern zu lösen. Denn wenn sie gehen, sind die Eltern dann ja allein. Nach dem Tod von Sara wird schließlich sein Vater Abraham aktiv und lässt für ihn eine Frau suchen (1. Mose 24). Es heißt dann auch ausdrücklich, dass Isaak erst durch die Hochzeit mit Rebekka über den Schmerz durch den Tod der Mutter getröstet wird (1. Mose 24,67).

Zum Ausklang

Mein Platz in der Familie:

Wie meine Mutter und meine Großmutter mütterlicherseits bin ich ein Einzelkind. Mein Vater war der Zweitjüngste von elf Geschwistern. Dementsprechend hatte ich viele Vettern und Basen, die jedoch alle erheblich älter waren als ich, der geringste Altersabstand waren sechs Jahre. Sie gewährten ein Stück »Großfamilie«. Ich war Älteste und Nesthäkchen in einem.

Seit ich denken kann, habe ich mir Geschwister gewünscht. Als mir jemand erzählte, man müsse ein Stück Zucker vors Fenster legen, damit der Storch ein Geschwisterle bringt, habe ich gleich die ganze Zuckerdose rausgestellt – doch vergeblich.

Gerne erinnere ich mich, wie ich auf Spaziergängen zwischen meinen Eltern als »Engele flieg« hochgehoben wurde, dass ich bei festlichen Anlässen Gedichte aufsagte und vornehme Leute noch mit Knicks zu grüßen hatte, schreibe ich der Erziehung als Einzelkind zu. Insgesamt erfuhr ich viel Zuwendung von meinen Eltern, im Spielen, Vorlesen, bei gemeinsamen Mahlzeiten, jedoch hatte ich nie den Eindruck, verhätschelt und verwöhnt worden zu sein.

Ein treuer Gefährte meiner Kindheit war unser Hund Molli, mit ihm konnte ich manches teilen und ihm viel erzählen. Einen Ausgleich für die fehlenden Geschwister schafften schon früh Freundschaften; mit viel Freiheit spielte ich mit den Nachbarskindern im Garten und auf der Straße, wir spielten Puppen und Schule, Verstecken und Federball, bauten im Wald Lager und trafen uns auf dem Spielplatz. Oft war ich die Initiatorin und die Ideengeberin.

Freundschaften empfinde ich in allen Phasen als kostbare Bereicherung meines Lebens. Erstmalig verunsichert empfand ich mich, als ich Küchenmitarbeiterin auf einer Freizeit im Ausland war und meinen Platz innerhalb eines mir fremden Teams finden musste. Wer schon im Geschwisterkreis seine Position suchen und definieren musste, hatte es vermutlich in solch neuen Konstellationen leichter, da ein gewisser Erfahrungsschatz vorhanden war.

Dass ich bei unserer Hochzeit auch die Geschwister meines Mannes mit anheiratete, empfinde ich bis heute als einen großen Zugewinn. Sich mit seinen Geschwistern über die Erfahrungen mit den Eltern auszutauschen, weitete den Blick und das Verständnis und hatte etwas Entlastendes.

Unsere beiden Buben hatten Cousinen und Cousins – teilweise ganz in der Nähe –, zu denen eine lebendige Beziehung wuchs und bestehen blieb. Die Treffen der Gesamtfamilie an Geburtstagen und bei Festen habe ich genossen, gemeinsames Spielen, Reden, Feiern, Leben teilen wurden zu einer späten Erfüllung früher Wünsche.

Mühe machte mir – besonders nach dem Tod meines Mannes – das Streiten, Kämpfen und Raufen unserer Buben, fehlte mir doch dazu jegliche persönliche Erfahrung. Freunde, die mit Geschwistern aufgewachsen waren, halfen mir, dies als natürlichen Entwicklungsprozess zu sehen und nicht überzubewerten. Streiten und Kämpfen haben bis heute eine bedrohliche Seite, angegriffen und bekämpft zu werden, trifft mich meist unvorbereitet und entsprechend schmerzlich.

Als der Schwiegervater verstorben war und die Schwiegermutter pflegebedürftig wurde, brauchte es in der Familie meines Mannes viele Absprachen: wie die Pflege geschehen, die Tochter entlastet werden konnte, wer wann da sein und wer welche Aufgaben wie lange übernehmen konnte. Gerecht verteilt war es eigentlich nie.

All diese Fragen stellten sich für mich nicht. Immer war klar: Die Verantwortung für die Mutter lag bei mir; ich hatte zu sorgen, zu entscheiden, da zu sein. Das machte vieles einfacher, doch die Sehnsucht nach einer Schwester oder einem Bruder erwachte wieder neu. Wie wäre es, wenn wir gemeinsam überlegen, beraten und mit der Mutter reden könnten – vorausgesetzt, wir würden uns vertragen?

Als Einzelkind verlief vieles in meiner Biografie geradlinig und klar – von der Finanzierung des Studiums bis zum Erben. Ich konnte meinen Weg finden und gehen. Selbstverständlich hatte ich die Generalvollmacht und das Vertrauen meiner Mutter. Mit Neid oder Eifersucht, mit Vergleichen unter Geschwistern hatte ich mich nicht auseinanderzusetzen. Immer galt die Liebe und die Fürsorge der Eltern mir allein. Aber auch die Aufmerksamkeit und die Verantwortung lagen einzig bei mir und konnten nicht geteilt werden.

Ehrlich gesagt, ein bisschen fehlen mir die leiblichen Geschwister bis heute – zunehmend gewinnen die Verwandten meiner Generation – etwa 50 Prozent auch Einzelkinder – an Bedeutung im Pflegen der Beziehungen. Und manchmal ist es auch ein Trost und ganz schön, mich mit den anderen Einzelkindern in meinem Freundeskreis auszutauschen, denn: Immerhin wissen wir, wovon wir reden.

Pfarrerin (59 Jahre)

Hilfen für ein positives Selbstbild von Einzelkindern

- Ich brauche Zeit für mich allein. Darum darf ich Zeit für mich selbst einplanen; solche Freiräume tun mir gut. Ich darf sie gestalten und positiv nutzen. Diese Entspannung im Alleinsein dient auch meinen Mitmenschen.
- Von Kontakte mit deutlich älteren oder jüngeren Menschen profitiere ich. Ich darf diese bewusst suchen und pflegen.
- Ich darf unvollkommen sein, ich muss mich nicht vom inneren Antreiber des Perfektionismus knechten lassen.
- Ich kann mich für Fehler entschuldigen. Fehler zuzugeben, ist kein Zeichen von Schwäche, sondern von innerer Größe.
- Ich darf um Hilfe bitten. Ich werde profitieren, wenn ich auf andere zugehe und mich ihnen öffne.
- Ich muss darauf achten, dass Partner oder Kinder an meiner Seite nicht emotional verhungern. Andere Menschen haben möglicherweise mehr Bedürfnis nach Kontakt und Gemeinschaft als ich als Einzelkind.

Erziehungstipps

Da jedes Einzelkind ja auch ein Erstgeborenes ist, gilt vieles, was für Erstgeborene gilt, auch für Einzelkinder.

Außerdem sollte beachtet werden:

Ein Einzelkind braucht *Kontakte zu Gleichaltrigen*. Es ist gut, wenn Eltern dies häufig ermöglichen. Es wird davon profitieren, egal, ob dies nun Nachbarschaftskontakte oder verwandtschaftliche Beziehungen sind.

Eltern können Einzelkindern etwas *zutrauen*. Viele Eltern tappen in die Falle der Überbehütung. Aus Ängstlichkeit um das einzige Kind landen sie schnell in der Überfürsorglichkeit.

Umgekehrt gilt auch. Ein Einzelkind muss auch *Kind sein* dürfen. Es muss noch nicht alles können und wissen. Eltern sollten sich nicht zu sehr von ihrem einzigen Kind dominieren lassen. Sie dürfen auch *klare Grenzen* setzen und gleichzeitig Wertschätzung vermitteln. Eltern dürfen sich auch von den Erwartungen des Einzelkindes abgrenzen. Umgekehrt sollten Eltern darauf achten, dass ihr einziges Kind lernt, die Bedürfnisse der Eltern zu respektieren.

Ein Einzelkind ist etwas Besonderes, ein kostbarer einzigartiger *Schatz*. Eltern dürfen ihrem Kind dies vermitteln.

Einzelkinder sollten auch wissen, warum sie alleine sind. Die *Gründe* zu wissen, hilft einem Einzelkind, sich leichter mit der Einzelposition auszusöhnen und zu arrangieren.

Die *Ablösung* ist für beide Seiten ein schwieriger Prozess. Es kann hilfreich sein, sich dafür die Geschichte von Jesus und seiner Mutter (Johannes 2) vor Augen zu führen. Kinder müssen sich lösen und Eltern müssen loslassen.

Das zweite Kind

Zur Einstimmung

Mein Platz in der Geschwisterreihe:

Ich habe oft ungewöhnliche neue Ideen, wie man Dinge anders, intelligent und menschenfreundlich anpacken könnte. Aber ich kann nicht gut alleine vorausgehen und andere als Visionärin mitreißen. Am besten fühle ich mich in einem Team aufgehoben, wo Ideen gemeinsam weiterentwickelt werden und wo es auch Menschen gibt, die einen Sinn für das Machbare haben. Vielleicht verstecke ich mich ja vor der letzten Verantwortung. Aber ich bin eine begeisterte und verlässliche Mitarbeiterin in kreativen Teams.

Anerkennung und Beachtung zu finden, ist in einer großen Familie nicht so leicht. Meine Strategie war: Mach es nicht nur gut, sondern außerordentlich gut und möglichst originell und besonders. So nett die Ergebnisse dann manchmal sind – dadurch mache ich mir selbst auch bei kleinen Aufgaben enormen Druck. Ich spüre diesen Zwang zum Außerordentlichen besonders dann, wenn ich meine Arbeit vor anderen präsentieren muss: Zum Beispiel wenn ich meinen Unterricht vorbereite oder Gäste einlade. Da muss ich lernen, mich zu zügeln und daran zu erinnern, dass es Wichtigeres gibt als eine perfekte Inszenierung, zum Beispiel Aufmerksamkeit, Lachen, Gemeinschaft und Mut zur Improvisation.

Ich bin sehr auf Harmonie und Frieden aus. Konflikte ertrage ich nicht gut. Es fällt mir schwer, Kritik und eigene Bedürfnisse auszusprechen und dafür hinzustehen. Wenn andere streiten, kann ich oft beide Seiten verstehen, und ich versuche, die Situation durch beruhigende Worte oder einen Witz zu entschärfen. Wenn das nicht gelingt, halte ich die Spannung schlecht aus. Früher habe ich mich dann gern verkrochen. Heute sage ich mir: Hab keine Angst, schau hin, hör zu, nutze deine Fähigkeit zu verstehen, um die Situation zu analysieren. Ab und zu gelingt es mir auf diese Weise, zu einer guten Lösung beizutragen.

Eigentlich bin ich ja das dritte Kind meiner Eltern, denn zwischen meiner älteren Schwester und mir hatte meine Mutter eine Fehlgeburt im sechsten Schwangerschaftsmonat. Erst im Erwachsenenalter habe ich verstanden, dass dies der Grund dafür sein kann, dass ich mich seit meiner Jugend besonders dafür verantwortlich, ja, eigentlich verpflichtet fühle, Trauernde zu trösten. Im Theologiestudium habe ich mich intensiv mit Tod, Trauer, Abschied und Trost beschäftigt. Vielleicht war ich für meine Eltern ja ein »Trostkind«. Das ist einerseits eine Begabung, kann aber auch zur Belastung werden. Ich lerne auch hier, nicht einfach automatisch zu handeln, sondern abzuwägen, ob ich wirklich zuständig bin. Seit ich weiß, dass ich eine Schwäche für dieses Thema habe, beschäftige ich mich bewusst auch mehr mit dem Leben, mit dem, was wächst und aufblüht, mit Dingen, die Freude machen, damit ich nicht im Mittrauern und Trösten-Müssen versinke.

Theologin, Lehrbeauftragte (55 Jahre)
Mutter von 4 Kindern

Beschreibungen

Wenn das zweite Kind zur Welt kommt, dann ist da schon ein älteres Geschwisterkind. Dieses ist ihm voraus, es wird bewundert, ist Vorbild, Schrittmacher, Tempomacher und Vorangeher. Während sich die Erstgeborenen an den Eltern und deren Werten und Erwartungen orientieren, richten sich die Zweiten auch nach dem Ersten aus.

Geschwisteruntersuchungen haben festgestellt, dass der Unterschied in Verhalten, Persönlichkeit und Interesse zwischen dem ersten und dem zweiten Kind in allen Familien am größten ist. Dieses Phänomen wird als sogenannter Gegensatzeffekt[32] beschrieben. Bei gleichgeschlechtlichen Geschwistern sind die Unterschiede am größten. Unterschiede zwischen nicht direkt aufeinander folgenden Geschwistern (also zum Beispiel eins und drei oder zwei und vier) sind immer kleiner als bei solchen, die direkt aufeinander geboren werden.[33]

Das hat verschiedene Gründe. Zum einen orientiert sich das Erste bei der Geburt eines Zweiten in aller Regel mehr am Vater, weil der Platz bei der Mutter durch das Baby belegt ist. Für das Zweite bedeutet dies: Der Platz, den das erste Kind belegt, ist ihm vorenthalten. Deswegen muss es sich an anderer Stelle mit anderen Fähigkeiten und Vorlieben entfalten.

Der zweite Grund: Zunächst einmal bewundert das jüngere das ältere Kind. Es wird für es zum Vorbild, zum Modell. Das Jüngere ahmt und eifert nach. Selten ahmt ein Älteres ein Jüngeres nach – es ist so gut wie immer umgekehrt. Die Nachahmung und Bewunderung für das Ältere kann zu zwei verschiedenen Ergebnissen führen.

Entweder es erreicht das Erste, überflügelt es und muss dann besser sein als das Erste – oder es erreicht das Erste nicht und muss dann auf anderem Weg oder in einer anderen Nische einen Platz finden. Entweder das Zweite gibt sich damit »zufrieden« und genießt sein Leben oder es ist frustriert und wütend.

Diese unterschiedlichen Ergebnisse des Konkurrenzkampfes mit dem Ersten führen auch zu unterschiedlichen Lebenseinstellungen.

Manche Zweite haben Angst davor, Verantwortung zu übernehmen, weil sie »dem oder der Älteren« den Platz nicht streitig machen wollen.

Ein jüngerer Bruder meint: »*Schon als Kind war mir der Ältere immer voraus. Er konnte alles besser und hat mich nie mit seinen Spielsachen spielen lassen. Immer wieder hat er mir auch Sachen weggenommen. Das prägt mich bis heute. Rivalität macht mir auch heute noch schlechte Gefühle. Dann ziehe ich mich zurück und verliere die Lust am Engagement.*«

Es kann aber auch ganz anders sein. Manuela sagt: »*Schon früh habe ich meine große Schwester eingeholt. Vorgesetzte oder Konkurrenten in meinem Umfeld sind für mich ein Ansporn und Anreiz, es noch besser zu machen, noch schneller zu sein.*«

So werden Zweite entweder Kämpfer, Rebellen oder Lebenskünstler – manchmal tragen sie von allem ein bisschen in sich.

Kämpfer

Wenn Zweite das Lebensmuster »Kämpfer« entwickeln, dann versuchen sie, das ältere Geschwisterkind einzuholen oder sogar zu
übertreffen. Darum stehen sie auch als Erwachsene oft noch in der
Gefahr, sich in zahlreichen Betätigungen oft bis zur Erschöpfung zu
verausgaben. Dieses Muster wurde in der Kindheit gelernt: *Ich muss
den oder die andere nachahmen.* Alfred Adler, selbst Zweitgeborener, beschreibt das Verhalten des zweiten Kindes wie folgt: »Selbst
wenn es erwachsen ist und außerhalb der Familie lebt, macht es
häufig Gebrauch von einem Schrittmacher, indem es sich mit jemandem vergleicht, von dem es annimmt, dass er vorteilhafter
platziert ist, und es versucht, ihn zu übertreffen.«[34]

Lebenskünstler

Zweite müssen aber nicht unbedingt das Muster des Kämpfers oder
Rebellen entwickeln. Es kann auch sein, dass sie zu sehr *unkompli-
zierten*, angenehmen und vermittelnden Mitmenschen werden –
und zwar dann, wenn sie das ältere Kind in seiner Vorrangstellung
akzeptieren. Karl König beschreibt das Zweite: »Das Zweitgeborene
horcht auf die Stimme seiner Stimmungen und Gefühle.«[35] »Sein
Wesen ist nicht an die Erde gebunden, nicht an ihre Nöte und ihr
Geschick. Es lebt gerne, aber nicht mit zu viel Anstrengung. Das
Dasein ist nicht nur Arbeit, die man im Schweiße seines Angesichts
vollbringt, es ist auch Frohsinn und Freude, beglückende Erfahrung
und seliges Staunen.«[36]

Wenn sich Zweite gerne in die Rolle des »Zweiten« begeben,
dann leben sie gern, aber möglichst mit nicht zu viel Anstrengung.
Sie sind häufig Lebenskünstler, die es sich im Leben schön einrich-

ten. Sie nehmen vieles leichter als erste Kinder. Für sie ist das Leben eben nicht – wie für Erste – eine ernste Angelegenheit, sondern eher wie ein Spiel. Wo das Erstgeborene sich verpflichtet fühlt, kann das Zweite einfach genießen. Sie können gut Verantwortung abgeben oder Aufgaben an andere delegieren. Das macht für sie selbst das Leben auch einfacher und bequemer.

Eine Mutter erzählt: »*Bei einem unserer Umzüge erlebte ich Folgendes. Wir luden aus dem Möbelwagen aus: Kisten, Stühle, Schränke, Haushaltsgegenstände. Wir waren sehr beschäftigt. Unsere Tochter, Zweitgeborene, nahm sich bei der nächstbietenden Gelegenheit einen Liegestuhl aus dem Möbelwagen, stellte ihn in den Garten und setzte sich darauf, nahm ein Buch und fing an zu lesen. Es kümmerte sie nicht groß, dass wir viel Arbeit hatten. Heute weiß ich: typisch Zweitgeborene.*«

Solches Verhalten macht Zweitgeborenen keine Probleme. Sie fühlen sich nicht schuldig und nicht zuständig. Sie richten es sich gut ein. Das Leben ist mehr als Pflicht und Mühe. Es hat auch Spiel, Spaß und Freude zu bieten. Was Erstgeborene an Schuldgefühlen zu viel haben, haben Zweitgeborene vielleicht eher zu wenig.

Zweitgeborene gehen gelassener und mit weniger Ängsten ins Leben. Das liegt auch daran, dass die Eltern im Umgang mit dem zweiten Kind mehr Sicherheit ausstrahlen. Die Geburt eines zweiten Kindes bringt – im Normalfall – weniger Veränderungen in die Familie als die Geburt des ersten Kindes. Die Eltern eines zweiten Kindes gehen weniger ängstlich mit ihm um als mit den Erstgeborenen. Sie haben schon Erfahrungen mit der Säuglings- und Kleinkindzeit und sind nicht sofort von jedem Problem oder jeder Krankheit verunsichert. Diese Haltung überträgt sich auf das Kind. Es geht mit weniger Ängsten ins Leben; die Erwartungen der Eltern lasten nicht so sehr auf ihm wie auf dem älteren Kind. Marcel Rufo folgert daraus: »Das zweite Kind ist ›echter‹ als das erste. Die Eltern fühlen sich mit ihm freier, denn sie haben ja schon geübt, wie man mit einem Baby umgeht.«[37]

Da es weniger kontrolliert wird, übt ein Zweitgeborenes auch im Erwachsenenalter weniger Kontrolle über andere Menschen aus als ein Erstgeborenes.

Für das zweite Baby hat die Mutter insgesamt weniger Zeit als für das erste, denn das ältere braucht auch Zeit und Zuwendung. Darum müssen sich Zweite von Anfang an mehr mit sich selbst beschäftigen und bestimmen damit auch das Tempo ihrer Entwicklung selbst. Sie müssen selbst zurechtkommen, können damit auch mehr auf sich und die eigenen Bedürfnisse hören. Erstgeborene sind immer in Reaktion auf die Eltern und deren Erwartungen. Zweitgeborene fühlen sich davon nicht so bedrängt. Darum haben sie von Anfang an – im Gegensatz zu Erstgeborenen – ein besseres Gespür für sich selbst. Erstgeborene haben oft das Gefühl, keine eigene Persönlichkeit zu haben oder sich nicht zu kennen. Zweitgeborenen ist dieser Eindruck eher fremd. Dieses Gespür für sich selbst führt oft auch zu einem sehr hohen Einfühlungsvermögen in das Tempo und die Auffassungsgabe anderer Menschen. Zweitgeborene sind darum als Erwachsene oft sehr gute Pädagogen, die spüren, wie sie Menschen leiten und anleiten können. In ihren Methoden sind sie flexibler als Erstgeborene, weil sie schon als Kind eine gewisse Flexibilität einüben mussten: da ist ein Geschwisterkind und da sind Eltern. Die Schlussfolgerung, die sie daraus ziehen: Es gibt unterschiedliche Wege, etwas zu sehen, zu beurteilen oder zu gestalten.

Mein Platz in der Geschwisterreihe:

Aufgewachsen bin ich mit einem älteren Bruder und zwei jüngeren Schwestern. Ich bin also das zweite Kind und die erstgeborene Tochter.

Schon als kleines Mädchen versuchte ich, meinen Bruder zu beschützen. Hatte mein Bruder Angst vor größeren Jungs – so erzählten mir meine Eltern später –, meinte ich: »Zeig mir den mal!« Ich dachte, ich müsse die Sache in die Hand nehmen, damit wieder Frieden ist.

Da meine Mutter berufstätig war, übernahm ich schon früh Verantwortung. Das betraf zum Beispiel den Einkauf von Geschenken, Lebensmitteln oder sonstigen Dingen, die nötig waren. Gewissenhaft, zuverlässig und organisiert wie ich war, fühlte ich mich in dieser Rolle wohl. Dies hing auch damit zusammen, dass meine Mutter immer mit dem, was ich für sie erledigte, zufrieden war.

Als ich dann schon selbst Mutter war und mit meinen Töchtern jeden Tag auf den Spielplätzen der Umgebung unterwegs war, entdeckte ich Folgendes: Für alle Streitigkeiten auf dem Spielplatz in meiner näheren Umgebung fühlte ich mich zuständig. Ich mischte mich ein und versuchte eine Lösung zu finden. Egal, ob meine Töchter daran beteiligt waren oder nicht. Es war und ist für mich ein Lernprozess, dieses Verhalten abzustellen. Waren meine Kinder am Konflikt nicht beteiligt, sagte ich mir: »Das geht dich jetzt nichts an. Deine Kinder sind nicht an dem Problem beteiligt, du bist nicht für alles zuständig.« Auch heute noch muss ich an diesem Punkt wachsam sein. Ich fühle mich schnell in die Vermittlerrolle gedrängt.

Am liebsten arbeite ich in der zweiten Reihe und nicht als Hauptverantwortliche. So kann ich viel kreativer sein und vollen Einsatz bringen. Hauptverantwortung lähmt mich und setzt mich unter Druck. Dann bin ich blockiert, vielleicht weil ich mich dann für alles, was schiefläuft, verantwortlich fühle und ich nicht weiß, ob ich damit klarkomme. Ich erinnere mich, dass ich auch schon als Kind ungern meinen Geburtstag gefeiert habe, weil ich da so im Mittelpunkt stand. Das mochte ich noch nie.

Was mir bei unseren Kindern sehr eindrücklich war: Wir haben dre Töchter jeweils im Abstand von drei Jahren. Unsere zweite Tochter Ann-Kathrin versuchte immer anders als ihre große Schwester zu sein. Lesen und Malen waren Hobbys ihrer älteren Schwester. Sie fand Lesen doof und weigerte sich zu lesen. Das brachte sie in der zweiten und dritten Klasse in Schwierigkeiten. Als ich sie einmal dazu ermuntern wollte, mehr zu malen, meinte sie: »So gut wie meine große Schwester werde ich nie malen können, also male ich gar nicht.« Ann-Kathrin grenzte sich auch dadurch ab, dass sie sich am liebsten so wie Jungs kleidete. Das hieß: weite T-Shirts, weite Hosen und Schuhe, die möglichst eine Nummer zu groß waren. Rosa war für sie keine Farbe, sondern eine Strafe. Die Haare mussten so kurz wie möglich sein. Alles, was nach Mädchen aussah, gir g gar nicht. Das änderte sich erst im Teenageralter, als ihre Klassenkamera-dinnen abfällige Bemerkungen über ihre Kleidung machten. Sie bezeich-nete sich gern als halber Junge und meinte dann:»Meine Schwestern haben wenigstens einen halben Bruder, ich habe nur Schwestern.«Alles, was ihre große Schwester hatte, ob Begabungen oder Freundinnen, war immer besser. So manches Gespräch war notwendig, um ihr zu helfen, sie aus diesem falschen Denken herauszuholen und ihre eigenen Gaben genauso wertvoll zu achten wie die ihrer Schwester. Nicht immer gelang das. Heute verstehen sich unsere beiden großen Töchter sehr gut und ergänzen sich in Typ und Gaben. Inzwischen ist unsere Zweite schulisch durchgestartet und hat ihre Schwester überholt. Vor Kurzem unterhielten wir uns am Mittagstisch über ihr damaliges Verhalten. Es war erstaunlich, dass sie sich nicht mehr an alles erinnern konnte. Unsere ältere Tochter dagegen schon.

M. Bräuchle (53 Jahre)

Eifersucht und Neid sind ein großes Thema für die Zweiten. Die Erfahrung der Zweitgeborenen ist: das erste Kind, vor allem wenn es das gleiche Geschlecht hat, bekommt neue Kleider; das Zweite (und auch das Dritte) muss diese dann abtragen.

Das erregt natürlich Neid oder sogar Zorn. Jirina Prekop, eben-falls Zweitgeborene, beschreibt es wie folgt:»So nahm ich es als gegeben hin …, dass wir beide nicht immer die gleichen Kleider bekommen konnten, sondern dass meiner Schwester Vorschub geleistet wurde. Für den Eintritt ins Gymnasium bekam sie ein schönes gesticktes Kleid, während für mich als Grundschülerin die von meiner Schwester geerbten Kleider noch gut waren.«[38] In der weiteren Beschreibung ihres Lebens wird sehr deutlich, wie sehr sie der Zorn auf die Benachteiligung gegenüber der älteren Schwester geprägt und geleitet hat. Dieses Gefühl ist möglicherweise mit ein Grund für den häufig rebellischen Wesenszug, den man bei vielen Zweitgeborenen beobachten kann. Viele Zweitgeborene werden auch zu Straftätern. Sie lehnen sich gegen Recht und Ordnung, gegen Gesetz und Vorgaben auf.

Rebellen

Erstes und zweites Kind entwickeln so gut wie immer sehr unterschiedliche Lebensentwürfe. Sulloway hat sich dieser Thematik ausführlich gewidmet. Er kommt in seinen Untersuchungen[39] zu dem Ergebnis, dass Erstgeborene so gut wie immer Hüter von Recht und Ordnung und damit Vertreter der Meinung und Einstellung der Eltern sind, wogegen Zweit- und Spätergeborene Erneuerer, Rebellen oder Revolutionäre sind, die den Eltern und deren Vorgaben widersprechen.

Alfred Adler, selbst Zweitgeborener, kommt zu ähnlichen Ergebnissen. Er sagt:»Das Zweite ist meistens ein Rebell. Es hört nicht gerne auf die Stimme der Autorität.«[40] Sicher geht er bei dieser Beschreibung auch stark von seiner eigenen Erfahrung aus. Er rebellierte auch im Erwachsenenalter gegen seinen Lehrer Sigmund Freud mit den Worten:»Glauben Sie, ich will mein Leben lang in Ihrem Schatten stehen?«[41]

Man kann immer wieder die Beobachtung machen: Zweite ordnen sich nicht gerne Geboten oder Gesetzen unter. Hinweisen wie Verkehrsschildern, Ampeln, aber auch Autoritätspersonen wird ohne schlechtes Gewissen widersprochen. Marlene erzählt:» *Wenn nachts nicht viel Verkehr herrscht, fahre ich bedenkenlos über rote Ampeln.* «

Eine Erstgeborene über ihren Mann, einen Zweitgeborenen: » *Als ich meinen Mann kennenlernte, fuhr dieser immer wieder in gesperrte Baustellenstraßen oder verkehrt herum in Einbahnstraßen. Ich war – als Erste und damit Gesetzeshüterin – total entsetzt. Mein Mann amüsierte sich nur und sagte:* ›Mal sehen was passiert.‹«

Irene, Zweitgeborene:» *Ich stelle mein Auto ab, wo gerade frei ist. Ob da Parkverbot ist oder eine Einfahrt, interessiert mich nicht so sehr. Ich freue mich über den Parkplatz.* «

Wenn Zweite sich zu Anführern machen lassen, dann nicht deswegen, um wie Erstgeborene für Recht und Ordnung zu kämpfen, sondern eher als Ketzer oder Anführer von Revolten. Beispiele dafür sind Rudi Dutschke, Wladimir J. Lenin, Edith Stein, Karl

Marx, Friedrich Engels, Fidel Castro, Leo Trotzki, Jassir Arafat. Sie alle waren zweitgeborene Kinder.

Auch Menschen, die Anführer von Erneuerungsbewegungen waren, sind fast immer Zweitgeborene, um nur einige Beispiele zu nennen: Charles Darwin, Nikolaus Kopernikus, Mahatma Gandhi, Martin Luther King. Drei Viertel jener Menschen, die Martin Luthers Reformationsbewegung zuströmten, waren keine Erst-, sondern Spätergeborene. Die meisten Reformatoren (außer Luther und Melanchthon) waren jüngere Söhne: Ulrich Zwingli, Johann Calvin, Guillaume Farel, John Knox, Heinrich Bullinger und William Tyndale.[42]

Sulloway führt dies noch weiter aus: »Menschen, die bereit waren, ihr Leben für religiöse Überzeugungen zu opfern, waren im Allgemeinen Extremisten. Unter den Personen in der von mir untersuchten Gruppe, die wegen ihrer protestantischen Überzeugungen hingerichtet wurden, waren 23 von 24 (also 96 Prozent) Spätergeborene – ein viel höherer Prozentsatz als nach den Gesetzen des Zufalls zu erwarten wäre.«[43]

Sulloway sucht im Folgenden nach Erklärungen, warum Martin Luther eine der berühmten Ausnahmen war, und findet Begründungen auch in seiner Herkunft aus einem Gebiet, das Reformgedanken in hohem Maß begrüßte.[44]

Allerdings würde man Martin Luther missverstehen, wollte man ihn unter die Kategorie der Rebellen und Kämpfer einordnen. Er wollte die Kirche wieder auf den richtigen Kurs bringen und damit ganz im Sinne der Erstgeborenen wieder zu den Ursprüngen zurückkehren. Dass aus seiner Bewegung ein Aufstand wurde und später zur Gründung einer neuen Kirche führte, war von ihm nicht beabsichtigt oder gar initiiert.

Eine typische Geschichte von Erst- und Zweitgeborenem wird in Lukas 15,11 ff erzählt. Der Zweitgeborene widerspricht der Familientradition, fordert sein Erbe ein und geht fort.

Er nimmt keine Rücksicht auf die Gefühle der Eltern oder des älteren Bruders. Er begehrt auf, sucht in der Freiheit sein Glück und bricht alle Regeln.

In der von Jesus erzählten Geschichte des verlorenen Sohnes wird ein weiterer typischer Wesenszug von Zweitgeborenen sichtbar: *Ungeduld*. Der zweite Sohn fordert sein Erbe ein, bevor der Vater gestorben ist. Er kann es nicht erwarten, bis der Vater tot ist. Diese Ungeduld kann aus dem Gefühl erwachsen, als Zweiter eben immer nur der oder die Zweitbeste zu sein. Jemand zu sein, der es nur *fast* geschafft hat. Alfred Adler beobachtet bei Zweiten ein Gefühl wie den »Neid der besitzlosen Klasse«, er vergleicht es mit der »vorherrschenden Stimmung des Zurückgesetztseins.«[45]

Ähnlich beschreibt Jirina Prekop ihr Lebensgefühl als Zweitgeborene. Sie fühlte sich immer nur als Zweitbeste, als Kind zweiter Klasse. Sie schreibt: »Jedenfalls lernte ich gewöhnliche, kleine Leute lieben und achten. Und das war gut.«[46]

Vermittler

Häufig sind aber Zweitgeborene nicht nur Rebellen, sondern auch Vermittler. Mit der Geburt des Zweiten verändern die Eltern ihr Verhalten dem Erstgeborenen gegenüber. Ab der Geburt des Zweiten muss Ausgleich zwischen den Geschwistern geschaffen werden. Das Erstgeborene kann nicht alles für sich behalten oder bekommen. Vorher war dies nicht notwendig. Das zweite Kind bringt somit Gerechtigkeit in die Familie. Auch dies prägt das Lebensgefühl des Zweiten. Sie sind oft *harmoniebedürftig* und können Konflikte nicht leiden.

Vor allem bei größeren Geschwistergruppen übernehmen Zweite deswegen häufig die Rolle des Mediators. Sie vermitteln zwischen den Großen und Kleinen, sie wünschen sich Frieden und Harmonie. Das zahlt sich im Erwachsenenleben aus. Sie sind Menschen, die unvereinbare Positionen sehr gut zusammenführen können und einen angenehmen indirekten Führungsstil praktizieren.

In der Berufswahl interessieren sich Zweite nicht so sehr für Theorien, Ideen und Systeme (wie erstgeborene Kinder), sondern eher für kreative Bereiche, Musik, Schauspiel, Sprache oder für praktische Berufe.[47] Alles, was mit Vermittlungsfunktionen zu tun hat, liegt Zweitgeborenen in aller Regel: Mediatoren, Streitschlichter, Berater, Therapeuten. Die Motivation dabei: anderen Menschen zueinander, zum Leben oder zu sich selbst eine gute Beziehung vermitteln.

Indirekter Führungsstil

Als Erwachsene sind Zweitgeborene sehr angenehme Vorgesetzte oder Leiter. Sie leiten indirekt. Sie versuchen, die Herzen der anderen durch Verständnis oder Zuhören zu gewinnen, pflanzen Ideen in deren Köpfe, die diese dann zu ihren eigenen machen. Am Schluss tun alle, was der oder die Zweite ohnehin wollte, und meinen, es sei ihre eigene Idee gewesen. Darin wird die gewinnende, liebenswürdige, manchmal auch fast listige Art zweiter Kinder deutlich. Sie richten es ich im Leben gut ein und freuen sich über indirekte Erfolge.

Zweitgeborene entwickeln *verschiedene Methoden der Anpassung*:

Sie können sehr listig und trickreich sein, erreichen auf Umwegen genau das, was sie wollen. Dies sieht man zum Beispiel bei Jakob, der seinen Bruder Esau in der berühmten Geschichte mit dem Linsengericht um den Segen des Erstgeburtsrechts betrügt (1. Mose 27).

Zweitgeborene Kinder benutzen oft Tricks, umgehen Vorschriften und Vorgaben. Die Eltern merken häufig nicht einmal, dass sie ausgetrickst worden sind. Am Schluss steht das Zweitgeborene genau mit dem da, was es wollte, ohne zu kämpfen und zu fordern.

Ulrike erzählt:»*Unsere Tochter stellte uns des Öfteren vor vollendete Tatsachen. Eine Geschichte ist mir noch besonders in Erinnerung. Unsere Zweitgeborene war mit ihren beiden Schwestern zusammen in einem Zimmer untergebracht. Uns war das auch aus pädagogischen Gründen wichtig. Doch sie wollte eigentlich schon länger ein eigenes Zimmer. Eines Tages bemerkte ich, wie sie auf dem Dachboden zugange war. Dort stand ein uraltes Klappbett. Dieses schob sie in eine kleine leer stehende Kammer und verkündete mit strahlendem Gesicht: ›Hier wohne ich jetzt.‹«*

Gewinner

Wenn das Zweite den Kampf »gewinnt«, dann zeigt sich das darin, dass es besser in der Schule oder bei der Gestaltung von Hobbys ist, dass es sich einen besseren Platz bei den Eltern verschaffen kann, sich mehr Zuneigung holt, eine größere Rolle in der Familie spielt, dann hat das Zweite das »Sagen«. Man hört auf es, sein Wort hat Gewicht. Es wird gefragt, in Konflikten holt man sich Rat bei ihm, bittet vielleicht sogar um Vermittlung.

Für das erste Kind kann solch eine Erfahrung des »Eingeholt-werdens« sehr schwierig sein. Manche Erstgeborene resignieren, ziehen sich zurück, werden depressiv oder gewalttätig, steigen aus der Familie oder aus der Schule aus. Es kann auch sein, dass das Verhältnis zum Zweiten dadurch ausgesprochen schwierig wird, dass dieses vom Älteren gemobbt oder gequält wird. Bedrohungen, Schläge und Racheakte können die Folge sein.

Mein Platz in der Geschwisterreihe:

»Eure Mutti war schon immer sehr vernünftig.« So erzählte es kürzlich meine Mutter unseren Töchtern, als die sie nach meiner Kindheit befragten. Das könnte man tatsächlich als Motto über meine Kinderjahre setzen: »Immer sehr vernünftig.«

Mein Platz in der Geschwisterfolge: Zweites Kind, aber erste Tochter, nach mir noch zwei kleinere Schwestern, eine davon nur 15 Monate jünger als ich. Diese Konstellation forderte von mir, schon sehr früh sehr vernünftig sein zu müssen. Ich war die große Schwester, von der erwartet wurde, dass sie gut funktioniert. (Vielleicht habe ich mir diese Erwartung auch selbst auferlegt?)

Interessant ist, dass ich mich immer irgendwie als die Älteste fühlte, obwohl da ja der vier Jahre ältere Bruder über mir war. Heute würde ich sagen: Ich habe meinem Bruder den Rang streitig gemacht. Er geriet immer mehr in den Schatten von uns drei begabten Schwestern, wurde zum »schwarzen Schaf« oder Problemkind in der Familie. Er schwänzte die Schule, gammelte viel in seiner Traumwelt herum, schaffte deshalb seinen Realschulabschluss nicht und stand letztlich ohne Schulabschluss da, während wir Mädels alle ein recht gutes Abitur hinlegten. Ich hatte deshalb als junge Frau lange ein schlechtes Gewissen. Man hätte ihm den ersten Platz lassen müssen. Er hätte Anerkennung, Lob und Förderung gebraucht, stattdessen fühlte er sich der übermächtigen Konkurrenz nicht gewachsen.

Geholfen hat mir die Einsicht: Als Kind kann man solche Zusammenhänge nicht überblicken. Jedes sucht sich seine Überlebensstrategie. Trotz der Konkurrenzsituation war ich die Lieblingsschwester meines Bruders. Wir haben viel miteinander unternommen und auch heute eint uns noch ein starkes freundschaftliches Band, obwohl unsere Lebensentwürfe kaum unterschiedlicher sein könnten. Er hat es bis heute deutlich schwerer im Leben als wir anderen.

Offensichtlich benahm ich mich meist zur Zufriedenheit der Eltern und Großeltern. Schon früh war ich sehr wissbegierig, ehrgeizig und hilfsbereit. Ich half gern beim Kochen, Gärtnern, bei der Bügelwäsche und agierte oft als Vermittlerin in Familienkonflikten. So stellt man sich ein unkompliziertes, angenehmes Kind vor. Ich konnte sehr früh lesen und wurde vorzeitig eingeschult. Sehr gerne organisierte ich Dinge, war Klassensprecherin und Jugendleiterin. Auch heute übernehme ich gerne Verantwortung und kann sehr strukturiert und effektiv organisieren und arbeiten.

Ich bin ein relativ anspruchsvoller Mensch. Ich brauche es zu Hause sauber und ordentlich – sonst geht es mir nicht gut. Ich arbeite viel und gerne, gehe dabei immer wieder bis an meine Grenzen, die ich aber zum Glück mittlerweile recht gut kenne. Ich freue mich, dass Gott mich mit großer Belastbarkeit gesegnet hat. Ich weiß aber heute auch, dass ich zwischendurch unbedingt auftanken muss.

Zugleich muss ich gut aufpassen, dass ich meine hohen Ansprüche nicht auf andere übertrage. Im Lauf der Jahre und besonders durch meine eigenen Kinder wurde mir klar, dass Menschen sehr verschieden begabt und mit unterschiedlich viel Kraft ausgestattet sind. Ich darf nicht meinen Maßstab an andere anlegen. Außerdem muss ich immer wieder aufpassen, dass die anderen auch zu ihrer Anerkennung kommen und ich sie nicht in den Schatten stelle. Auch wenn ich oft eine Idee hätte, wie man etwas (noch) besser machen könnte, muss ich das Werk anderer respektieren und stehen lassen. Vor allem muss ich ehrlicherweise gestehen, dass das Ergebnis oft sogar besser ist, als wenn es nach meinem Kopf gegangen wäre ...

War ich das glückliche Sonnen-Kind, das Außenstehende in mir sahen? Nicht immer. Die Konkurrenzsituation war oft belastend. Ich hatte mit Eifersucht und Minderwertigkeitsgefühlen zu kämpfen. Über mir war der Bruder, verfolgt war ich von der herzigen kleinen Schwester. Ich fühlte mich oft nicht gut genug. Außerdem empfand ich viel Druck seitens meiner Eltern: Ich musste es ihnen recht machen und hatte wenig Freiraum. Meine Mutter teilte alle ihre Belastungen mit mir. Ich war die Ansprechpartnerin für ihre Sorgen und Nöte. Dass sie mir auch ihre Ehekonflikte und die Sorgen mit meinen Geschwistern aufbürdete, hat mich oft bedrückt. Aber ich war eben die Große, Vernünftige, mit der sie meinte, diese Dinge teilen zu können.

Echte Befreiung brachte mir die Begegnung mit Jesus, den ich in meiner Jugend kennenlernte. Dass er mich vorbehaltlos liebt und annimmt, unabhängig von dem, was ich leiste, war die heilende Erkenntnis in meinem Leben.

Geheiratet habe ich übrigens ein jüngstes Kind. Er gleicht mit seiner Unbeschwertheit meine Ernsthaftigkeit aus. Wir passen ausgezeichnet zusammen, auch wenn die Verschiedenheit der Familiensituation durchaus Konfliktpotenzial mit sich brachte. Bis heute stören mich die Fingerabdrücke, die er penetrant in großer Unbedachtheit auf unseren Türen hinterlässt. Nein – er meint es nicht böse, aber mich macht diese Unordentlichkeit verrückt ...

(46 Jahre)

Wenn das Zweite den Wettkampf gewinnt – wie in dem obigen Erfahrungsbericht beschrieben – bekommt es einen guten Platz in der Familie. Häufig macht aber gerade das dem Erstgeborenen Probleme. Wenn das Erste von seinem Platz vertrieben wird, dann gibt es häufig einen Rollentausch. Nicht das Zweite ist dann der Rebell, sondern das Erste. Das Erste kommt mit dem Gesetz in Konflikt oder wird drogenabhängig. Das Zweite muss dann Ausgleich schaffen und die Werte und Normen der Eltern vertreten. Solche Konstellationen gibt es recht häufig.

Es kann aber auch sein, dass Zweite die Erfahrung machen, dass das Erste unerreichbar ist. Dann versuchen sie, sich so in der Familie einzurichten, dass auch sie einen guten und anerkannten Platz finden. Das gelingt am ehesten, wenn sie sich für andere Dinge oder andere Bereiche interessieren.

Wenn es gelingt, dann entwickelt sich ein Zweites zu einem unbeschwerten und ruhigen Menschen. Wenn das Zweite ein *Träumer* wird, dann lebt es leicht und unbeschwert, geht oft in seine Fantasiewelt.

Wenn aber auch dieses Konzept misslingt, kann das Zweite zu einem frustrierten, verletzten, entmutigten, komplizierten Menschen werden. Das Gefühl »Ich schaffe es nicht; ich kann es nicht so gut; ich bin nicht so viel wert« begleitet es.

»Ein vierjähriger Junge brachte dies sehr gut zum Ausdruck, als er unter Weinen schrie: ›Ich bin so unglücklich, weil ich nie so alt wie mein Bruder sein kann.‹«[48]

Der Konflikt zwischen Erstem und Zweiten

An der so ganz anderen Lebensauffassung des Zweitgeborenen stören sich die Erstgeborenen häufig. Sie ärgern sich, dass Zweitgeborene das Leben so locker nehmen, die Regeln missachten, dem Leben so viel Spaß abgewinnen können, oder dass sie gegen das rebellieren, was sie als Erstgeborene für unabdingbar und richtig halten.

In manchen Arbeitsverhältnissen oder Verwandtschaftsbeziehungen, in Ehen und auch im Verhältnis Eltern-Kinder würden wir manches möglicherweise besser verstehen, wenn wir fragen würden, welche Geschwisterposition unser Gegenüber einnimmt.

Sehr aufschlussreich hat Jürg Frick[49] beschrieben, wie Sigmund Freud, Erstgeborener, und Alfred Adler, Zweitgeborener, ihre ungelösten Geschwisterkonflikte in ihrer Arbeitsbeziehung wieder aufleben ließen und schließlich keinen anderen Weg sahen, als sich zu trennen. Sigmund Freud hatte in seiner Ursprungsfamilie eine absolut privilegierte Vorrangstellung unter den Geschwistern. Seinen Bedürfnissen und Erwartungen mussten sich alle unterordnen. Die Mutter unterstützte Freud noch in seinen narzisstischen Lebensmustern, indem sie ihn verfügen und bestimmen ließ. So beschreibt Jürg Frick, dass die zweitgeborene Anna gerne das Klavierspiel gelernt hätte. Da sich aber Sigmund durch deren Übungen am Klavier gestört fühlte, ließ die Mutter das Klavier wieder aus der Wohnung entfernen. Eine Fortsetzung solcher Bevorzugungen erwartete Freud auch in seinem weiteren Leben. Er sah sich als absolut und unantastbar an. In der Wiener Szene, wo es Kolloquien zu psychoanalytischen Themen gab, konnte Freud keinerlei Widerspruch ertragen. Genau das aber tat Adler. Er, der Zweitgeborene, rebellierte, stellte infrage, erläuterte Alternativen und untergrub so die Vormachtstellung und den Absolutheitsanspruch Sigmund Freuds in Themen der Psychologie. Dieser Konflikt führte dann letztendlich zur Trennung der beiden.

Karl König deutet diese Episode wie folgt:»Dann aber konnte Freud, der Erstgeborene, in seiner tyrannischen Art nicht länger das unbeschwerte Wesen Adlers ertragen. Kain erschlug auch hier den Abel, und dieser nahm das Schicksal ergeben hin. Am Ende aber war Freud der am meisten Betroffene, denn er konnte die angehäufte Bitterkeit nicht in Vergebung umwandeln.«[50]

Viele berühmte Geschwisterpaare in der Weltgeschichte machen die Unterschiede von Erst- und Zweitgeborenem exemplarisch deutlich. Die Brüder Humboldt: Wilhelm, der Ältere, war

Staatsmann und Begründer der Universität Berlin. Der Zweite, Alexander, wurde ein Weltreisender. Voltaire lässt den Konflikt mit seinem älteren Bruder in einer Theaterszene wieder aufleben. Darin wird ein älterer Bruder als ernsthafter Tor mit religiösem Fanatismus beschrieben, der versucht, ein vollkommener Mensch zu werden.»Der Jüngere dagegen lebt, um zu gefallen und Gefälligkeiten einzuheimsen; er ist zwar etwas wild, dafür aber außerordentlich liebenswürdig, ehrbar dabei überall beliebt.«[51]

Die Brüder Vogel, Hans-Jochen und Bernhard, zeigen ebenso typische Züge von Erst- und Zweitgeborenen:»Anekdoten über brüderliche Ungleichheiten geben die beiden am liebsten selbst zum Besten. So soll Bernhard als Kind unter den pädagogischen Neigungen seines großen Bruders Hans-Jochen gelitten haben (die diesem später den Spitznamen»Oberlehrer« einbrachten) – und sich auch deshalb für eine andere Partei entschieden haben. Er habe beim Eisenbahnspielen nur die Züge fahren lassen. Hans-Jochen habe dagegen detaillierte und komplizierte Fahrpläne entworfen.«[52]

Zweites und letztes Kind

Es macht einen großen Unterschied, ob das zweite auch das letzte Kind ist oder ob noch weitere Kinder dazukommen.

Ist es das Letzte, wird es immer auch Verhaltensmuster der Jüngsten in sich tragen. Es wird sich eher als»das Kleine« fühlen und vonseiten der Eltern möglicherweise stärker verwöhnt werden, als wenn weitere Kinder nachkommen.

Eltern neigen bei Jüngsten oft dazu, mehr zu verhätscheln und zu verwöhnen. Alle Liebe wird nochmals auf dieses eine Kind verwendet – die Chance kommt nie wieder.

Weitere Geschwister

Kommen weitere Geschwister dazu, dann wird das Zweite an zwei Fronten gefordert sein – zum einen gegenüber dem Älteren, zum anderen gegenüber dem oder den Jüngeren. Was zweite Kinder in dieser Konstellation lernen und erfahren, ist eine gute Vorbereitung für spätere Vermittlungspositionen. Zugleich ist es eine große Herausforderung, zu kämpfen, sich zu zeigen, sich sichtbar zu machen, um nicht unterzugehen.

Besonders schwierig ist es für zweite Kinder in einer Drei-Kind-Familie. Sie wissen oft nicht so recht, wo sie hingehören. Sind sie nun groß oder klein? Weder das eine noch das andere passt für sie. Dann neigen sie oft besonders stark zur Rebellion. In mancher Literatur wird ein Kind in dieser Position als »Sandwich-Kind« bezeichnet.[53]

Die emotionale Situation für ein solches Kind ändert sich meistens sofort bei der Geburt eines vierten Kindes. Denn dann rückt das Zweite in die Reihe der »Großen« auf. Auch von ihm wird dann mehr Verantwortung und Vernunft erwartet.

Am wenigsten Schwierigkeiten hat ein mittleres Kind, wenn es das einzige mit einem anderen Geschlecht ist. Dann hat es immer eine Sonderrolle und damit auch als einziges Mädchen oder einziger Junge genug Beachtung.

Die Rolle des Geschlechts

Zwei Jungen (oder zwei Mädchen) mit geringem Altersabstand werden mehr in einen Wettkampf eintreten als ein Junge und ein Mädchen. Die Konkurrenz- und Vergleichsmöglichkeiten sind dann einfach größer.

Eine ältere Schwester wird oft wie eine zweite Mutter für den Jungen. Ein älterer Junge wird sich häufig in die Rolle des Beschützers begeben und das Mädchen wird den großen Bruder bewundern und ihm gefallen wollen.

Wovon macht ein Zweitgeborenes seinen Wert abhängig? Mit Sicherheit nicht in dem Maß von der Leistung und dem Erfolg wie ein Erstgeborener. Zweitgeborene wissen immer auch um den Wert von Beziehungen und sozialen Netzwerken und bewegen sich darin gut.

Zweites von Zwillingen

Spannend ist an dieser Stelle auch die Betrachtung von Zwillingen. Gibt es auch bei Zwillingen die typischen Muster von Erstem und Zweitem? Ja, auf jeden Fall. Zwillinge sind sich ihres Platzes in der Geburtenfolge sehr bewusst. Interessant ist folgende Beobachtung: Wenn eineiige Zwillinge nicht miteinander aufwachsen, entwickeln sie mehr Ähnlichkeit zueinander, als wenn sie in der Kindheit und Jugend beieinander sind.[54] Denn in der Familie rivalisieren sie miteinander und müssen ihre Besonderheit, ihre jeweilige Stärke und Eigenart zeigen. Innerhalb der Familie ist die Notwendigkeit zur Abgrenzung viel höher als dann, wenn die Zwillinge nichts voneinander wissen oder sich nicht kennen.

Die Konkurrenzsituation von Zwillingen ist dann besonders stark, wenn die Zwillinge die ersten Kinder sind. Werden sie als Zweite oder Dritte geboren, ist der Kampf um die Vorrangstellung nicht mehr so hoch. Denn der erste Platz ist ja bereits eindeutig belegt.

In der Bibel gibt es einige solcher Berichte: Jakob und Esau waren in einem ständigen inneren Wettstreit. Rebekka beklagt sich bereits während der Schwangerschaft über den ständigen Kampf der beiden Kinder in ihrem Leib (1. Mose 25,22 f). Bei der Geburt hielt Jakob den Esau an der Ferse fest. Ebenso kämpften Tamars Kinder (1. Mose 38,28) schon bei der Geburt um den ersten Platz.

Zweitgeborene der Bibel

Auch in den biblischen Berichten wird deutlich, wie unterschiedlich Zweitgeborene ihre Lebensentwürfe gestalten. Da ist zum einen *Abel*, ein umherstreifender Hirte. Karl König zeichnet ein Stimmungsbild:»Er ist Freund und Begleiter seiner Herde. Er lebt mit Tieren und hat an ihrem sorgenfreien Leben teil. Wir können ihn vor uns sehen: auf einem Baumstamm sitzend, eine Flöte schnitzend und dann eine Melodie der Freude und Andacht in die stille Schönheit der Welt sendend.«[55] Ob es so idyllisch war, sei dahingestellt. Vermutlich war dem nicht so, denn der Hirtenberuf war eine sehr verantwortungsvolle, kräftezehrende und fordernde Tätigkeit. Aber eines ist klar: Abel diente Gott in großer Treue. Er lebte anders als Kain und wurde von diesem dann ermordet.

Ganz anders dagegen *Jakob*, der ein wilder Kämpfer war und in seinem Leben immer wieder List, Lüge und Betrug anwandte. Auch im hohen Alter kämpft er noch mit Gott am Jabbok (1. Mose 32,23) und gibt sich nicht mit dem Gegebenen zufrieden.

Er überlistet seinen Bruder, später auch seinen Vater und muss dann schlussendlich fliehen. Später wird Jakob selbst betrogen – von *Laban*, seinem Onkel. Dieser war ebenfalls ein Zweitgeborener und verstand es, in ähnlicher Weise andere auszutricksen und sich dadurch Vorteile zu verschaffen (1. Mose 24,29). Statt der versprochenen Rahel gibt Laban ihm in der Hochzeitsnacht zuerst die ältere und weniger schöne Lea zur Frau. So erfährt also Jakob am eigenen Leib, wie es sich anfühlt, von anderen betrogen und getäuscht zu werden. Doch auch er setzt dieses Verhalten dann wieder fort, indem er sich nach sieben Jahren Dienst bei Laban heimlich in der Nacht aufmacht. Mit Frauen und Kindern, Herden, Hab und Gut verlässt er Laban ohne Abschiedsgruß. Laban sagt zu ihm:»Was hast du getan, dass du mich getäuscht hast? … Warum bist du heimlich geflohen und hast mich hintergangen?« (1. Mose 31,26 f).

In hohem Alter dann wird Jakob wiederum von seinen eigenen Söhnen betrogen, die ihn belügen. Sie erzählen ihm, dass sein Lieblingssohn Josef angeblich von einem wilden Tier zerrissen wurde (mehr dazu auf Seite 198).

Auch *Rahel*, ebenfalls Zweitgeborene, hat eine gewisse betrügerische Art. In 1. Mose 31,19 wird berichtet, wie sie bei der überstürzten Abreise den Hausgott ihres Vaters stiehlt, unter ihrem Sattel versteckt und dann alles abstreitet. Sie lügt ihrem Vater ins Gesicht, indem sie behauptet, sie habe ihre Periode und könne deswegen nicht aus dem Sattel steigen. So wurde der Hausgott nicht gefunden und der Diebstahl nicht aufgedeckt (1. Mose 31,34). Rahel hatte auch sonst rebellische Verhaltensmuster: Sie rebelliert dagegen, dass sie so lange auf Kinder warten muss. Sie verlangt von ihrem Mann »Kinder oder Tod« (1. Mose 30,1).

Aaron ist ein typischer Zweiter, er ist ein umgänglicher und vermittelnder Typ. Darum stellt Gott ihn Mose zur Seite. Er wird für Mose zum Sprecher. Er vermittelt die Worte, die Gott zu Mose sagt, an das Volk weiter (2. Mose 4,30; 16,9). Aber Aaron bricht auch das Gebot von Mose. Als dieser auf dem Berg mit Gott redet und lange ausbleibt, geht Aaron eigene Wege, lässt das Volk Israel ein goldenes Kalb gestalten und es mit Tänzen und Gesängen verehren (2. Mose 32). Trotz alledem steht Gott zu Aaron und setzt ihn weiter als Vermittler ein.

Zum Ausklang

Mein Platz in der Geschwisterreihe:

»Der Uli ist schwierig ...« So sagten es meine Eltern, wenn sie sich Freunden anvertrauten. Oder meiner Freundin, der sie ebenfalls diese gut gemeinte Warnung auf den Weg gaben: »Überleg dir das gut!« Die dann aber trotzdem meine Frau wurde und blieb.

Und sie hatten recht. Ich war schwierig. Und ich wollte auch gar nicht einfach sein, sondern forderte meine Aufmerksamkeit durch demonstrativen Rückzug, stilles, aber deutlich sichtbares Leiden und Verweigerung in der Schule. Deutsch, Mathe, Englisch und Latein waren die Fächer, in denen ich abwechselnd eine 5 oder 6 im Zeugnis hatte. »Dass du dein Abitur geschafft hast, hätten wir ja zeitweise nicht gedacht.« Ich auch nicht ...

Ein paar Jahrzehnte später: Ich bin inzwischen Professor, seit 33 Jahren verheiratet und habe mich entschieden, es meiner Frau einfach zu glauben, wenn sie sagt, dass sie mich mag. (Ich weiß, dass sie mich liebt – aber dass sie mich auch mag, finde ich immer wieder überraschend.) So ganz einfach ist das nicht, ihr das abzunehmen, aber ich glaube, sie meint es ernst. Unsere vier Kinder sind erwachsen und kommen mit dem Leben klar – na ja, nicht perfekt, aber so gut wie es eben bei Kindern von nicht perfekten Eltern ist. Obwohl ihr Vater Psychologe ist, sind sie alle relativ normal.

Was das alles mit der Geschwisterfolge zu tun hat? Eine ganze Menge! Natürlich nicht in einem mechanischen Sinn, dass es nur so hat kommen können, aber durchaus in einem typischen Sinn – dass eben vieles logisch ist.

Ich bin das zweite von sechs Kindern, fünf Jungen und einem Mädchen. Mein großer Bruder war der erste Enkel väterlicherseits und der ersehnte Stammhalter. Er wurde auf den Tag genau neun Monate nach der Hochzeit meiner Eltern geboren. Kurz darauf kam ich. Familienplanung war damals sowieso ein Fremdwort, aber ich war ganz sicher nicht geplant und wurde trotzdem herzlich willkommen geheißen, als es dann halt so war. Aber jetzt machten meine Eltern erst mal eine Pause. So erlebte ich drei Jahre reichlicher Aufmerksamkeit von Eltern und Großeltern. Das hatte dann aber ein Ende: Mein nächstjüngerer Bruder war zart und wirkte wohl zerbrechlich, wurde oft sorgenvoll betüttelt – vor allem von den Großeltern, die ihn besonders ins Herz geschlossen hatten. Aber es kam sehr bald noch schlimmer, und zwar in Form der ersehnten Tochter – Dorothea, »Gottes Geschenk« – und sie ist wirklich etwas Besonderes. Das leuchtende Vorbild für alle Brüder und der Augapfel beider Eltern. Sie ist wirklich eine ganz besondere Frau, bis heute. (Na ja, wir Menschen sind alle besonders, aber sie ist eben besonders besonders.)

Nach ihr kamen noch zwei Söhne. Nummer fünf hatte als Baby eine ernsthafte Erkrankung, die nicht folgenlos blieb, und wurde das Sorgenkind. Und Nummer sechs, der kleine Bruder, blieb lange der Kleine. Natürlich ist er inzwischen auch längst groß, aber für mich ist er immer noch mein kleiner Bruder. Wahrscheinlich spürt er das und findet es nicht toll; vielleicht haben wir deswegen auch wenig Kontakt.

Das Lebensgefühl meiner weiteren Kindheit war also: niemand interessiert sich groß für dich. Du musst etwas ganz Besonderes sein (oder zumindest so tun als ob), sonst gehst du unter. Und da ich nicht wie Nummer eins der Stammhalter, gar nicht zierlich und zart wie Nummer drei, nicht das einzige Mädchen wie Nummer vier, nicht behindert wie Nummer fünf und nicht das Nesthäkchen wie Nummer sechs war, war ich irgendwie niemand. Zumindest habe ich das oft so empfunden. Ich bin untergegangen, aber habe die anderen natürlich spüren lassen, wie ungerecht sie mich alle behandelten: Meine besondere Gabe wurde das Schmollen. Darin bin ich echt gut! Und ich bin auch ziemlich geschickt darin, meine Minderwertigkeitsgefühle auf eine arrogant-überhebliche Art auszudrücken, sodass sich andere auch so fühlen, wie ich mich oft fühle: schlecht und unwichtig nämlich.

Zudem fällt eine Sechs-Kinder-Familie natürlich immer auf. Als Kind war das für mich normal, als Teenager peinlich. Am peinlichsten von allen Kindern meiner Eltern fand ich mich selbst, allerdings nur mit kurzem Abstand vor allen anderen, für die ich mich – warum auch immer – geschämt habe. So war ich gleichzeitig stolz auf meine große, bunte Familie (denn sie war ja mein Ticket für die ersehnte Aufmerksamkeit anderer) und ich habe mich ihrer geschämt (denn wir sind immer und überall aufgefallen und ich bekam doch irgendwie keinen Fuß auf den Boden, wenn es darum ging, mich liebenswert zu fühlen).

Das sind meine größten Herausforderungen: sich nicht ständig zu kurz gekommen zu fühlen und nicht ständig Angst vor der Überlegenheit der anderen zu haben, also beschämt zu werden. Ich übe noch immer, mit einigem Erfolg, aber ich bin nicht fertig.

Aber ich habe in dieser Geschwisterposition auch viel gelernt: Ich kann andere auf mich aufmerksam machen. Ich kann mich auf dem Präsentierteller wohlfühlen und genieße es, wahrgenommen zu werden. Ich kann mit Größeren und mit Kleineren klarkommen, ich kann – als eines von vier mittleren Kindern – vermitteln. Ich kann mich sehr gut einfühlen und verstehe fast alle Menschen immer irgendwie, selbst wenn sie ganz anders ticken als ich. Und – weil ich mich ja immer auch selbst minderwertig und unwichtig fühle – werde ich wohl nie Menschen verachten, die aus irgendeinem Grund scheitern. Das sind die Bedingungen für einen wirksamen Psychotherapeuten: Echtheit (Ihr dürft mich sehen, wie ich wirklich bin), Bedingungslosigkeit der Wertschätzung (Du bist okay) und Einfühlungsvermögen (Ich bin nicht du, aber ich versetze mich in deine Lage). Und das ist die Kombination von Gaben, die nicht nur meinen Beruf prägen, sondern auch meine Berufung: Die Selbstdarstellungsbedürfnisse bringen mich dazu, gerne auf der Bühne (oder auf der Kanzel) zu stehen. Die Angst vor Beschämung bringt mich dazu, an dem, was ich dort im Rampenlicht mache, zu arbeiten. Die Fähigkeit, Menschen so anzunehmen, wie sie sind, zu vermitteln und zu verstehen, ist in meiner Beratungspraxis wichtig. Die private und vertrauliche Atmosphäre des Gesprächszimmers habe ich genauso gerne wie die Öffentlichkeit und den Applaus. Und was ich an meiner Geschwisterrolle und -position am besten finde: dass sie offenbar ganz gut zu der komplementären Geschwisterposition meiner Frau passt. Die hat auch fünf Geschwister – allerdings ist bei ihr alles ganz anders als bei mir. Aber das ist eine andere Geschichte.

Ulrich Giesekus (55 Jahre)
Professor für Psychologie und Beratung an der Internationalen
Hochschule Liebenzell (IHL). Neben Lehrtätigkeit und Beratungspraxis
(www.beratungenplus.de) ist er zu Vorträgen, Schulungen und Seminaren
in Kirchen und Unternehmen unterwegs; verheiratet mit Heidrun,
mit der er vier Kinder beim Erwachsenwerden begleitet hat

Hilfen für ein positives Selbstbild Zweitgeborener

- Die Position des Zweiten beinhaltet viele positive Seiten. Ich muss nicht an vorderster Front stehen, aber kann mich trotzdem positiv einsetzen.

- Ich habe das Kämpfen für eine Sache gelernt.
- Ich bin fähig, Kompromisse zu vermitteln. Ich muss dafür keine List einsetzen, sondern kann gute Ideen in die Herzen anderer Menschen pflanzen.
- Ich kann meine Fähigkeit, mich selbst und andere zu verstehen, positiv einsetzen und nutzbar machen.
- Einige Gefahrenpunkte meines Lebens sind Eifersucht und Neid. Ich darf mich aus der Falle des Vergleichens verabschieden. Dazu hilft mir die Dankbarkeit für das bereits Erreichte und Erlebte.
- Ich kann Menschen als Gegenüber und Verbündete betrachten, statt sie zu »besiegen« und mich an ihnen zu messen.

Erziehungstipps

Zweite dürfen bewusst *als Zweites* erzogen werden.

Dem zweitgeborenen Kind sollte *wertschätzender Umgang mit dem ersten Kind* als positiv vermittelt werden: das erste Kind darf länger aufbleiben als das zweite, bekommt altersentsprechend mehr Taschengeld als das zweite.

Umgekehrt gilt: Auch das zweite Kind ist etwas ganz Besonderes. Es hat genauso *Anrecht auf Neues*: neue Kleider, neue Spielsachen, andere Hobbys. Eltern sollten dem zweiten Kind in gleicher Weise Wertschätzung vermitteln wie dem ersten Kind.

Das Vergleichen in beide Richtungen vermeiden. Elterliche Vergleiche rufen Konkurrenz, Neid und Eifersucht, Minderwertigkeits- oder Rachegefühle hervor. Darum ist es gut, wenn die Eltern ihr Augenmerk auf die jeweilige Besonderheit jedes Kindes richten.

Auch dem zweiten Kind tut es gut, wenn Eltern bewusst *Zeit mit ihm allein* einplanen. Sie lernen ihr Kind dann nochmals von einer anderen Seite kennen.

Das dritte Kind

Zur Einstimmung

Mein Platz in der Geschwisterreihe:

Ich bin das dritte Kind meiner Eltern mit einem Bruder (fünf Jahre älter) und einer Schwester (nur 15 Monate älter). Ich war sicher kein Wunschkind. Der Abstand zur Schwester, die Wohnsituation und die wirtschaftliche Lage der Eltern wurden mir oft als Problem geschildert. Aber nie hörte ich, dass sie mich deshalb nicht gern hätten. Ich wurde im November 1949 geboren, meine Eltern hatten begonnen, ein Haus zu bauen, um aus der Enge bei der Schwester zu entkommen. Mein Vater wollte sich selbstständig machen und im Haus war alles noch offen, keine ordentliche Heizmöglichkeit und auch kein Geld vorhanden. Als Winzling wurde ich sofort schwer krank.

Prägend war das Verhältnis zur älteren Schwester. Sie war sehr häuslich, anhänglich und bestimmend. Wenn meine Mutter sie rief, kam ich sofort hinterher. Auf Bildern sind wir immer zusammen zu sehen, wir haben die gleichen Kleider an und es gibt kaum Einzelbilder. Ich mache immer »Faxen« auf den Fotos!

Schon mit sechs Jahren blieb ich fünf Wochen lang im Sommer bei Verwandten – sehr zum Erstaunen meiner Mutter: Wie kann sie so lange wegbleiben, ohne Heimweh zu haben? Ich habe schönste Erinnerungen an diese Sommerferienzeit, die ich, bis ich ungefähr 15 Jahre alt war, beibehalten habe. Dort wurde ich wertgeschätzt, verwöhnt, wir machten Ausflüge ...

Im Laufe der Schulzeit stellte sich heraus, dass ich besser lernen konnte als meine Schwester. Mein Vater stand dazu, dass ich das Abitur machen sollte, und bekräftigte das auch vor dem Klassenlehrer. Für mich war das sehr wichtig und gab mir während der Pubertät Selbstbewusstsein. Im Studium hatte ich wenig Selbstbewusstsein. Ich zweifelte daran, ob ich das auch schaffe, und hängte mich an eine Schulfreundin. Ich lebte sehr in Abhängigkeit von ihr. Wir gingen zusammen für ein Jahr nach Freiburg und es wurde gekocht, was sie wollte. Wir schliefen in einem Zimmer und ich lernte bei Licht einzuschlafen, weil sie noch lesen wollte ... Ich stand einfach noch nicht auf eigenen Füßen.

Das änderte sich erst im Laufe der Jahre, als ich meinen Mann kennenlernte und mit ihm eine Familie gründete. Auch die Entscheidung, mit Jesus zu leben, trug wesentlich zu mehr Selbstbewusstsein bei. Ich liebe Veränderungen. Ich kenne kein wirkliches Heimweh und bin gerne in eine neue Wohnung und Umgebung gezogen. Ich habe großen Drang nach Freiheit und will nicht fremdbestimmt sein.

Schön war es, Geschwister zu haben, auch den großen Bruder, der eigentlich ganz anders als wir beiden Mädchen war. Ich genoss es, nie allein zu sein, viele gemeinsame Unternehmungen mit den Eltern, Verwandten und Freunden zu erleben.

Negativ war das Anhängen an die Schwester. Heute noch spürbar ist das selbstverständliche Mithelfen bei allem – so war es eben im Haushalt eines Selbstständigen. Verweigerung gab es nicht, war nicht erlaubt. Jeder von uns hatte seine Aufgabe und so sind unsere Kinder auch aufgewachsen.

Erst meine Erfahrungen als Lehrerin halfen mir, zu sagen, was ich möchte und nicht möchte. Denn bei uns zu Hause wurde nicht diskutiert. So fällt es mir bis heute immer noch schwer, meine Position deutlich zu vertreten. Aus Harmoniegründen unterwerfe ich mich lieber als zu widerstehen.

Christa Beste (62 Jahre)
hat als Lehrerin gearbeitet, Mutter von drei Kindern und drei Enkelkindern,
15 Jahre Mitarbeit im Betrieb des Mannes, Mitarbeiterin bei
Frühstückstreffen für Frauen in Brüssel und Bad Vöslau und
seit 12 Jahren Koordinatorin FFT Wienerwald, Referentin

Beschreibungen

Leider wird den dritten Kindern in der wissenschaftlichen Literatur kaum Beachtung geschenkt. Meiner Beobachtung nach haben dritte Kinder einen ganz besonderen Platz in der Geschwisterreihe. Auch in den Märchen spielen Dritte immer eine Sonderrolle. Es lohnt sich, dieser Position besondere Aufmerksamkeit zu schenken und deren Besonderheit zu entdecken und zu würdigen. Neulich sagte eine Mutter zu mir: »*Die Dritten sind bunter, vielfältiger, anders.*« Woran liegt das? Ein drittes Kind kommt in eine Familie mit zwei älteren Kindern. Das heißt auch, dass zwei Plätze beziehungsweise zwei Rollen im Verhalten gegenüber den Eltern bereits belegt sind. Oft hat das eine der älteren Kinder einen besseren Kontakt zum Vater und das andere zur Mutter. Eben weil sich erstes und zweites Kind oft ganz unterschiedlich entwickeln, ist schon ein recht komplexes Wert- und Verhaltensgefüge da. So muss sich das Dritte irgendwo anders einrichten. Eine Drittgeborene: »*Als Kind hatte ich immer das Gefühl, dass die Welt unübersichtlich ist. Die Großen waren schon da, kannten sich besser aus und kannten und wussten mehr.*«

Dritte Kinder haben manchmal *Mühe, ihren Platz im Leben zu finden.* Sie fragen intuitiv: »Wo ist hier mein Platz?« Die ersten beiden Kinder haben in der Regel eine feste Spielbeziehung zueinander, das Dritte kann dort nur schwer eindringen und hat oft das Gefühl, nicht dazuzugehören. Auch wenn es mitspielen darf, ist es immer das Kleine. So wird es oft in die Situation gedrängt, mit allem allein fertigzuwerden, allein zurechtkommen zu müssen. Es dauert ja oft auch lange, bis ein Drittes weiß: Wer bin ich, was kann ich im Gegensatz zu den beiden anderen vor mir? Wo gehöre ich hin? Wo ist meine Nische, mein Platz?

So fühlen sich manche dritten Kinder wie Trittbrettfahrer und brauchen deshalb oft lange, bis sie ihren Platz in der Familie gefunden haben. Wenn ein viertes Kind geboren wird, hat dieses es meistens leichter, denn es entdeckt über sich »viele«. Das dritte dagegen findet eine festgefügte Konstellation von Vater-Kind 1, Mutter-Kind 2 vor.

Weil der Platz in der Familie schwer zu finden ist, suchen sie ihn häufig außerhalb der Familie. Sie sind oft schon in sehr frühem Alter in anderen Beziehungen unterwegs. Sie verschwinden manchmal unbemerkt und müssen dann gesucht werden. Nicht selten kommt es vor, dass es zunächst auch gar nicht auffällt, wenn das dritte Kind nicht zu Hause oder im Zimmer ist. Sie weichen oft nicht nur räumlich aus, sondern gehen innerlich in ihre Traumwelt. Diese Verhaltensmuster bergen auch ungeheure Chancen der kreativen Lebensgestaltung in sich.

Mein Platz in der Geschwisterreihe:

Ich bin das dritte von insgesamt vier Kindern.

Als ich Kind war, hatte ich oft das Gefühl, dass »die anderen«, nämlich meine beiden älteren Geschwister, alles besser können als ich. Ich hatte den Eindruck, dass sie immer schneller, besser, sportlicher, schöner und begabter waren als ich.

Ich merkte schnell, dass ich andere – kreativere – Wege finden musste, um aufzufallen. So war ich diejenige, die ihre Gummistiefel mit Wasser füllte, um zu testen, ob diese auch wirklich wasserdicht waren. Oder ich dachte mir Geschichten aus. In der Grundschule entdeckte ich meine Liebe fürs Theaterspielen, die bis heute anhält.

Wir stritten uns immer wieder, dachten uns fiese Streiche aus, um einander zu ärgern oder uns wehzutun.

Aber wir hatten auch viel Spaß zusammen, bauten uns im Garten Höhlen oder erfanden lustige Spiele.

Als ich vier Jahre alt war, bekam ich eine kleine Schwester und meine Freude war riesig! Nicht nur, weil ich endlich nicht mehr die einzige »Kleine« war, auf die meine Geschwister runterschauen konnten. Sondern auch, weil ich mir eine kleine Schwester sehr gewünscht hatte.

Heute stehen wir – meine drei Geschwister und ich – voll im Leben, jeder auf seine Weise und an seinem Platz. Wenn man uns zusammen sieht, würde nur ein aufmerksamer Beobachter dahinterkommen, dass wir Geschwister sind. Das Verhältnis zu meinen Geschwistern ist heute ausgesprochen gut. Die Hänseleien von damals sind gegenseitigem Respekt und großer Zuneigung gewichen. Wir achten einander in unseren Unterschiedlichkeiten. Wir sind verschieden und doch ähnlich geprägt.

Erzieherin (30 Jahre)
Farb- und Stilberaterin, Mutter von drei Kindern

Das Dritte wird oft *ausgeschlossen*. Waren vorher die ersten beiden Kinder möglicherweise Konkurrenten, so bilden sie mit der Geburt des Dritten häufig eine Interessengemeinschaft. Beide erleben jetzt das Gleiche: Die Aufmerksamkeit der Mutter gilt ihnen nicht mehr an erster Stelle. Eine Mutter formulierte: »*Als das dritte Kind auf die Welt kam, haben die beiden Ältesten eine ganz andere Beziehung zueinander gefunden. Vorher haben die beiden ständig gestritten, jetzt hängen die beiden zusammen wie Kletten.*«

Beim dritten Kind sind die Eltern noch gelassener als beim zweiten, das Erziehen läuft nebenher. Die Eltern machen sich weniger, oft auch zu wenig Gedanken um die Dritten. Gerade darin liegt die Gefahr. Das dritte Kind kann auch *übersehen* werden. Es kann sein, dass Eltern es nicht oder erst spät merken, wenn das Dritte Schwierigkeiten hat. Eines ist klar: Eltern lassen ein drittes Kind in der Regel eher nur »mitlaufen«. Sie haben schon zwei größere Kinder und machen sich deswegen im Blick auf die Erziehung des dritten Kindes nicht mehr so viele Gedanken. Oft vergessen sie auch, Bilder von wichtigen Ereignissen des dritten Kindes zu machen.

Ulrike erzählt: »*Als unser drittes Kind geboren wurde, träumte ich, dass mir eine weitere Hand für dieses Kind fehlen würde. – Ein anderes Mal träumte ich, ich hätte das dritte Kind beim Spazierengehen verloren und es zuerst gar nicht bemerkt.*«

So kann beim dritten Kind der Eindruck entstehen, dass es häufig übersehen wird. Viele Eltern haben beim dritten Kind auch oft nicht mehr die Kraft, sich intensiv mit dessen Bedürfnissen und Erfahrungen zu beschäftigen. Häufig merken sie nicht, wie es dem Dritten tatsächlich geht. Es findet sich oft in der Familie nicht so gut zurecht – anders als die Eltern es vermuten.

Manchmal zieht sich das dritte Kind dann in sich selbst zurück und errichtet sich eine eigene starke Fantasie-Innenwelt. Mit Tagträumen kann es hervorragend aus dem Alltag aussteigen. Oder es gestaltet ganz aktiv sein Leben – aber eben ganz anders als die beiden anderen Geschwister.

Das dritte Kind ist oft sprachlich und intellektuell in der Entwicklung hinter den beiden Großen zurück. Oft wird ihm gesagt: »Das verstehst du nicht, dazu bist du zu klein oder zu dumm.« Oder es wird von den beiden Größeren ausgelacht, wenn es etwas Falsches sagt oder macht.

Eine Drittgeborene sagte im Rückblick auf ihre Kindheit: »*Ich hatte immer das Gefühl, ich verstehe alle nicht. Immer hatte ich den Eindruck, dass ich die Welt nicht begreife, dass das, was die anderen in der Familie sagen, mir nicht zugänglich ist. Ich habe mich so gefühlt, als ob ich nicht dazugehöre.*«

So werden die dritten Kinder oft *einsame* Kinder, manche sind auch gerne allein und kommen allein zurecht, sind dadurch oft auch selbstständiger, freier und unabhängiger.

Gleichzeitig ist aber das Bedürfnis nach Gemeinschaft und Kontakt zu anderen besonders hoch, weil sie es einerseits aus der Familie kennen, aber andererseits vermissen. »Das dritte Kind sehnt sich danach, seinen Platz unter den anderen anzutreten, wird aber das Empfinden nicht los, dass die sich nichts aus ihm machen und auf sein Dasein keinen Wert legen.«[56]

Deswegen haben dritte Kinder oft *Schwierigkeiten mit dem Selbstbild* und der Identität. Weil der Platz in der Familie nicht einfach zu finden ist, finden sie ihn oft auch im Leben nicht problemlos.

Der Blick auf sich selbst ist komplexer. Vonseiten der Eltern werden sie anders gesehen als vom Erstgeborenen oder vom Zweitgeborenen. Von jeder Seite kommen andere Botschaften. Diese Komplexität macht auch das Leben kompliziert.

Mein Platz in der Geschwisterreihe:

Als drittes Kind mit einem älteren Bruder und einer älteren Schwester sowie einem jüngeren Bruder war ich ein richtiges Mittelkind – und nicht gerade das Wunschkind meiner Eltern.

Schon recht früh habe ich unbewusst den Humor als mein Mittel für Aufmerksamkeit entdeckt. Diese Position war in meiner Familie noch nicht besetzt. Ich musste mir zwar einiges für meine lustigen und verrückten Ideen anhören, aber diese sprudelten einfach so aus mir heraus. Das ist bis heute so und ich bin glücklich, dass ich sehr viel davon in meinem Beruf als Komiker und Musiker einsetzen kann.

Meine Oma schenkte mir einmal eine Kassette von Heinz Ehrhardt. Meine Eltern nahmen sie mir nach einer Woche weg, weil sie meinten, dass dies kein guter Einfluss wäre. Das war nicht schlimm, denn ich konnte sie bereits auswendig.

Bis zu meinem zwölften Lebensjahr teilte ich mit meinem älteren Bruder das Zimmer; wir waren in einem ständigen Konkurrenzkampf und Streit, indem ich meist unterlag. Damals begann ich schon, mir ein eigenes Innenleben aufzubauen. In der Familie war ich meist der angepasste, nette, lustige Junge, der keine Probleme bereitet. In meinen Gedanken war ich ein anderer. Ich träumte mich einfach weg und lutschte noch bis über das Abitur hinaus heimlich am Daumen. Ich lebte in einer Traumwelt, zu der nur ich Zugang hatte.

Der christliche Glaube spielte in unserer Familie eine sehr wichtige Rolle. Als ich zwölf war, zogen wir als Missionare ins Ausland. Dadurch wurde der Zusammenhalt in der Familie noch wichtiger. Ein Ausstieg oder ein Infragestellen des Glaubens wäre gleichbedeutend mit einer Absage an die Familie gewesen. Da wir als Ausländer schon recht isoliert waren, behielt ich meine Fragen und Zweifel für mich. Bei meinem älteren Bruder konnte ich beobachten, wie er gegen meine Eltern aufbegehrte, aber damit nicht sehr weit kam. So entschied ich mich instinktiv, keine unnötige Kraft an dieser Front zu lassen.

Ich erlebte keine klassische Pubertät mit der Auflehnung gegen die Eltern, weil mir der Preis zu hoch erschien. Ich fühlte mich schon durch die Situation in dem fremden Land am Rande und wollte nicht noch mehr Isolation.

Die Spannungen mit meinem älteren Bruder legten sich erst nach dem Umzug ins Ausland, da ich ab diesem Zeitpunkt mit meinem drei Jahre jüngeren Bruder das Zimmer teilte. Mit meiner Schwester verstand ich mich in den Jugendjahren sehr gut, denn sie war für mich wie eine Freundin. Wir waren sehr offen miteinander. Das endete leider abrupt, als sie ihren Ehepartner kennenlernte.

Mit zehn Jahren begann ich Gitarre zu spielen, obwohl meine beiden älteren Geschwister dies auch taten. Allerdings zog es mich dabei, im Gegensatz zu den beiden, sehr schnell auf die Bühne.

Nach dem Abitur lebte ich noch einmal ein Jahr mit meinem älteren Bruder in einer WG. In dieser Zeit rieben wir uns zwar noch, aber er musste akzeptieren, dass es Bereiche gab, in denen sein kleiner Bruder geschickter als er war. Dies hat er mir damals sogar gesagt. Ab diesem Zeitpunkt waren alle Spannungen aus unserer Beziehung verschwunden und wir verstehen uns bis heute gut.

Schon früh, mit circa acht Jahren, habe ich mich innerlich entschieden: Ich werde es besser machen. Das war ein großer Druck, dem ich mich damit ausgesetzt habe und zog sich wie ein roter Faden durch mein Leben. Erst in den Vierzigern wurde mir das bewusst und ich habe mich davon verabschiedet.

Ich habe mir mit dieser Einstellung nicht nur Freunde gemacht, sondern viele dadurch genervt und verärgert. Allerdings habe ich auch viel erreicht. Heute bin ich sehr froh, diesem Druck nicht mehr standhalten zu müssen, auch wenn er sich von Zeit zu Zeit meldet.

Ich habe elf Jahre gebraucht, um den Beruf zu finden, der wirklich zu mir passt. Auf dem Weg dahin habe ich ein Theologiestudium absolviert, als Maschinenbautechniker und Grafiker gearbeitet und war in der Kirche angestellt.

Immer wieder habe ich mich mit großem Enthusiasmus in eine neue Arbeit begeben, um dann nach einiger Zeit ernüchtert festzustellen, dass ich die Lust daran verloren habe. Erst als ich begonnen habe, als freischaffender Künstler meinen Lebensunterhalt völlig selbstständig zu verdienen, spürte ich: Ich bin endlich angekommen. Das hat sich bis heute nicht verändert.

Als Erwachsener hatte ich viele Jahre in meiner Herkunftsfamilie die Rolle des Ältesten. Dies lag daran, dass der Erstgeborene sich dieser Rolle entzog, indem er sein Ding machte und meine Schwester zwanzig Jahre in Übersee lebte. Ich hatte den engsten Kontakt zu meinen Eltern und war immer noch der nette Junge, dem man sich anvertrauen konnte. Dies begann, als ich circa achtzehn war. Schon damals erzählte mein Vater mir sehr offenherzig Dinge, mit denen er in seiner Missionsarbeit nicht klarkam. Das bedrückte mich, da ich nicht helfen konnte.

Bei Familientreffen hatte ich das Gefühl, ich müsste diese Rolle übernehmen, da ich gut organisieren kann. Allerdings belastete mich diese Position und führte zu erheblichen Spannungen zwischen mir und meinen Eltern.

Erst durch eine Familienaufstellung konnte ich diese ungesunde Konstellation durchschauen und daraus aussteigen. Es folgte eine Zeit der »Spätpubertät«, in der ich innerlich für einige Monate auf Abstand gegenüber meinen Eltern ging. Sie haben dies wohl gar nicht realisiert, aber für mich war es enorm wichtig, meine Position als Dritter wieder einzunehmen und auch dort zu bleiben. Äußerlich hat sich kaum etwas verändert, wenn wir als Familie zusammenkommen, aber in mir ist ein großer Druck genommen worden. Dafür bin ich sehr dankbar.

(49 Jahre)

Barbara Sullivan beschreibt ein Treffen mit Drittgeborenen. Alle Dritten bezeichneten sich selbst als *zukunftsorientiert.*[57] Viele kreative Ideen und fantastische Modelle schwirren ihnen durch den Kopf. Dies kann aber auch ein Nährboden für Selbstüberforderung sein. Diese Vielfalt der Ideen birgt eben auch die Gefahr, zu viel von sich zu erwarten und unrealistischen Zielen hinterherzurennen. Leicht werden sie dann von der Realität enttäuscht und entmutigt.

Die optimistische Zukunftserwartung gibt vielen Dritten auch eine humorvolle Einstellung zur Gegenwart. Auch wenn manches im Moment schwierig erscheint, gehen sie davon aus, dass »es irgendwie gut werden« oder »bald vorbei« sein wird.

Drittgeborene werden oft als *Tagträumer* bezeichnet, denn sie können hervorragend aus dem Alltag aussteigen und in eine Fantasiewelt gehen. Das führt oft auch zu Schulproblemen. Sie sind im Unterricht nicht anwesend, unkonzentriert, weit weg. Eine drittgeborene Frau erzählte, dass sie sich nur ungefähr drei Minuten auf eine Sache konzentrieren konnte. Als Kind hatte sie sich schon früh am Morgen auf dem Schulweg vorgestellt, was sie machen werde, wenn die Schule endlich vorbei ist.

Mein Platz in der Geschwisterreihe:

Schon als Dreijähriger liebte ich es, zu klassischer und romantischer Musik (am liebsten zu Programmmusik) oft stundenlang zu dirigieren. In meinem Kopf entstanden fantastische Welten zu Dvořáks »Aus der neuen Welt«, Smetanas »Moldau« oder Mussorgskis »Bilder einer Ausstellung«, die nichts mit den erdachten Szenen der Komponisten gemein hatten. Das erwähne ich so ausführlich, weil ein darauf aufbauendes späteres Erlebnis mich regelrecht aus meinen Kindheitsträumen katapultiert hatte.

Meiner Omi bei unseren fast täglichen Spaziergängen den Grimm'schen Märchen zu lauschen, gehört zu den schönsten Erinnerungen meiner Kindheit.

Im Kindergarten verkroch ich mich während des Freispiels meist in der Bauecke, um Autos und Flugzeuge aus Konstruktionsmaterial herzustellen, und das am liebsten allein.

In der Schule bekam ich vom Unterricht selten etwas mit. Sobald das Gros der Lehrer anfing zu sprechen, machte es bei mir »Klick« und ich schweifte in fantastischen Welten umher. Damals schöpfte ich meinen Fantasiereichtum nicht aus Filmen, sondern aus Büchern und Erzählungen.

In einem meiner Wachzustände erlitt ich einen echten Schock, als uns Smetanas Moldau erklärt wurde. Alles Lügen! Meine selbst erdachten Szenen waren die »echten«. Ab diesem Moment hasste ich meine Musiklehrerin.

Wenn ich nach Hause kam, setzte ich mich zuerst ans Klavier. Meine Mutter wusste dann gleich, wie es mir in der Schule ergangen war. An diesem folgenschweren Tag muss es schier unerträglich gewesen sein, mir bei meinen Kompositionen zuhören zu »dürfen«.

Wurden in der Familie politische oder sozialkritische Gespräche – meist am Esstisch – geführt, zog ich mich, sobald erlaubt, zum Spielen zurück, auch noch im jugendlichen Alter. Meistens war ich mit meinem drei Jahre jüngeren Bruder zusammen. Wir hatten viele Jahre lang ein gemeinsames Spiel-, Schlaf- und Streitzimmer. Für ihn organisierte ich bald schon die Kindergeburtstage.

Bei der Berufswahl tat ich mich sehr schwer. Ich probierte vieles aus, merkte, dass ich mich im sozialen Bereich wohlfühle, und schlug zunächst die Laufbahn des Heilerziehers, später die des Erziehers ein. Während dieser Zeit entdeckte ich die Faszination des Figurentheaters und Zauberns. Heute bin ich professioneller Puppenspieler und Zauberer – ich könnte mir mit meiner Frau (Erstgeborene) an meiner Seite, die viel hilft, um meinen Alltag zu meistern, keinen schöneren Lebensweg vorstellen.

Christoph Frank (52 Jahre)
Heilerzieher, Erzieher und jahrelanger Leiter eines Kindergartens,
arbeitet heute als freischaffender Künstler und Seminarleiter
(www.zauberbuehne.de)

Drittgeborene werden oft als *leidenschaftlich* und *temperamentvoll* beschrieben.[58] Sie verlieren die Kontrolle über ihre Gefühle – vor allem bei erlebter Ungerechtigkeit. Mose wird sehr wütend als er erlebt, wie ein Ägypter einen Israelit quält, ebenso, als das Volk Israel Abgötterei tut.

Levi, der dritte Sohn von Josef, wird wütend, als er von der Vergewaltigung seiner Schwester hört. Eine ganz ähnliche Geschichte wird von Absalom, Davids drittem Sohn, erzählt.

Meistens gehen Dritte einen *Sonderweg* im Leben, machen in der Schullaufbahn oder in der Berufswahl etwas ganz anderes als die Geschwister.

In vielen Familien gehen die Dritten nicht wie die ersten beiden Kinder aufs Gymnasium, sondern in die Real- oder Hauptschule. Oder genau umgekehrt: Die Dritten sind die Einzigen, die eine höhere Laufbahn wählen als die beiden vorigen Geschwister.

Von vielen Dritten wird allerdings die Schule als notwendiges Übel gesehen, das man irgendwie möglichst schnell hinter sich bringen muss, um dann irgendwann das Wesentliche zu tun. Häufig werden Dritte als Erwachsene zu Künstlern, Musikern, Schauspielern, Malern, Bildhauern, Clowns, Zauberern, Entertainern oder Performern.

Dritte haben meistens eine stark ausgeprägte *Sensibilität*. Sie erspüren die Nöte anderer intuitiv. Und sie haben auch keine Schwierigkeiten damit, andere direkt auf ihre Situation anzusprechen, Probleme anzugehen und zu thematisieren. Sie werden oft zu sehr engagierten *Kümmerern*. Deswegen findet man Dritte häufig in sozialen und diakonischen Berufen.

Viele Dritte haben kein so ausgeprägtes Gewissen, sie haben *seltener Schuldgefühle*. Sie sind in der Regel nicht so gewissenhaft wie Erste oder auch Zweite, darum sind sie nicht immer so zuverlässig, manchmal auch nachlässig oder schlampig bis hin zu kreativ chaotisch. Sie nehmen das Leben oft von der lockeren Seite.

Manche Dritte sind *sich selbst gegenüber gerne nachsichtig*. Wahrheit ist für sie etwas Subjektives. Erstgeborene würden manche Aussagen von Dritten vielleicht als Lüge bezeichnen. Dritte beziehen in ihren Wahrheitsbegriff jedoch häufig auch ihre Fantasie und Ideen mit ein und halten sie schlussendlich für wahr.

Sie nehmen gerne alles auf die leichte Schulter. Die gute Seite daran ist, dass sie gutmütig sind, schnell im Verzeihen und das Leben einfach etwas lockerer sehen. Die negative Seite ist, dass sie oft nicht sehr zuverlässig sind oder auch zu Schlampigkeit und Chaos neigen.

Dritte Kinder haben *keine Lust zu führen*.

Dritte stehen lieber in der »zweiten« Reihe. Sie übernehmen nicht so gern Leitung und Verantwortung, lieber arbeiten sie der Leitung zu und organisieren im Hintergrund. Gerne übernehmen sie Verantwortung für Teilbereiche, aber nicht für einen kompletten Bereich.

Mein Platz in der Geschwisterreihe:

Meine älteste Schwester starb ein paar Monate vor meiner Geburt. Sie war sechs Jahre älter als mein Bruder. Dieser wiederum ist fast drei Jahre älter als ich.

Die Vorgeschichte meiner Geburt prägte mein bisheriges Leben. Ich fange jetzt erst an zu begreifen, welche Folgen diese Situation für meine Entwicklung hatte.

Mein Bruder ist sehr liebevoll und beschützend mit mir als seiner kleinen Schwester umgegangen, aber auch besserwisserisch und dominant. Ich habe mich so dagegen gewehrt, dass ich mir einen Spaß daraus gemacht habe. Wenn das nicht mehr half, gab es Krach. Eigentlich hätte ich das gerne vermieden, denn ich bin harmoniebedürftig. Andererseits hatte ich das Gefühl, gegen meinen Bruder nicht anzukommen.

Durch den tragischen und plötzlichen Tod meiner Schwester bin ich wohl zum Ersatzkind meiner Eltern geworden. Die Sorge um mich und die Angst, mich auch zu verlieren, prägt bis heute deren Verhalten, vor allem das meiner Mutter mir gegenüber. Spätestens in der Pubertät führte dieses Überbehüten und Nicht-loslassen-Können dazu, dass ich diese wichtige Zeit in der Entwicklung nicht beziehungsweise nur in sehr begrenztem Maße erlebt habe. Denn ich getraute mich nicht, zu meiner Mutter (ebenfalls eine dominante Persönlichkeit) in Konkurrenz zu gehen und mich abzugrenzen.

Mir fällt auf, dass ich harmoniebedürftig bin und versuche, Konflikte schnell aufzulösen, damit alles wieder »gut« ist. Ich kann auch zwischen zwei Parteien gut vermitteln, muss aber aufpassen, dass ich mich dabei nicht verzettele und verstricke.

Mit Kritik kann ich nur schlecht umgehen.

Es fällt mir schwer, Grenzen zu setzen, eher sehe ich über meine Wünsche und Bedürfnisse hinweg, damit es den anderen gut geht.

Ich arbeite gerne mit Menschen (habe dementsprechend auch Sozialwesen studiert und arbeite mit geistig behinderten Menschen). Lieber stehe ich in der »zweiten« Reihe, als die Leitung und Verantwortung zu übernehmen. Dies geschieht aus dem Grund heraus, dass ich mit dem Druck und den Anforderungen einer Leitungsfunktion nicht umgehen kann. Ich arbeite lieber der Leitung zu und organisiere im Hintergrund. Hier übernehme ich dann gerne die Verantwortung für Teilbereiche, aber nicht für einen kompletten Bereich.

Gerade bei Menschen, die sehr dominant auftreten (diese bewundere ich und versuche ein bisschen so zu sein wie sie), bin ich schnell verunsichert. In deren Gegenwart zweifele ich oft an meinem Wert und habe das Gefühl, nichts zu können oder alles falsch zu machen.

Ich kann mich schnell für eine Sache begeistern, habe aber nicht immer den Elan, die Sache auch zu einem Ende zu bringen (zum Beispiel Weiterbildungen etc.). Ich bin auch sehr ungeduldig.

Diplom-Sozialpädagogin (40 Jahre)

Drittgeborene in der Bibel

Deutlich sieht man typische Verhaltensmuster von Dritten bei *Mose*. Er war das dritte Kind in der Geschwisterreihe. Er hatte überhaupt kein Interesse an dem Führungsauftrag, den Gott ihm übertragen wollte, und argumentierte lange mit Gott, bevor er bereit war, dessen Ruf Folge zu leisten (2. Mose 3-4).

Erstgeborene würden nie auf die Idee kommen, mit Gott zu argumentieren, warum sie etwas nicht machen wollen oder können. Als Gott den erstgeborenen Abraham berief, gab es keine Diskussion. Sondern da heißt es in 1. Mose 12,4: »Da zog Abram aus, wie es der Herr zu ihm gesagt hatte.«

Samuels Antwort auf Gottes Anruf lautete: »Rede, denn dein Knecht hört« (1. Samuel 3,10). Ein Erstgeborener ist ein Erwartungserfüller und darum auch gerne bereit, Aufträge zu übernehmen. Erst recht solche von Gott.

Ganz anders verhält sich dagegen Mose. Er muss keine Erwartungen erfüllen, um sich wertvoll und bedeutend zu fühlen. *Mose* war das dritte Kind, lebte aber später viele Jahre als Einzelkind bei der ägyptischen Königstochter (2. Mose 2,10). Er glaubt nicht, dass er Gottes Berufung gerecht werden kann, und findet zunächst viele Ausreden, warum er Gottes Auftrag nicht ausführen kann. Das wird deutlich an unterschiedlichen Formulierungen: »Wer bin ich, dass ich zum Pharao gehe ...« (2. Mose 3,11); oder »... was soll ich ihnen sagen« (Vers 13), wenn sie ihn nach Gott fragen. Weitere Argumente: »Sie werden mir nicht glauben ...« (2. Mose 4,1) und »... ich habe eine schwere Sprache und eine schwere Zunge« (2. Mose 4,10). Schließlich sagt Mose zu Gott: »Mein Herr, sende, wen du senden willst« (2. Mose 4,13). Doch Gott lässt nicht locker. Erst nachdem Gott ihm Aaron als Vermittler (Zweitgeborener!) zur Seite stellt, ist Mose bereit, Gottes Auftrag auszuführen. So wird er zum Führer des Volkes Israel und bringt es durch 40 Jahre Wüstenzeit ans Ziel.

Mose wird auch als leidenschaftlich und temperamentvoll beschrieben: In jungen Jahren war er aus Rache zum Mörder geworden. Als er bereits das Volk Israel führte, zerschmettert er aus Wut über dessen Verhalten die ihm von Gott persönlich überreichten Tafeln mit den zehn Geboten (2. Mose 32,19). Später wurde über Mose gesagt, er sei der demütigste Mensch auf Erden gewesen (4. Mose 12,3). Ein Beispiel dafür, wie auch ein hitziges Temperament durch die Begegnung mit Gott verwandelt werden kann. Ein zuvor unausgeglichener Mensch kann friedfertig und gelassen werden.

Levi, der drittgeborene Sohn von Jakob, tötete zusammen mit Simeon alle Männer von Sichem aus Rache für die Vergewaltigung seiner Schwester Dina (1. Mose 34,25; 49,5-7). Im Schlusssegen von Jakob wird ihr Zorn nochmals speziell negativ erwähnt (1. Mose 49,6-7).

Davids dritter Sohn *Absalom* tötete Amnon aus Rache wegen der Vergewaltigung seiner Schwester Tamar (2. Samuel 13,1-29). In der Bibel ist der Stamm *Levi* (das dritte der Kinder von Jakob) der einzige Stamm ohne Land. Die Leviten sind das Priestergeschlecht, die im Tempel dienen. Auch hier gibt es einen Sonderweg für den Dritten und seine Nachfahren. Sie eröffnen den Weg zu Gott, sie weisen über die Gegenwart hinaus. Das Priestergeschlecht weitet den Blick über den Alltag hinaus.

Zum Ausklang

Mein Platz in der Geschwisterreihe:

»Ruben, Simeon – erster und der zweite Sohn.
Levi, Juda – dritter, vierter Bruder,
Dan und Naftali – sechs sind unter'm Parapluie,
Gad und Asser – das läuft wohl wie Wasser,
Issachar und Sebulon – nun sind es ja zehn schon.
Josef und noch Benjamin – zwölf an einem Strang zieh'n.«
Dieses harmlose Gedichtlein habe ich einmal für »Reli« in der Grundschule geschrieben. Damit die Kinder sich die Namen der Söhne Jakobs besser merken können.

Wir geben die alten biblischen Erzählungen – Kain und Abel, Jakob und Esau, Josef und seine Brüder – ja auch deshalb so gerne weiter, weil hier auch unsere Geschichte erzählt wird.

Wir, meine Geschwister und ich, sind nicht zwölf, sondern vier.

Ein Benjamin bin ich nicht, die Jüngste ist Ruth-Maria. Ein Ruben bin ich nicht, denn der Älteste ist Erdmann. Ein Simeon bin ich nicht, die Zweite ist Cornelia.

Ein Josef bin ich auch nicht, obwohl ich der Vorletzte bin. Ich kann mich nicht erinnern, von meinen Eltern bevorzugt behandelt worden zu sein, wie Josef von Jakob bevorzugt behandelt worden ist (genauso wenig kann ich mich erinnern, meinen Geschwistern gegenüber in einem Erziehungsnachteil gewesen zu sein).

Vielleicht bin ich einer wie Levi. Zumindest bin ich, wie dieser, der Dritte. Und habe, wie Levis Nachkommen, einen besonderen Beruf: Sie übten den Dienst am Heiligtum aus – ich bin Pfarrer.

Ich habe gelesen:»Wenn ein drittes Kind zur Welt kommt, sind schon zwei andere Geschwister da. Der Platz bei Vater und Mutter ist besetzt oder belegt.« Das habe ich nicht erlebt.

Hier nur eins von vielen möglichen Elternerlebnissen: Oft saß ich allein neben meinem Vater im Auto, wenn er, um zu predigen oder Referate zu halten, im Land unterwegs war. Da war Zeit auf den Fahrten. Da war Fragen, Hören, Erzählen, Prägen. Meinen Platz bei Mutter und Vater konnte ich finden, finde ich.

Auch habe ich gelesen: Dritte Kinder suchten »häufig außerhalb der Familie ihren Platz« und seien oft in »frühem Alter unterwegs in anderen Beziehungen.

Sie verschwinden manchmal unbemerkt...« Da ist wohl was dran.

Mein Vater nannte mich mal – als er mich nach langer, schließlich erfolgreicher Suche an der Hand nahm – »Nestflüchter«. Ich hatte mir in den Ferien Ferien von der Familie genommen, die Zeit vergessen, war bei Freunden geblieben, das Zuhause war in dem Moment nur das Zweitbeste gewesen.

Später genoss ich eine Auszeit in weit entferntem Ausland, als Pastoralpraktikant in Südafrika, es war gut, mal ganz weit weg zu sein – aber wohl weniger, weil ich drittes Kind, sondern, weil ich Sohn eines in Württemberg bekannten Pfarrers bin.

Just dort erkannte ich aber auch neu, was ich an der Heimat und also auch an der Familie habe. Ein Nestflüchter, der nicht wegbleibt. So stimmt es womöglich.

Zuletzt habe ich gelesen: Oft würden »Dritte zu Künstlern, Musikern, Schauspielern, Malern, Clowns oder Performern«. Nichts von dem bin und kann ich, aber ein stiller Amateur im besten Sinn des Worts, ein kleiner

Liebhaber des Künstlerischen bin ich, glaub ich, schon, und es ist schön für mich, die Freude daran in der Ausübung meines Berufs immer wieder einmal durchscheinen lassen zu können. In der Josef-Erzählung heißt es am Ende (1. Mose 50): »Gott gedachte es gut zu machen.« Bei den Jakob-Söhnen nach Streit, Hass und Trennung. Aber Gott hatte, durch alles, alles gut gemacht. Von Hass und Trennung sind wir verschont geblieben, aber Schuld und Versäumnisse konnten wir nicht verhindern.

Wir haben erlebt: Gott macht's gut, hält zusammen, schenkt Schalom – und lässt jeden von uns, egal, auf welchem Familien-»Rang« er steht, an seinem Lebensort eine Segensart erleben.

Ulrich Scheffbuch (47 Jahre)

Hilfen für ein positives Selbstbild Drittgeborener

- Ich bin etwas ganz Besonderes. Es gibt nicht so viele dritte Kinder. Meine Erfahrungen sind ein besonderer Schatz, an dem ich andere teilhaben lassen kann.
- Ich darf andere an meinen Fantasien und meinem Humor teilhaben lassen. Das tut den anderen und damit auch mir gut.
- Ich kann davon profitieren, wenn ich von anderen Ordnung und Zuverlässigkeit lerne.
- Mit meiner Gutmütigkeit bereichere ich das Leben anderer. Aber ich muss darauf achten, dass ich nicht ausgenutzt werde.
- Meine direkte Art tut anderen gut. Ich muss mir aber bewusst sein, dass manche empfindliche Zeitgenossen davon verletzt werden können.
- Ehrlich währt am längsten. Ich darf Halbwahrheiten verabschieden und will Wahrhaftigkeit lernen. Davon profitieren alle.

- Das Leben ist etwas Besonderes. Ich darf den Mut haben, anderen die Augen dafür zu öffnen.

Erziehungstipps

Es ist gut, wenn Eltern sich von Anfang an dessen bewusst sind, dass viele Dritte ihren Platz möglicherweise nicht so leicht finden. Eltern können ihren Dritten helfen, ihre *Besonderheit zu entdecken*: Leicht stehen Eltern in der Gefahr, dritte Kinder aus dem Blick zu verlieren, darum sollten sie ihr Augenmerk besonders auf sie richten. Es kann hilfreich sein, sich immer wieder zu fragen: Was macht mein drittes Kind heute? Wo ist es? Wie geht es ihm?

Es ist gut, wenn Eltern auch vom dritten Kind Fotos machen, auch seine *Entwicklung dokumentieren* und seine Fortschritte würdigen.

Sie sollten darauf achten, dass das dritte Kind nicht von den Großen unterdrückt, ausgelacht oder kleingemacht wird.

Was für die anderen gilt, gilt auch hier: Es tut dem dritten Kind gut, wenn Eltern auch mit ihm alleine Zeit verbringen.

Dritte Kinder brauchen oft besonders viel *Ermutigung*. Eltern sollten ihnen helfen, Kompetenz zu erwerben. Sie sind eben nicht immer die »Kleinen, die (noch) nichts können«.

Es ist wichtig, dass Eltern auch dem dritten Kind *Verantwortung übertragen* und dann verhindern, dass es sich davor drückt. Sie dürfen nicht nachgeben, wenn das Kind sagt: »Das kann ich nicht.«

Manche dritte Kinder brauchen eine besondere Unterweisung darin, wie man *Ordnung* schafft.

Eltern sollten zum Ausdruck bringen, dass die andere Art des dritten Kindes genauso *wertvoll* ist. Dazu hilft, seine Kreativität und Fantasie zu würdigen und ihm gleichzeitig zu helfen, darin »bei der Wahrheit« zu bleiben. Die ist manchmal eine schwierige Gratwanderung.

Das jüngste Kind

Zur Einstimmung

Mein Platz in der Geschwisterreihe:

Ich hatte als viertes Kind mit einem großen Altersabstand (sechs Jahre) eine gewisse Sonderrolle in der Familie. Da meine Geschwister keinen sehr großen Altersabstand untereinander haben (15 Monate bis zwei Jahre), erlebten sie viele Abenteuer in der Kindheit zusammen und hatten – zumindest bis zur Pubertät – einen gemeinsamen Freundeskreis in der Nachbarschaft.

Ich war »die Kleine«, die beschützt werden musste, die nicht überall hin mitdurfte und natürlich auch oft genug nervte, Geheimnisse ausplauderte, aber eigentlich trotzdem von allen irgendwie geliebt wurde. Die Kehrseite dieser Rolle war, dass ich natürlich auch nicht für voll genommen wurde. Darunter habe ich dann später in den Teenagerjahren öfter gelitten. Ich war und blieb »die Kleine«.

Ein Stück weit bin ich diese »Kleine« auch heute noch. Obwohl jeder von uns Geschwistern längst sein eigenes Leben lebt und auch ich meines durchaus im Griff habe, merke ich an manchen Kommentaren heute noch, dass meine Geschwister mir helfen und mich beschützen wollen.

Schon immer wollte ich gerne überall dabei sein und war (und bin) sehr neugierig und naseweis. Als Kind stöberte ich im gesamten Haus – auch in den Zimmern meiner Geschwister herum. Das führte zu abgeschlossenen Schreibtischschubladen und der »Lagerung« von interessanten Dingen in höheren Schränken. (Zum Glück sind meine Brüder recht groß und konnten viel oben verstecken.) Noch heute weiß ich besser als manch anderer, wo bestimmte Dinge sind und wem was gehört.

In der Familie hatte ich bald meinen Platz als »Informationszentrum«. Mein Mundwerk stand niemals still. Gepaart mit einer unbändigen Neugier und Beobachtungsgabe konnte ich das Gespräch der Familie am Mittagstisch dominieren. Klar wurde mir das erst, als mein ältester Bruder seiner Freundin (und jetzigen Frau) auf die Frage hin, über was in seiner Familie beim Essen so gesprochen wird, sagte: »Eigentlich über nicht sehr viel. Meine kleine Schwester unterhält uns.«

Vielleicht war diese Aussage übertrieben, zeigt aber doch eine gewisse Richtung.

Ich genoss die Vorteile, die meine Rolle als »Kleine« mit sich brachte: Ich wurde umsorgt und mir wurde geholfen. Ich hatte meinen festen und gesicherten Platz in der Familie, den mir niemand streitig machen konnte. Es gelang mir auch, mich immer wieder in den Mittelpunkt zu stellen. Wahrscheinlich auch immer mal wieder auf Kosten der beiden mittleren Kinder.

Gerne trödelte und träumte ich vor mich hin, da ich wusste, dass mir meine Geschwister und Eltern im Ernstfall helfen würden. So habe ich zum Beispiel auch noch recht lange in die Grundschulzeit hinein den »Service« genossen, wenn es schnell gehen musste, dass zwei Personen der »Kleinen« noch rasch die Schuhe banden, da es sonst ja noch ewig gedauert hätte und man nie losgekommen wäre.

Ich konnte mir auch sicher sein, dass ich nicht wirklich zu kurz kam: Meine Mutter sorgte zum Beispiel beim Kampf um den Nachtisch dafür, dass ich auch etwas abbekam, oder ich durfte recht früh am Wochenende lang aufbleiben und mit dem Rest der Familie einen Film oder eine TV-Show schauen. Andererseits hatte ich in anderen Bereichen auch sehr wenige Freiheiten, da vieles für mich auch als »zu gefährlich« eingestuft wurde. Ein großes Thema als Teenager war zum Beispiel das Weggehen am Wochenende mit Freunden.

Ich engagierte mich sehr gerne in den Bereichen, in denen ich gut war. Beim Schreiben von Texten war ich meiner älteren Schwester überlegen, sodass ich ihr als Teenager einmal beim Formulieren des Textes für eine Hausarbeit im Studium half.

Gleichzeitig blieb ich aber in anderen Bereichen auch sehr gerne »die Kleine«: Ich versuchte unangenehme Anrufe und Ähnliches zu vermeiden und suchte den Weg des geringsten Widerstands. Meine Familie lachte darüber. Das war mir bis in die späte Pubertät »peinlich«, doch schaffte ich es in sehr vielen Fällen, trotzdem jemanden zu finden, der mir unangenehme Dinge abnahm.

Außerhalb der Familie übernahm ich hingegen gerne Verantwortung (bei schulischen Aktionen oder Aktionen in der Gemeinde) und entdeckte, dass ich gut organisieren und planen konnte und hier auch immer wieder Leitungsaufgaben übernahm. Für mich war das eine Art Ausgleich zum »Klein-bleiben« zu Hause.

Während ich es zu Beginn der Teenager-Zeit schwer fand, eine beste Freundin zu finden – ich war aber trotzdem in einer »Clique« von fünf oder sechs Mädels dabei –, hatte ich gegen Ende meiner Schulzeit eine feste Gruppe von Freundinnen und eine wirkliche beste Freundin. Ein Stück weit war ich der Mittelpunkt dieser Gruppe.

Ich wuchs also sehr behütet auf, da nicht nur meine Eltern mich erzogen und auf mich aufpassten, sondern auch meine Geschwister. Dabei musste ich mir keine Sorgen darum machen, in gefährliche Situationen zu geraten: In meiner Familie gab es genug Menschen, die mich davor bewahren und beschützen würden. Immer wieder musste ich außerhalb meiner Familie lernen, dass ich recht gutmütig und naiv bin und dass das auch von anderen ausgenutzt werden kann.

Meine Rolle innerhalb der Familie hatte zwei Seiten: Ich war die »Kleine«, die beschützt und behütet werden musste, der man helfen musste, damit sie alles gut hinbekam. Gleichzeitig hatte ich eine dominante Rolle in der Familie und wusste die Vorteile, die es bot, »klein zu bleiben«, auszunutzen.

Für mich war es dann ein sehr wichtiger Schritt, beim »Aus-dem-Haus-Gehen« darauf zu achten, mich wirklich ganz zu lösen und nicht noch teilweise »hängen zu bleiben«. Mein Auszug war dann auch wirklich ein harter Schnitt, denn ich zog über 700 Kilometer von zu Hause weg. Weit weg von allem konnte ich ganz andere Seiten an mir kennenlernen und musste mich selbst auch um unangenehme Dinge kümmern. Für mich war das ein wirklich wichtiger Schritt in die Selbstständigkeit.

Heike Hütter (32 Jahre) verheiratet, ein Sohn;
tätig in der Verlagsbranche, zurzeit in Elternzeit; ehrenamtlich engagiert
beim Trainee-Programm für Jugendliche, Glaubensgrundkurs etc.

Beschreibungen

Wenn ein Jüngstes zur Welt kommt, findet es schon eine ganze Menge anderer Menschen vor, die mit in das Lebensgefüge gehören. Das Gefühl: *Hier sind viele* – gehört zu den ersten Erfahrungen. Wie sich ein Jüngstes entwickelt, hängt wesentlich davon ab, ob es in der Familie eher willkommen ist oder nicht, ob es von den Geschwistern liebevoll beachtet und wertgeschätzt oder eher unterdrückt wird.

Ein jüngstes Kind, das ein Drittes ist, wird sich anders fühlen als ein Jüngstes von vier oder mehr Geschwistern. Dritte Kinder haben oft das Gefühl von »Nicht-Zugehörigkeit«, Jüngste von vielen das Gefühl von »mitten unter vielen«.

Eine Familie mit vielen Kindern ist ein sehr komplexes Gefüge. Das Lebensgefühl eines Jüngsten wird auch davon beeinflusst, wie die Beziehungen der Geschwister untereinander sind: Ist es eher ein Miteinander oder ein Gegeneinander. Je nachdem, ob Frieden herrscht oder ob Kampf und Rangeleien das Übliche sind, wird das jüngste Kind sehr unterschiedliche Wege brauchen, um sich in der Familie zurechtzufinden. In größeren Geschwistergruppen müssen sich Jüngste ihren Platz oft heftig erkämpfen.

Die positive Konsequenz daraus heißt: Sie haben *viele Vorbilder,* an denen sie sich orientieren können. Sie sehen viele Ideen, wie der Alltag gestaltet werden kann. Dies kann sehr kreative Lebensentwürfe für die Jüngsten zur Folge haben.

Die negative Konsequenz lautet: Sie erleben die Welt – zumindest teilweise – aus der »Froschperspektive«.[59] Alle anderen sind größer, stärker, besser, schneller, klüger, geschickter, wissender, erfahrener – und die Geschwister sind jedes auf seine besondere Weise schon mit den Eltern verbunden oder sogar verbündet.

Manche Jüngste leiden unter der Position des »Kleinsten«. Sie werden dafür möglicherweise auch gehänselt oder verachtet.

Eine Frau erzählt:»*Als Jüngste wurde ich immer klein gehalten. Meine großen Schwestern konnten immer alles besser und haben mich das deutlich spüren lassen. Als Erwachsene brauchte ich lange,*

*um mich davon zu lösen und für mich die Botschaft gelten zu lassen:
Ich kann etwas, ich bin jetzt groß.*«

Manchmal müssen Jüngste sich deswegen energisch nach vorn drängeln, um überhaupt gehört und gesehen zu werden. Ihre Versuche, die anderen Kinder zu übertrumpfen, sind oft erstaunlich erfolgreich. »*Denen werde ich es zeigen, was ich alles kann.*« Mit einer Reihe von *Tricks*, wie zum Beispiel Tratschen und Verbreiten von Familiengeheimnissen, versuchen sie sich einen Platz zu erkämpfen. Sie verschaffen sich durch Petzen einen Platz bei den Eltern und bekommen so Aufmerksamkeit. Von Josef, der lange als elfter Sohn und jüngstes Kind lebte, wird in der Bibel berichtet, dass er sich genau auf diese Weise bei seinem Vater einschmeichelte: indem er ihm zutrug, was über ihn geredet wurde (1. Mose 37,2). Durch dieses Verhalten zog er unter anderem den Zorn seiner Brüder auf sich.

Jüngste sind gute *Beobachter*. Sie beobachten die Eltern, sie beobachten die Geschwister, sie beobachten deren Kommunikation. Sie versuchen auf diese Weise zu verstehen. Eine gewisse Grundneugier gehört mit Sicherheit zu dieser Position. Dieses Muster der neugierigen Beobachtung, des Verstehens, und daraus folgend Schlüsse ziehen und die Welt erklären, schlägt sich im Erwachsenenalter häufig dahin gehend nieder, dass jüngste Kinder in die beschreibende oder schreibende Branche gehen. Häufig werden sie Reporter, Fotografen, Journalisten, Schriftsteller oder Kameramänner, schreiben Familienchroniken oder Autobiografien.

Meistens haben jüngste Kinder auch als Erwachsene sehr *viele Freunde*. Dies entwickelt sich aus der Erfahrung heraus, schon immer viele Menschen um sich herum gehabt zu haben. Sie haben früh gelernt, mit unterschiedlichsten Menschen umzugehen, in großen Netzwerken unterwegs zu sein und darin Beziehungen zu gestalten. So können sie gut mit den unterschiedlichsten Menschen umgehen.

Jüngste können sehr *fröhlich und ausgelassen* sein. Häufig erkennt man jüngste Kinder im Erwachsenenalter an einer gewissen Grundfröhlichkeit und Unbekümmertheit. Da sie in der Familie bereits gebahnte Wege vorfinden, entziehen sie sich auch häufig der Verantwortung und lassen andere für sich arbeiten. Sie dürfen länger Kind bleiben. Auch sprachlich behalten sie ihre Kindersprache oft länger bei, als es nötig wäre.

Durch ihre heitere und häufig unbeschwerte Art sind sie meistens auch beliebt und gern gesehene Gäste auf Partys oder anderen Veranstaltungen.

Jüngste Kinder finden ihren Platz *mittendrin*.

Jüngste können die Eltern und Geschwister auch gut um den Finger wickeln. Sie verstehen es gut, diese auszutricksen oder auch die Familienmitglieder untereinander auszuspielen.

Sie machen sich häufig einen Spaß daraus, die Eltern oder Geschwister zu verblüffen oder zu entsetzen. Gerne erzählen sie auch irgendwelche erfundenen Geschichten, um dadurch Beachtung zu bekommen.

Wir wollten den 21. Geburtstag unserer jüngsten Tochter mit einer besonderen Überraschung feiern. Dazu war der älteste Bruder extra (heimlich!) aus Berlin ins Elternhaus angereist. Wir alle waren schon in gespannter Erwartung auf sie. Wenige Minuten vor dem vereinbarten Zeitpunkt rief unsere Tochter vom Handy aus an und sagte: »Mama, ich habe mich verspätet, ich komme erst in zwei Stunden.« Ich war total entsetzt und enttäuscht. Daraufhin sagte sie lachend: »Mach mal die Haustür auf.« Ich öffnete und sie stand draußen! Solche Späße sind typisch für jüngste Kinder.

Oft rutschen Jüngste in die Rolle des Clowns oder Familienunterhalters. Kevin Leman, selbst jüngstes Kind, schreibt über sich:[60] »... mir wurde von niemandem eingeredet, dass ich der Familienclown zu sein habe; ich übernahm diese Rolle ganz von selbst. Ich war der Typ ›Nervensäge‹ und wollte damit Beachtung finden. Meine Bestimmung war es, die Leute zum Lachen zu bringen oder dazu, mit Fingern auf mich zu zeigen und Kommentare zu meinem Verhalten abzugeben ...« Er schreibt dann weiter, dass er aus seinem Beruf als Psychologe und Familienberater viel Befriedigung zieht, »meine eigentliche Berufung ist es jedoch, Menschen zum Lachen zu bringen«. Da Jüngste oft nicht ernst genommen werden, versuchen sie anderweitig Bedeutung zu erlangen, und sei es nur durch Humor.

So ist der Versuch der Jüngsten, Aufmerksamkeit zu bekommen – egal wie –, oft ein Akt der Verzweiflung. Auch Spott und Häme werden dafür in Kauf genommen.

Minderwertigkeitsgefühle

Jüngste Kinder können aber auch oft unglücklich sein und sich ungeborgen fühlen, weil sie einerseits weniger Zuwendung und Aufmerksamkeit bekommen, andererseits von den älteren Kindern überbehütet, beobachtet, gehänselt oder ausgeschlossen werden.

Wo Ältesten oft zu viele Erwartungen entgegengebracht werden, ist es bei den Jüngsten meist genau umgekehrt. Es wird zu wenig von ihnen erwartet und sie werden oft auch nicht richtig ernst genommen. Wie oft bekommen sie zu hören: »Ach, was du schon wieder erzählst«; »Ach, das ist doch gar nicht wirklich passiert, das glaube ich dir nicht«; »Davon verstehst du nichts!«.

Jeder Versuch des jüngsten Kindes, erwachsen zu werden und Leistung zu erbringen, erregt bei Eltern und Geschwistern nicht mehr die Aufmerksamkeit wie bei den vorangegangenen Geschwistern. Diese »kennen das alles schon« und finden die Leistungen und Bemühungen des Jüngsten »nicht so bewundernswert oder lobenswert«, wie es ihm eigentlich zustehen würde. Eltern investieren in Jüngste oft auch nicht mehr so viel Kraft und Zeit, um ihnen etwas beizubringen. Sie gehen davon aus, dass diese das schon irgendwann lernen oder dass die älteren Geschwister sich darum kümmern werden. Dabei neigen die älteren Geschwister in dieser Verantwortung oft auch zu Gemeinheiten und erzählen den jüngsten Unwahrheiten oder Lügengeschichten und freuen sich dann an deren Naivität und Gutgläubigkeit.

Das kann so weit gehen, dass jüngste Kinder auch unterdrückt oder gequält werden. Als Erwachsene entwickeln sie dann oft einen zurückgezogenen Lebensstil. Diese Verletzungen der Kindheit können sie ein Leben lang belasten.

Weil Jüngste unbedingt dazugehören wollen, lassen sie sich auch viel gefallen: Spott und Demütigungen, Schläge und Gemeinheiten. Eine Frau erzählt: »*Ich durfte beim Fußball nur mitspielen, wenn ich bereit war, ins Tor zu gehen. Meine Geschwister nahmen auf mich keine Rücksicht und schossen manchmal die Bälle besonders hart in meine Richtung. Ich wusste, wenn ich mich beschwerte, war ich draußen. Aber der Wunsch, mit den anderen zusammen zu sein, war stärker als die Angst vor den Schmerzen. Ich wollte eben unbedingt dazugehören und deswegen nahm ich das alles in Kauf: blaue Flecken und Schmerzen, Ausgelachtwerden und Spott.*«

Jüngste fühlen sich oft als *Opfer* oder sind es tatsächlich. Solche Erfahrungen können zu einer starken Wut oder auch zu Misstrauen führen. Manche Jüngste sind aufgrund ständiger Demütigungen zu sehr wütenden Erwachsenen geworden. Sie wollen sich nichts mehr gefallen lassen. Sie können es nicht mehr hören, wenn man ständig zu ihnen sagt: »Du bist eben noch klein, du kannst das noch nicht.« Aufgrund der Bevormundung durch die älteren Geschwister entwickeln sie sich oft gerade deshalb zu rebellischen Kindern. Sie haben es satt, dass ständig jemand an ihnen herummacht und versucht, sie zu erziehen. Jüngste mit solchen Erfahrungen sind als Erwachsene oft launisch und starken Gefühlsschwankungen unterworfen. Manch andere typische Muster haften Jüngsten ihr Leben lang an, wenn sie nicht reflektiert und verändert werden. So zum Beispiel Schweigen und Schmollen, beleidigtes Zurückziehen, Weinerlichkeit und Wehleidigkeit. Die Rolle des Schwachen, Hilflosen und Kleinen.

Jüngste neigen auch häufig zum *Übertreiben*. Das kann ein Ausdruck von Unsicherheit sein. Allzu oft erleben sie, dass sie nicht ausreichend wichtig genommen werden. Mit Übertreiben gelingt es ihnen vielleicht, doch ein wenig Aufmerksamkeit zu erheischen.

Alfred Adler thematisiert: »Es ist für kein Kind eine angenehme Situation, immer als der Kleinste zu gelten, dem man nichts zutraut, dem man nichts anvertrauen darf. Das reizt das Kind so sehr, dass es meist danach strebt, zu zeigen, was es alles könne. Sein Machtstreben erfährt eine Verschärfung. So wird der Jüngste meist ein

Mensch sein, dem nur die beste Situation genügt, der ein Streben in sich entwickelt, alle anderen zu überspringen.«[61]

»Waren diese (seine Geschwister) nicht zu übertreffen, dann kann es geschehen, dass der Jüngste von seinen Aufgaben zurückschreckt, feige und wehleidig wird und immer nach einer Ausrede sucht, um seinen Aufgaben auszuweichen... Man findet es dann immer rückwärts, jede Arbeit wird ihm zu viel sein, es wird für alles eine Ausrede haben, sich an nichts heranwagen, seine Zeit vertrödeln. Es wird meist versagen und mit Mühe und Not ein Feld finden, auf dem eigentlich jede Konkurrenz schon im Vorhinein ausgeschlossen ist.«[62]

Risikofreude

Die nicht ganz einfache Stellung eines jüngsten Kindes führt häufig auch dazu, dass Jüngste besonders starke innere Antreiber haben und versuchen, große Taten zu vollbringen. Jüngste sind risikofreudig, denn es bleiben ihnen nicht mehr so viele Möglichkeiten,»von den Eltern als einzigartig wahrgenommen zu werden, weil die älteren Geschwister bereits die meisten oder gar alle üblichen Methoden ausgeschöpft haben. Es bleibt ihnen kaum eine andere Wahl, als Neuland zu betreten, um Aufsehen zu erregen.«[63] Das ist natürlich immer auch mit einem gewissen Risiko verbunden. In den Märchen der Gebrüder Grimm sind es oft die Jüngsten, die es zu Erfolg bringen. Sie überflügeln die älteren Geschwister und retten diese schlussendlich. Ähnlich ist es auch in der Bibel. Sowohl David, Gideon und Josef retten ihre Brüder, ihre Familie oder ihr Volk.

Mein Platz in der Geschwisterreihe:

Ungläubiges Erstaunen. Manchmal ein klein wenig Mitleid. Aber meistens ein anerkennendes Nicken. Dazu Bemerkungen wie:»Alle Achtung, da hat deine Mutter ja echt was geleistet.« Das sind in der Regel die Reaktionen, wenn ich erzähle, dass ich das jüngste von insgesamt sieben Kindern bin. Aber das ist ja nicht mein Verdienst, sondern das meiner Eltern: Sie haben es gewagt, so vielen Kindern eine irdische Heimat zu bieten.

Dass ich der Jüngste von so vielen bin, hat mich lange Zeit überhaupt nicht beschäftigt. Es war einfach so. Erst mit dem Älterwerden habe ich darüber nachgedacht, was das für mein Leben bedeutet hat und was es heute noch bedeutet. Klar, der Jüngste ist immer etwas Besonderes. Vermutlich ist es in meinem Fall aber wichtiger, dass ich der zweite Junge bin – nach fünf Mädchen und einem Jungen kam ich. Wie es meine Eltern geschafft haben, bei so vielen Kindern ihre Elternliebe gleichmäßig zu verteilen, ist mir bis heute ein Rätsel. Seit ich eigene Kinder habe, gilt das noch mehr.

Ich habe es nie als unangenehm empfunden, der Jüngste zu sein. Eher war mir die Unterstellung lästig, ich würde mich, wenn es brenzlig wird, hinter meiner Mutter verstecken. Vermutlich habe ich das ab und zu auch getan.

Wie hat mich meine Geschwisterposition geprägt? Nun, ab und zu kommt sie noch durch: die Befürchtung, zu kurz zu kommen. Auch wenn genug da ist. Doch das weiß ich inzwischen – und kann damit umgehen. Ob meine typischen Charaktereigenschaften etwas mit meiner Geschwisterposition zu tun haben? Da bin ich mir unsicher. Ich bin nicht übermäßig geduldig. Vieles geht mir nicht schnell genug. Als Lehrer wäre ich zum Beispiel ungeeignet – ich kann nur schwer nachvollziehen, wenn jemand nicht versteht, was ich verstanden habe. Ich habe hohe Ansprüche an mich selbst und an andere. Allerdings hilft mir meine angeborene Empathie, dass diese Eigenschaft nicht – oder nur selten – zu Pedanterie ausartet. Interessant wäre zu erfahren, ob das »typisch« Jüngster ist.

Die Geschwisterforschung hat herausgefunden, dass Beobachten und Berichten eine typische Eigenschaft der Jüngsten ist. Das trifft auf mich insofern zu, dass ich mich sehr für Menschen, für ihr Leben und warum sie das tun, was sie tun, interessiere. Vermutlich bin ich deshalb Journalist geworden – hier kann ich meine Neugierde ungeniert ausleben.

Volker Kiemle (47 Jahre)
leitet die Zeitschriftenredaktion im Medienwerk der
Evangelisch-methodistischen Kirche;
er ist verheiratet und hat drei Söhne

Ambivalenz der Eltern und Geschwister

Oft erleben die jüngsten Kinder weder die Eltern noch die Geschwister als wirklich verlässlich, eher im Gegenteil als unberechenbar und ambivalent. Mal sind sie bei Spielen der Geschwister mit deren Freunden eine gerne gesehene nette Beigabe, das andere Mal sind sie peinlich und müssen verschwinden.

Wenn die Eltern viele Kinder haben, sind sie manchmal so beschäftigt und emotional ausgelastet, dass sie Versprechungen, die sie Kindern machen, wieder vergessen.

Dies kann dazu führen, dass jüngste Kinder sich sehr schnell minderwertig fühlen. Die anderen sind eben doch immer besser. Wenn diese sich dann gönnerhaft herablassend oder demütigend kritisieren, kann dies das Gefühl von Minderwertigkeit noch verstärken und zu einem Lebensmuster werden. In jeder Begegnung mit anderen Menschen wird die Minderwertigkeit neu erlebt und führt zu Rückzug, negativen Emotionen oder Ängstlichkeit und Entscheidungsschwäche.

Mein Platz in der Geschwisterreihe:

Vier ältere Geschwister habe ich. Wer hat das schon? Darauf war ich Zeit meines Lebens stolz. Das ist die eine Seite.

Ja, es ist toll, ältere Geschwister zu haben. Es gibt Sicherheit, dass da die Großen sind, die man fragen kann, wenn man Probleme hat. Es ist entlastend zu wissen, dass in Krisen und in Situationen, die man nicht alleine bewältigen kann, jemand da ist. Sie haben mehr Erfahrung, einen weiteren Horizont, man kann jede Menge Interessantes mitbekommen und lernen. Das hat durchaus auch Vorteile. Auch manches Zutrauen in die eigenen Fähigkeiten im Vergleich mit anderen Gleichaltrigen verdanke ich meinem Gedankenschluss: »Wenn alle älteren Geschwister das Abi schaffen, dann ich auch.« Das kann man, wenn man sich als ältestes Kind durchkämpft, so ja nicht sagen.

Dennoch: Wenn ich es mir hätte aussuchen können, hätte ich nie die Jüngste sein wollen. Mein ältester Bruder ist circa 13 Jahre älter, mein zweitältester Bruder ist elf Jahre älter, meine Schwester ist sieben Jahre älter und mein jüngster Bruder ist knapp zwei Jahre älter. Meine Traumkonstellation wäre gewesen, noch eine etwas ältere Schwester als beste Freundin, noch einen älteren Bruder, weil ältere Brüder auch einfach Spaß machen, und noch einen kleinen Bruder.

»Du bist die Jüngste? – Ah, das Nesthäkchen!« – Das ist der ganz typische Spruch, den man stets hört. Nesthäkchen, Jüngste zu sein, wird häufig assoziiert mit verwöhnt sein, mit »nichts tun müssen und alles geschenkt bekommen«. Wie habe ich diese Sprüche gehasst! Niemand hat mich gefragt, ob ich das will. Und verwöhnt sein, war das Letzte, was ich wollte. Will denn jemand überhaupt als verwöhnt gelten? Ich weiß es nicht. Manche – so wird gesagt – genießen das richtig und nutzen das aus. Für mich war es das Letzte, was ich wollte. Bevorzugt zu sein, widersprach meinem Gerechtigkeitsempfinden. Obwohl – vielleicht auch gerade weil – ich nie selbst um meine Rechte kämpfte, verärgerte mich dieses Image. Ich hatte immer das Gefühl, dass ich im Unterschied zu Kindern und Jugendlichen, die unter anderen sozialen Umständen aufwuchsen, schon genug geschenkt bekam (auch wenn ich meinen materiellen Besitz im Vergleich mit den Mittel- und Oberschichtkindern aus der Schule als durchschnittlich charakterisieren würde).

Das war das eine Thema, das mir das Jüngste-sein verleidete. Die andere Sache war, dass man als Jüngste Dinge eben auch immer später lernt als die älteren Geschwister. Ein jüngerer Bruder wäre deshalb jemand für mich gewesen, dem ich etwas voraushaben kann. Dem ich etwas sagen kann, was er noch nicht weiß. Zeit meines Lebens war ich dabei, meinen älteren Geschwistern hinterherzuhecheln. Alle schon auf der weiterführenden Schule – ich immer noch auf der Grundschule. Dann Fremdsprachen – plötzlich wurde zu Hause Englisch gesprochen. Als ich Englisch lernte, wurde zu Hause plötzlich Französisch gesprochen. Alle anderen waren konfirmiert – ich noch nicht. Dann zogen alle nach und nach von zu Hause aus – ich war immer noch da.

War die Familie beisammen, was sich immer mehr auf Familienfeste konzentrierte, waren es immer die älteren Geschwister gewesen, die die Themen und die Unterhaltung bestimmten. So machte ich die frustrierende Erfahrung, dass ich zu den besprochenen Themen kaum etwas beitragen konnte. Dies ließ mich häufig erstarren, wenn wieder einmal ein Thema angeschnitten wurde, das erst in der nächsten Lebensphase Relevanz gewinnen sollte. Heute kann ich mit etwas Abstand rational feststellen, dass ich noch nicht wissen, können und einschätzen muss, was man in einer anderen Lebensphase und auch in einem anderen Beruf etc. weiß, kann und einschätzt. Doch für mich war das Jüngste zu sein vor allem mit vielen negativen Gefühlen behaftet: mit Schuldgefühlen und Frustration, weil ich Dinge nicht wusste und konnte, von denen ich glaubte, sie wissen und können zu müssen. Es drängt mich, entschieden zu widersprechen, dass ich die Position als Jüngste in der Familie schätzen würde. Ich bin knapp 30 Jahre alt und immer noch dabei, meinen Platz zu finden, auch wenn es schon besser geworden ist.

Dass ich die Position gehasst habe, liegt tatsächlich an der Position, nicht an meiner Familie. Meine Geschwister sind so sensibel und reflektiert, dass sie wahrnehmen und thematisieren, wie schwer es für mich als Jüngste war und teilweise ist, wenn die älteren Geschwister so viel können und man seinen Platz nicht findet. Aber die Jüngsten bleiben für die Älteren eben doch auch immer die Jüngsten.

Irgendwann kommen dann auch einmal andere Stimmen dazu. Wie die von meiner Kommilitonin, die meinte, dass die Jüngsten in der Familie für ihren Schwung und ihre Unbeschwertheit zu beneiden seien. So positiv hätte man das also auch ausleben können ...

(29 Jahre)

Bewunderung

Häufig bewundern die Jüngsten ihre älteren Geschwister. Sie bekommen durch diese Einblick in eine andere Welt. Diese Erfahrung führt im Erwachsenenalter häufig dazu, sich gerne bei anderen Rat zu holen oder sich andere zum Modell oder Vorbild zu nehmen. In extremen Fällen kann dies sogar bis zu einer Glorifizierung oder Vergötterung älterer Geschwister führen. Ein Grund dafür kann die Erfahrung sein: Die Älteren haben mir den Weg gebahnt, für vieles muss ich mich nicht mehr anstrengen oder bemühen. Meine älteren Geschwister haben für mich gekämpft. Sie stehen für mich ein, schützen mich, helfen mir.

Sie weisen in den Kindergarten oder die Schule ein, stehen tatkräftig und emotional zur Seite. Das Positive daran ist, dass Geschwister Anreize zur Entwicklung geben und Richtungen für Entscheidungen vorgeben können.

Verwöhnung

Die negative Folge zeigt sich darin, dass Jüngste auch als Erwachsene oft meinen, sich nicht anstrengen zu müssen. Es ist alles bereits vorbereitet. Sie müssen nichts dafür tun. Deswegen gibt es für Jüngste manchmal ein erschreckendes Erwachen im Erwachsenenalter, wenn sie selbst Verantwortung übernehmen und weitreichende Entscheidungen treffen müssen oder auch in weniger wichtigen Bereichen organisieren und aufräumen müssen.

Als ich Jüngste fragte, ob sie bereit wären, einen Beitrag zu diesem Buch zu schreiben, hörte ich folgende Antworten: »Du hast doch bestimmt schon genug.« – »Warum sollte ich?« Oder auch: »Das können doch andere machen.«

In diesen Reaktionen spiegelt sich eine sehr typische Verhaltensweise von Jüngsten: Wieso sollte ich etwas tun, was andere auch können?

Wenn sich dies als bleibendes Muster verfestigt, kann es auch in einer späteren Ehe konfliktträchtig werden. Denn dem Ehepartner wird dann möglicherweise alle Verantwortung oder Zuständigkeit übertragen. Dieser wird sich darüber vermutlich ärgern, weil er sich mehr gemeinsame Verantwortung und Aufgabenteilung wünscht.

Jüngste werden nicht nur von Eltern, sondern auch von Geschwistern oft verwöhnt. Das jüngste Kind erlebt meist, dass immer jemand da ist, der die Verantwortung der Aufgaben übernimmt. Die Regeln, die für die älteren Geschwister aufgestellt wurden, gelten für die Jüngsten oft nicht mehr oder werden schneller gelockert. Es gibt jede Menge Ausnahmen.

Der oft sehr unterschiedliche, ja zwiespältige Umgang mit Jüngsten, eine gewisse Unberechenbarkeit – durch Verwöhnung einerseits und Missachtung andererseits – führt im Erwachsenenalter dazu, dass Jüngste sich oft zwischen Freude und Frust hin- und hergerissen fühlen.

Deswegen haben Jüngste beim Erwachsenwerden oft ein Problem damit, selbst Verantwortung für ihr Leben zu übernehmen. Wenn sie erwachsen sind, regelt sich eben nicht mehr alles von allein, sondern sie müssen sich selbst darum kümmern.

Ein Vater sagt dazu: *»Mein Sohn will einfach nicht erwachsen werden. Er meint, wenn er sich niedlich verhält, dann muss ich ihn lieben. Vieles tut er in kindischer Weise, damit er geliebt wird. Als er zur Armee kam, war ihm das gerade recht, denn da musste er keine eigenen Entscheidungen treffen, sondern tun, was man ihm sagte.«*

Alfred Adler: »…ein verwöhntes Kind kann nie selbstständig werden, es verliert den Mut durch eigene Anstrengung etwas zu erreichen.«[64] »Alle verwöhnten Kinder leiden an Angst. Mithilfe ihrer Ängste können sie Beachtung auf sich ziehen und deshalb bauen sie dieses Gefühl in ihren Lebensstil mit ein. Sie machen Gebrauch davon, um ihr Ziel, die Wiedergewinnung der Verbindung mit der Mutter, zu erreichen.«[65] Verwöhnte Jüngste rufen auch öfter nach Hilfe als Ältere, denn dieses Muster der Zuwendung funktioniert hervorragend. Mit Hilferufen können sie andere gut manipulieren. Oft sind es die Eltern, die genau solche Verhaltensmuster provozieren. Denn das Jüngste ist ihr letztes Kind und diese Phase wollen sie möglichst lange genießen.

Gefühl des Ausgeschlossenseins: Ein prägender Faktor für das Lebensgefühl von jüngsten Kindern kann die Erfahrung des Ausgeschlossenseins sein. Als Jüngste haben sie einen Teil der Familiengeschichte nicht miterlebt. Wenn ältere Kinder oder die Eltern von besonderen Ereignissen wie Urlaubsfahrten, Festen oder Umzügen erzählen, die vor deren Geburt stattgefunden haben, dann kann dies ein Gefühl von Traurigkeit oder Verlust hervorrufen. *Leider war ich nicht dabei, das war vor meiner Zeit.* Und es kann auch Sehnsucht hervorrufen, etwas nachholen zu wollen.

Verlusterfahrung: Das jüngste Kind erlebt dann, wenn die älteren Geschwister ausziehen, einen möglicherweise ähnlich gravierenden Verlust wie das erste Kind, wenn es seine Vorrangstellung verliert. Das jüngste Kind verliert seine Geschwister. Denn in aller Regel gehen die älteren Geschwister als Erste aus dem Haus. Dann steht das jüngste Kind alleine beziehungsweise nur noch mit den Eltern da. Das, was bisher ihr soziales Netz war – die tragende Beziehung zu den Geschwistern –, fehlt ihnen plötzlich. Immer wieder erzählten jüngste Kinder mir von solchen schmerzlichen Verlusterfahrungen.

Mein Platz in der Geschwisterreihe:

Ich bin in einer Familie aufgewachsen, die man heute als Patchworkfamilie bezeichnen würde. Mein Vater war in zweiter Ehe mit meiner Mutter verheiratet. Ich bin das einzige Kind aus dieser Ehe. Mein Vater hatte aus erster Ehe schon zwei Töchter, vier und drei Jahre älter als ich. Eine dieser Töchter brachte er in die neue Ehe mit. Mit ihr bin ich aufgewachsen. Ich bin als Jüngste in der Gewissheit groß geworden, dass ich geliebt werde, egal, ob ich etwas leistete oder nicht.

Ich bin ein positiv denkender Mensch und eher unbeschwert als besorgt, deshalb sehe ich Lebensveränderungen eher gelassen entgegen. Ich bin bereit, Verantwortung zu übernehmen, fühle mich aber nicht für alles verantwortlich.

Ich bin ganz sicher nicht geeignet für schöne Dekorationen oder perfektes Aussehen, das ist für mich nicht so wichtig. Ich freue mich jedoch, wenn ich in eine schön eingerichtete Wohnung komme oder Menschen begegne, die sich geschmackvoll kleiden.

Für mich selbst müssen die Dinge oder die Menschen nicht perfekt sein. Gott hat sich bei jedem etwas gedacht und Gutes hineingelegt.

Das sehen und erkennen zu dürfen, ist für mich ein großes Geschenk.

Darum ist es mir wichtig, dass ich für Menschen da sein kann und mit ihnen eine Wegstrecke gehen darf, sie begleiten kann. Oft tue ich das mit Humor und Tiefgang.

Als ich zwölf war, hat sich meine vier Jahre ältere Halbschwester mit meinen Eltern überworfen. Obwohl sie noch in der Ausbildung war, zog sie dann relativ bald von zu Hause aus.

Von da an bis heute wurde sie vollkommen aus dem Leben meiner Eltern gestrichen. Sie wurde nicht mehr erwähnt.

Für mich war das sehr schwierig. Auf der einen Seite war ich froh, dass die täglichen Streitereien aufgehört hatten und es zu Hause ruhiger war. Auf der anderen Seite hatte ich von einem Tag auf den anderen die große Schwester verloren.

Wir hatten zwar noch ein wenig Kontakt, aber sie hatte sich auch mir gegenüber verändert und verlor das Interesse an mir. So hatte ich es jedenfalls empfunden.

Als Jüngste bleibt man in der Regel als Letzte zu Hause beziehungsweise verlässt nicht als Erste das Heim. Dadurch ist es für das Jüngste am spürbarsten, dass sich das Leben und die Beziehungen zu den Geschwistern verändern. Jüngste können es nicht beeinflussen, wann ältere Geschwister gehen. Sie verlassen den Ort, an dem man die Kinderjahre gemeinsam verbracht hat. Dadurch werden Jüngste mit dem Thema »Verlassen werden« viel früher konfrontiert. Das wirkt sich bei jedem sicher anders aus. Nicht jeder wird es so stark empfunden haben wie ich. Mich beeinflusst der Kontaktabbruch mit meiner älteren Schwester bis heute. Ich habe viele herzliche Beziehungen, aber nur ganz wenige Menschen, denen ich mein Herz ganz öffne – aus der Angst heraus, verlassen zu werden beziehungsweise aus Furcht davor, dass man an mir das Interesse verliert.

Ich weiß um diese Verletzung und gebe es in die Gegenwart Gottes, damit er hier heilt. Und ich habe auch schon Heilung erfahren können. Seit vielen Jahren habe ich Kontakt zu meiner anderen drei Jahre älteren Halbschwester, mit ihr verbindet mich zwar keine gemeinsam erlebte Kindheit, aber je mehr wir miteinander erleben, umso segensreicher sind unsere Begegnungen.

(49 Jahre)

Ablösung

Das Jüngste ist das einzige Kind, dessen Position sich nicht mehr verändert. Es bleibt immer das Jüngste. Das macht die Ablösung vom Elternhaus manchmal auch besonders schwierig. Sie sind das »letzte Kind«. Wenn das Jüngste aus dem Haus geht, ist die Erziehungsphase für die Eltern endgültig abgeschlossen. Manche jüngsten Kinder haben Angst vor dem Schmerz, den sie den Eltern damit zufügen können, und bleiben deshalb oft länger zu Hause, als es richtig wäre. Manche spüren auch die Spannungen zwischen den Eltern und meinen, sie könnten durch ihr Bleiben die Ehe der Eltern retten.

Jüngste in der Bibel

In der Bibel gibt es zahlreiche Beispiele von Jüngsten, die eine wichtige Rolle in der Geschichte des Volkes Gottes spielen.

Josef, der Sohn Jakobs, ist viele Jahre Jüngster, bis sein Bruder Benjamin geboren wird. Aber er ist zugleich auch ein Erster, denn er ist das erste Kind von Rahel, Jakobs Lieblingsfrau.

Josef war ein guter Beobachter und Nachrichtenübermittler. Er tat sich schon als kleiner Junge durch seine Träume hervor. Die Bevorzugung durch den Vater erregte den Neid der Brüder und führte zu dem bekannten Drama: Er wird von den Brüdern aus Rache als Sklave nach Ägypten verkauft. Dort wird er trotz vieler Umwege und Demütigungen zu einer herausragenden Führungspersönlichkeit. Josef wird zweithöchster Regent in Ägypten und kann durch sein kluges und umsichtiges Handeln seine ganze Familie vor dem Hungertod retten und ihnen Heimat und sichere Zukunft verschaffen (mehr dazu Seite 198).

David, der Jüngste von acht Söhnen, wurde zum König über Israel gesalbt und verband die Stämme Israels zu einem großen Reich. Interessant ist die Stellung, die David in der Familie innehat. Keiner aus der Familie verschwendet auch nur einen Gedanken daran, dass Gott den Jüngsten erwählen könnte. Es kommt ihnen überhaupt nicht in den Sinn. Sie trauen es ihm vermutlich auch nicht zu. Erst als Samuel beharrlich nachfragt, ob es nicht noch weitere Kinder gibt, wird David vom Feld geholt und dann auch von Samuel als der »Erwählte« erkannt (1. Samuel 16).

An David erkennen wir viele typische Eigenschaften von Jüngsten. Er war ein Kämpfer – kämpfte gegen Löwen und später gegen Goliath. Er wurde vom Vater ausgesandt, um nach seinen Brüdern zu schauen (1. Samuel 17,18) und ihm Bericht zu erstatten. Er hatte keine Mühe, sich mit Schauspielerei in Szene zu setzen (1. Samuel 21,14) und damit sein Leben zu retten. David errang große Siege und stabilisierte das Reich Israel.

Gideon war voller Minderwertigkeitskomplexe. Als Gott ihn beruft, traut er sich das nicht zu mit dem Argument: »Ich bin der Jüngste« (Richter 6,15). Erst nach Gottes Zusage und mehrfacher Bestätigung tut Gideon, was Gott von ihm will. Gideon macht die interessante Erfahrung, dass weniger mehr ist. Von den ursprünglich 32 000 Soldaten, die ihm zur Verfügung stehen, nimmt er – auf den Befehl Gottes hin – nur 300 Mann mit, um mit ihnen zu kämpfen. So macht er die Erfahrung, dass Gott es ist und nicht Menschenkraft, die zum Sieg führt (vgl. Richter 7,2b).

Zum Ausklang

Mein Platz in der Geschwisterreihe:

Als Jüngste von vier Kindern bin ich in eine behütete und harmonische Welt hineingeboren. Eine tolle, intakte Familie, nette Geschwister und fürsorgliche Eltern.

Aber ich war die »Letzte«, die in diese Welt kam. Alle anderen – Geschwister und Eltern – hatten bereits eine Zeit miteinander verbracht, erlebten und wussten Dinge, in die ich nicht eingeweiht war. Natürlich war mir das als Kind noch nicht so konkret bewusst, aber diese Angst, dass andere mehr wissen könnten als ich, äußerte sich in bestimmten Mustern: So dachte ich als Kind beispielsweise jahrelang, die Welt sei nur gespielt, überall seien Kameras und die Menschen um mich herum nur Schauspieler. Jeder weiß also über alles Bescheid, was ich tue und wer ich bin.

Als ich den Film »Die Trueman Show« mit einer Gruppe Gleichaltriger gesehen habe, schaute ich mich verschämt um und meinte, dass nun die »große Auflösung« des ganzen Spektakels um mich herum käme. Natürlich realisierte ich nach und nach in meiner Zeit des Heranwachsens, dass die Geschichte in meinem Gehirn und sonst nirgends stattfindet. Heute kann ich darüber schmunzeln, aber das kritische Hinterfragen vieler Aussagen und des Verhaltens von Menschen ist geblieben. Ich kann es nicht leiden, wenn ich das Gefühl habe, dass sich Mitmenschen gegen mich verschwören. Selbst bei der Planung einer nett gemeinten Überraschung traue ich Freunden oftmals zu, dass sie es böse mit mir meinen. Dabei – das muss ich zugeben – habe ich es wirklich sehr selten erlebt, dass ich von Menschen ausgeschlossen oder schlecht behandelt wurde. Die Sorge ist trotzdem da, vielleicht, weil sie einfach in meiner »Natur als Jüngste« liegt?!

Aber die Kleinste zu sein, bringt auch Gutes mit sich: So war ich meist die »süße Kleine« in den Augen meiner Geschwister und deren Freunde, konnte viele Komplimente einheimsen und hatte einen gewissen »Behütet-werden-müssen-Bonus«.

Als meine Geschwister ausgezogen waren, hatte ich meine Eltern für eine gewisse Zeit »allein«. Die volle Aufmerksamkeit lag auf mir. Das war nicht einfach, zum Beispiel in Sachen Schule, aber auf der anderen Seite kam ich in den Genuss, verwöhnt und verhätschelt zu werden. Ich durfte mir endlich aussuchen, was ich wollte, und auch einmal den Ton angeben. Das tat gut, nachdem die Jahre vorher immer die älteren Geschwister die größeren Zimmer, die besseren Plätze im Auto oder die längeren »Aufbleibzeiten« bekommen hatten. Ich musste mein Ego in vielen Dingen hinten anstellen. Trotzdem habe ich immer angestrebt, selbstständig zu sein, Verantwortung zu übernehmen und mein Leben allein zu gestalten – ganz unabhängig von dem, was meine Geschwister tun. Durch einen großen Freundeskreis konnte ich mich schon früh auch in anderen Personenkreisen orientieren und neue Rollen einnehmen, mich außerhalb der Familie ausprobieren.

Heute merke ich, dass ich ein ausgeglichener Mensch bin, der sich gut fügen, aber genauso gut Gruppen anleiten kann. Ich kann perfektionistisch und ehrgeizig sein, oftmals aber nur unter Druck. Immer wieder habe ich Sorge, nicht gut genug zu sein und dass andere schlecht über mich denken. Ob das aber an meiner Geschwisterposition liegt, weiß ich nicht. Ich weiß nur, dass ich eine Jüngste bin und daraus Vor- und Nachteile mitgenommen habe – wahrscheinlich wie jeder andere auch, ganz gleich in welcher Reihenfolge geboren. Deshalb würde ich nicht mit einer anderen Position innerhalb der Geschwisterreihe tauschen wollen.

Lisa (25 Jahre)
Tanz- und Sozialpädagogin

Hilfen für ein positives Selbstbild Jüngster

- Ich bin eine eigenständige Persönlichkeit, völlig unabhängig von den bisherigen Urteilen meiner Eltern oder Geschwister. Ich kann darum bewusst aus dem Schatten der Geschwister heraustreten.
- Ich habe Gaben bekommen, die ich nicht vernachlässigen sollte.
- Ich bin gerne in großen Netzwerken unterwegs und kann dies auch für andere positiv nutzbar machen.
- Ich muss als Erwachsener lernen, wirklich erwachsen zu werden und nicht von anderen zu erwarten, dass diese Verantwortung für mich übernehmen. Ich bin für mein Leben selbst zuständig und verantwortlich.
- Das bedeutet im Umkehrschluss auch: Die anderen sind nicht schuld, wenn es mir schlecht geht.
- Das Leben ereignet sich eben nicht immer einfach so. Oft muss ich auch selbst aktiv werden und Sachen in die Hand nehmen.
- Ich kann Verantwortung übernehmen. Es gehört zum Erwachsensein dazu, dass ich meine Angelegenheiten selbst erledige.

- Wenn negative Erfahrungen wie Wut und Gedemütigtwerden mein Erwachsenwerden begleitet haben, darf ich mit diesen Gefühlen ganz bewusst in die heilende Gegenwart Gottes treten.
- Ich darf aus der Opferrolle heraustreten und kann anderen vertrauen lernen.
- Auch eine schwierige Kindheit muss keine dauerhafte Hypothek auf meinem Leben sein.

Erziehungstipps

- Eltern sollten darauf achten, dass das Jüngste weder eine ungerechte Sonderstellung einnimmt noch missachtet oder gedemütigt wird. Dem Jüngsten gebührt die gleiche Wertschätzung. Sie sollten das Gefühl haben: Du bist nicht das Kleine, sondern du bist genauso etwas Besonderes wie die anderen Geschwister auch.
- Es ist gut, wenn Eltern auch die Manipulationsversuche der Jüngsten durchschauen und sich von diesen nicht um den Finger wickeln lassen.
- Es ist nicht einfach, in der Erziehung auch beim Jüngsten konsequent zu bleiben. Die Familienjahre zehren an Kraft und Nerven der Eltern. Trotzdem brauchen gerade Jüngste den Einsatz der Eltern, damit Regeln eingehalten werden. Auf diese Weise erleben Jüngste Verlässlichkeit.
- Eltern sollten Jüngste nur in die Obhut der Älteren geben, wenn sie sich sicher sind, dass es ihnen dort gut geht.
- Eltern sollten auch auf die Erfolge der Jüngsten positiv reagieren und nicht gelangweilt oder gestresst, weil sie das von den anderen Kindern »schon längst alles kennen«.
- Jüngste brauchen die Ermutigung: »Du kannst das auch!« Sie sollten ebenso wie die Älteren Aufgaben im Haus beziehungsweise in der Familie übertragen bekommen.

Kosenamen wie »der Kleine«, »die Jüngste« oder »unser Nachzügler« sollten unbedingt vermieden werden, um zu verhindern, dass das Selbstbild des Jüngsten durch diese Sichtweise geprägt wird.

Schlussfolgerungen

So wie sich jemand in der Geschwisterreihe vorfindet, ist zuerst auch das Lebensgefühl oder der Platz im Leben. Wenn unter Geschwistern gute Erfahrungen gemacht wurden, dann wirkt sich das positiv auf die Lebensgestaltung aus. Waren die Erfahrungen in Familie oder Geschwistergemeinschaft eher negativ, demütigend oder entwürdigend, dann braucht es länger, bis man mit diesen Erlebnissen einen guten Platz im Leben findet und sich in der Weise, wie es von Gott her gedacht war, entfalten kann.

Auswirkung auf Ehe und Beziehung

Für die eigene Ehe, ebenso aber auch für Freundschaftsbeziehungen, kann unter den Aspekten der Geschwisterforschung viel hilfreiche Erkenntnis gewonnen werden.

Je nach Geschwisterposition gehen wir sehr unterschiedlich an Konflikte heran. Die Erfahrungen, die wir mit unseren Geschwistern gemacht haben, lassen wir unbewusst häufig in einer Partnerschaft oder in Freundschaften wieder aufleben.

Dies liegt daran, dass eine Ehe – oder eine Freundschaftsbeziehung – altersmäßig ähnlich wie eine Geschwisterbeziehung gestaltet ist. In aller Regel sind Ehepartner oder Freunde in einem ähnlichen Alter – so wie Geschwister eben auch. In der Psychologie spricht man hier von einem horizontalen (also waagrechten) Beziehungsgefüge – im Gegensatz zu Eltern-Kind-Beziehungen, die auch als vertikal (also senkrecht) bezeichnet werden.

Wenn also die Beziehung einer Frau zum älteren Bruder schwierig und konfliktträchtig war, kann es sein, dass sie diese Erfahrung in ihrer Ehe wieder aufleben lässt. Der ältere Bruder, der von der jüngeren Schwester immer bewundert wurde, geht mit dieser Vorerfahrung in die Ehe. Er fühlt sich als Beschützer, der von der Ehefrau bewundert werden will.

Wiederbelebungen von unverarbeiteten Geschwistererfahrungen sind aber nicht nur in einer Ehe, sondern in nahezu allen Beziehungen möglich: in Nachbarschaften, Arbeitsverhältnissen, Freundeskreisen, Kirchengemeinden, Vereinen ...
Erstgeborene und Einzelkinder kennen am wenigsten Konfliktlösungsmöglichkeiten. Sie wollen in Konflikten ihren Willen durchsetzen oder sie halten sich nicht an Absprachen; in Konfliktlösungsstrategien sind sie wenig variationsreich. Erstgeborene sind in einer Ehe immer gerne die Vorangeher, Verantwortungsträger und Entscheidungstreffer. Dies kann sich in einer Beziehung mit Zweiten, Dritten oder Jüngsten sehr positiv auswirken. Wenn aber zwei Erste miteinander verheiratet sind, kann es sein, dass diese viele Kämpfe miteinander auszufechten haben. In der Tendenz sind beide ehrgeizig und dickköpfig. Bei ihnen können die Fetzen fliegen, weil beide Seiten vor allem ihre eigenen Interessen wahren wollen. Die Beziehung artet dann oft in kleinliche Machtkämpfe aus, an denen sich die Partner aufreiben. Sie sind sich im Lebensgefühl ähnlich und können sich wenig ergänzen, weil bei ihnen die Kompromissfähigkeit nicht so sehr ausgeprägt ist, sondern eher das Muster: Das entscheide ich alleine. – Oder: Da muss ich alleine durch.

Ähnlich verhält es sich bei zwei Einzelkindern. Beide waren von klein auf daran gewohnt, sich allein zurechtzufinden und sich mit niemand absprechen zu müssen.

Ins Positive gewendet bedeutet dies auch: Zwei Einzelkinder haben in der Regel wenig Mühe, sich gegenseitig Zeiten des Alleinseins zuzugestehen. Einzelkinder sind oft sehr hilflos in Konflikten und ziehen sich zurück, sind auch eher konfliktscheu. Konflikte lösen – sich auf der horizontalen Ebene begegnen –, haben sie als Kinder schließlich kaum gelernt.

Zweite setzen sich in einem Konflikt oft eher hintenherum durch, sie können oft gut vermitteln und Kompromisse finden. In aller Regel sind sie auch harmoniebedürftig und versuchen zwischen unvereinbaren Positionen zu vermitteln.

Zweite Kinder sind von Haus aus eher die »Vermittler«. Dies tut Beziehungen in der Regel gut. Wenn zwei Zweite miteinander verheiratet sind, ist der eine dann oft mehr der Rebell und Kämpfer und der andere mehr der Träumer. Wenn einer der beiden ein Zweiter ist, wird meistens schneller eine Lösung gefunden, aber es kann auch sein, dass Konflikte »um des lieben Friedens« willen überhaupt nicht geklärt werden.

Dritte gehen in einem Konflikt oft Seitenwege. Es ist zwar eine Lösung besprochen worden, aber Dritte machen es dann doch anders, lösen oft auch Konflikte auf extreme Art und Weise.

Dritte Kinder fühlen sich in einer Beziehung mit Erstgeborenen häufig sehr wohl, denn diese haben den Überblick, sind Realisten, können führen, das Chaos ordnen und vorangehen. So wird die Welt übersichtlicher und ist leichter zu bewältigen. Die Ersten holen die Dritten auch wieder auf den Boden der Realität zurück und helfen ihnen zu einer klareren Weltsicht. Im Gegenzug tut es den Erstgeborenen gut, wenn sie Menschen an ihrer Seite haben, die nicht alles immer nur »tierisch ernst« nehmen und stattdessen auch das Träumerische und Ungeordnete mit in das Leben hineinbringen.

Jüngste reagieren auch in einer Ehe oft mit den typischen Mustern: sich führen lassen, andere für sich arbeiten lassen oder aber auch ins Negative gewendet: ängstlicher oder frustrierter Rückzug, aus Angst, verletzt, bemuttert oder bevormundet zu werden.

Ihre meist fröhliche, kreative, risikofreudige und oft unbekümmerte Art bereichert Ehe und Familie so gut wie immer.

Es kann sehr hilfreich sein, manche immer wieder auftauchende Konflikte oder Verhaltensmuster in einer Ehe oder Freundschaft unter dem Aspekt der Geschwisterposition anzuschauen und so vielleicht miteinander zu neuen Lösungen zu finden.

Auswirkungen auf die Erziehung

Eigene Kinder versetzen uns emotional in eigene Kindheitserfahrungen zurück. Andrea erzählt:»*Als Kind bekam ich oft wenig zu trinken. Geld war in den Nachkriegsjahren knapp. Ein Erziehungsmotto lautete: ›Lerne dich zu beherrschen. Deine Bedürfnisse kannst du unterdrücken, das macht dich zu einem starken Menschen.‹ Allerdings holte ich mir manchmal heimlich etwas zu trinken. Gelegentlich wurde ich dabei ertappt und schwer bestraft. Ich wurde dann geschlagen und in mein Zimmer eingesperrt.*«

Als Mutter passierte es ihr nun immer wieder, dass sie bei Vergehen der Kinder, bei Missachtung von Anweisungen in ähnlicher Weise demütigend mit ihren Kindern umging. Sie empfand das einerseits schrecklich, andererseits löste ihr Erziehungsverhalten oft ein Gefühl der Genugtuung in ihr aus. Sie spürte dann: *Dir soll es auch nicht besser gehen als mir als Kind.*

Es kann also sein, dass mein Kind etwas tut, das mich an eigenes Tun in der Kindheit erinnert oder an die Reaktion meiner Eltern. Dies kann emotional wie»ein Blitz aufleuchten« und mich »zurück«-versetzen. Darum werden solche Erlebnisse auch als »Flashback« bezeichnet. Möglicherweise stellen wir dann exakt dieselbe emotionale Situation für das eigene Kind wieder her – selbst wenn diese negativ war.

Solche Muster können nur aufgelöst werden, wenn sie bewusst angeschaut, beklagt und betrauert werden dürfen. So können sie heilen. Dann wird der Weg für neue, gesunde Verhaltensmuster frei.

Lena, drittes Kind in einer größeren Geschwisterreihe, hat selbst drei Kinder. Ihre Beziehung zur älteren Schwester war schwierig. Häufig erlebte sie diese als bevormundend oder unterdrückend. Ihr zweites Kind, ebenfalls eine Tochter, erinnert Lena immer wieder an diese ältere Schwester. Sie rutscht gelegentlich in dieselben Gefühle hinein, die sie als Kind mit der älteren Schwester erlebt hat. So steht Lena immer wieder in der Gefahr, ihr zweites Kind emotional auf derselben Ebene mit ihrer älteren Schwester zu sehen. In diesem Fall reagiert sie mit entsprechenden Rachegefühlen auf ihr zweites Kind.

Eltern fühlen sich in der Regel dem Kind, das die gleiche Position in der Geschwisterreihe hatte wie sie selbst, emotional – egal, positiv oder negativ – am nächsten. Es kann sein, dass gute oder verletzende Muster aus der Kindheit direkt auf dieses Kind übertragen werden. Der jeweilige Elternteil stellt also gefühlsmäßig für dieses Kind wieder die gleiche Situation her, in der er selbst groß geworden ist. Vater oder Mutter können sich in die emotionale Lage dieses Kindes hineinversetzen. Das bedeutet aber nicht, dass der jeweilige Elternteil automatisch auch eine herzliche Beziehung zu dem Kind in der gleichen Position haben muss. Die Gefahr, dass man als Elternteil meint, grundsätzlich das Kind in derselben Position in allem zu verstehen, ist allerdings groß. Dies kann auch zu Festschreibungen führen, sodass das Kind keinen Spielraum mehr hat, anders zu sein als Vater oder Mutter in derselben Geschwisterkonstellation.[66]

Viktor, erstes Kind, wird zum ersten Mal Vater. Er hatte eine schwierige Kindheit – begleitet von Demütigungen und Missachtungen. Nun begegnet er seinem Kind in ähnlicher Weise. Er hat ein inneres Familienbild vor Augen: Erziehung bedeutet: Sei kalt und hartherzig mit deinem Kind, dann wird es gleich an die Härte des Lebens gewöhnt.

Wenn Viktor aber Heilung der Kindheitsverletzungen erlebt, dann wird er in einer ganz anderen Art mit seinem Kind umgehen. Er will nicht mehr dieselben Muster ausleben und ähnliche Gefühle bei seinem Kind hervorrufen. Er wird wertschätzend und würdevoll mit ihm umgehen. Er kann sich aber natürlich sehr gut in das Gefühl, erstes Kind und damit »Vorangeher«, »Erwartungserfüller« und »Verantwortungsträger« zu sein, hineinversetzen.

Ein drittgeborenes Kind wird zum dritten Mal Mutter. Sie war von den Eltern und meistens auch von den beiden großen Geschwistern geliebt und umsorgt. Vermutlich wird sie in ähnlicher Weise mit ihrem dritten Kind umgehen. Sie versteht intuitiv seine Situation. Zwei große Geschwister sind immer vornedran, sind älter, stärker, besser, wissen und können mehr. So kann sie ihr drittes Kind mögli-

cherweise auch vor manchen schwierigen Erfahrungen schützen oder solche Situationen von vorneherein besser erkennen.

Und noch ein Letztes soll hier erwähnt werden. Manche Erstgeborenen leben rebellische Grundmuster. Neben der Erfahrung des Entthronwerdens und Sich-dagegen-Auflehnens kann es noch weitere Gründe dafür geben. Es kann sein, dass ein rebellisches erstgeborenes Kind zwei rebellische zweitgeborene Eltern hat. Dann orientiert es sich an den Werteinstellungen und Verhaltensmustern der Eltern. Es macht sich das Lebensgefühl der Eltern zu eigen, welches lautet: *Ich bin dagegen.* Zu ganz ähnlichen Schlussfolgerungen kommt Sulloway bei der Betrachtung der Biografie von Galilei. Dessen Vater »lehrte ihn nicht nur, Autorität infrage zu stellen, er brachte ihm auch bei, dies mit experimentellen Mitteln zu tun.«[67] Sulloway stellt dann die Frage: »Besteht für Erstgeborene wie Galilei, die in rebellischen Elternhäusern groß geworden sind, eine höhere Wahrscheinlichkeit, sich radikalen Neuerungen anzuschließen, als für andere Erstgeborene? Die Antwort auf diese Frage ist ein uneingeschränktes Ja.«[68]

Allgemeine Tipps zur Erziehung

Nicht in Klischeedenken verhaftet sein

Alle oben genannten Ausführungen können dazu verleiten, Kinder aufgrund ihrer Geschwisterposition auf bestimmte Verhaltensmuster festzuschreiben. Die Geschwisterposition ist aber nur *ein* Faktor für die Persönlichkeitsentwicklung und das Verhalten. Es kann durchaus sein, dass ein erstgeborenes Kind zurückhaltend und schüchtern ist oder ein letztes Kind gerne Führung oder Verantwortung übernimmt.

Ein zweites Kind kann, wenn es noch weitere Geschwister hat, entweder ein hervorragender Vermittler sein oder aber ein ängstliches und entmutigtes Kind, weil es nie seinen Platz zwischen den Geschwistern findet.

Menschen sind mit unterschiedlicher Fähigkeit zur Resilienz ausgestattet. Resilienz beschreibt die Fähigkeit, mit widrigen Umständen so umzugehen, dass sie nicht zum Behinderungs-, sondern zum Förderungsfaktor werden. Man kann unter Geschwistern immer wieder die Beobachtung machen, dass diese auf schwierige oder traumatisierende Ereignisse in der Familie – wie etwa der Tod eines Elternteiles oder Verlust der Heimat – sehr verschieden reagieren und solche Erfahrungen unterschiedlich verarbeiten. Die einen leiden ihr Leben lang unter dem Verlust und den damit verbundenen Ängsten, andere nutzen solche Ereignisse, um daran zu wachsen und stark zu werden. Deren Fähigkeit zur Resilienz ist stärker ausgeprägt.

Darum ist es wichtig, nicht von vorneherein den eigenen Kindern mit Klischeedenken zu begegnen, wie zum Beispiel: *Weil du Ältestes bist, drängelst du dich immer nach vorn. Oder als Drittes bist du eben besonders sensibel …*

Damit nehmen wir den Kindern die Chance, auch ganz anders sein zu können und sich in ihrer jeweiligen besonderen Art zu entfalten.

Sich der eigenen Einstellung und Gefühle den Kindern gegenüber bewusst werden

Meistens haben Eltern zu einem Kind eine ganz besonders innige Beziehung. Dies ist zunächst normal. Schwierig oder konflikt- trächtig wird es aber dann, wenn sich daraus eine Bevorzugung dieses Kindes entwickelt. Daraus können negative Gefälle von Neid und Eifersucht, Koalitionen und Bündnisse bis hin zu Famili- enkrieg entstehen. Ein Beispiel dafür ist die in der Bibel berichtete Geschichte von Isaak und Rebekka und ihren Zwillingssöhnen Esau und Jakob. Jeder der Eltern bevorzugte ein Kind. Isaak hatte Esau auf seiner Seite, Jakob war Rebekkas Liebling. Daraus entstand eine fatale Betrugsgeschichte, die die beiden Brüder erst im hohen Alter klären konnten und dann schließlich zur Versöhnung fanden.

Wenn die Beziehung zu einem Kind emotional blockiert ist, können Eltern sich selbst nach den Gründen fragen: »War das Kind ungeplant oder ungewollt? War die Schwangerschaft belastend oder traumatisierend?«

Ein Faktor, der oft zu wenig bedacht wird: Wenn Eltern Ähnlichkeiten mit einem Kind entdecken – sei es das Aussehen, die Mimik, besondere Begabungen, Schwachpunkte oder bestimmte Verhaltensmuster –, dann beeinflusst dies oft das Verhalten einem Kind gegenüber mehr, als es ihnen lieb ist. Falls das Kind zum Beispiel rote Haare hat wie Vater oder Mutter, dann kann dies entweder zu einer besonderen Zuneigung führen, wenn der Elternteil sich positiv damit identifiziert, oder auch zum Gegenteil. Wenn Vater oder Mutter für die roten Haare gehänselt wurde, kann es sein, dass die roten Haare des Kindes die negativen Erlebnisse der Kindheit wieder aufleben lassen.

Ähnlich verhält es sich auch bei eigenen Vorlieben, Verhaltensmustern, angenehmen oder unangenehmen Gewohnheiten. Wenn Eltern diese bei den eigenen Kindern wiederentdecken, sind diese wie ein Spiegel für sie. Dies kann eine Herausforderung sein, das eigene Verhalten zu überdenken. Vielleicht finden Eltern dadurch zu einer neuen Akzeptanz ihrer Art oder sind bereit, manches auch bei sich selbst zu korrigieren. Im schlimmsten Fall führt es aber zu negativen Vorfiltern, mit denen dann dem Kind, das ungeliebte oder nicht akzeptierte Eigenarten der Elternpersönlichkeit widerspiegelt, begegnet wird.

Auch Ähnlichkeiten mit Verwandten können die Einstellung zum Kind beeinflussen.

Anne erzählt: »*Als unser erster Sohn geboren wurde, erkannte ich in seiner Physiognomie sehr viel Ähnlichkeiten zu meinem Großvater. Zu diesem hatte ich ein sehr schwieriges Verhältnis. Als ich unseren Sohn zum ersten Mal sah, stiegen negative Erinnerungen an meinen Großvater in mir auf.*«

Solche inneren Belastungen müssen unbedingt angeschaut und aufgearbeitet werden, da sonst das Kind in eine Sündenbockrolle rutscht, die es nicht verdient hat. Die Übertragung negativer Gefühle aus der Vergangenheit auf ein Kind aufgrund seines Aussehens oder Verhaltens sind eine schwere Hypothek auf dem Leben eines Kindes.

Die Reihenfolge beachten

Für das Familiensystem können wir uns die Erkenntnisse der Geschwisterforschung nutzbar machen. Falls es in einer Familie immer wieder Streitigkeiten und Konflikte zwischen Geschwistern gibt, kann es zu einer großen Entspannung beitragen, wenn bei der Tischordnung die Reihenfolge der Geburtenfolge beachtet wird (Vater, Mutter, 1, 2, 3, 4, 5 ...). So bekommt jedes Kind seinen richtigen Platz. Dies wirkt sich auch auf das Verhältnis der Geschwister untereinander und der Eltern zu den Kindern aus. Aus den Erfahrungen des Familienstellens[69] weiß man, dass solche einfachen Neuordnungen viel zum Frieden in der Familie beitragen können.

Zu den eigenen Fehlern stehen und sich bei Kindern entschuldigen

Eltern sind nicht perfekt oder fehlerlos. Erziehen bedeutet immer auch, schuldig zu werden oder an die eigenen Grenzen zu kommen. Kinder entwickeln sich häufig anders, als wir uns das wünschen oder vorstellen. Das führt zu der Erkenntnis: Ich kann meine eigenen Kinder nicht als Beweis für meine pädagogischen Fähigkeiten einsetzen. Mein Wert ist nicht abhängig von meinen erzieherischen Erfolgen; der Sinn meines Lebens besteht nicht in dem, was ich aus meinen Kindern »gemacht« habe. Am Ende eines Erziehungsprozesses bleibt nur Gottes Barmherzigkeit und seine Vergebung.

Mein Leben wird durch das, was Gott in es hineinlegt hat, wertvoll und nicht durch das, was wir daraus gemacht haben. Am Ende zählt nicht Leistung, sondern Gottes Vergebung. Wenn Eltern aus der Vergebung, die Gott anbietet, leben, dann können Eltern ihre Kinder auch immer wieder um Vergebung bitten. Wenn Eltern Fehler zugeben und um Verzeihung bitten können, können die Türen der Herzen der Kinder leichter offen bleiben.

Auf Gerechtigkeit achten und dies auch den Kindern vermitteln

Kinder reagieren sensibel auf Ungerechtigkeit. Darum ist es gut, wenn Eltern auf Ausbeutung, Gemeinheiten und heimliche Machtgefälle in der Geschwisterreihe achten. Falls Eltern den Verdacht haben, dass ein Kind immer Opfer oder eines immer Täter ist, kann es angebracht sein, die Kommunikation der Kinder heimlich zu belauschen und gegebenenfalls auch einzuschreiten.

Zur Gerechtigkeit gehört auch, dass die Eigentumsverhältnisse von Gegenständen geklärt sind und respektiert werden. Jedes Kind braucht einen eigenen persönlichen Bereich (Zimmerecke, Bereich im Schrank, Spielfläche etc.). Grenzüberschreitungen dürfen nicht geduldet werden.

Grenzen und klare Regeln

Kleinkinder brauchen einen klaren Rahmen und angemessene Regeln, innerhalb deren sie sich frei und sicher bewegen können. So erfahren sie Sicherheit und Geborgenheit. Regeln und Grenzen müssen immer wieder neu überdacht werden. Wenn Kinder größer werden, müssen Grenzen weiter gesteckt, neu definiert werden – je nach Kind manchmal auch unterschiedlich.

Auch im Schulalter ist gehorchen zu können wichtig. Eltern sollten auf Drohungen verzichten. Sie sind kein gutes Erziehungsmittel, weil dabei von vornherein Ungehorsam vorausgesetzt wird. Wo das Kleinkind durch die körperliche Begrenzung lernt, brauchen Schulkinder eher das Gespräch, das Nachfragen der Eltern:»Warum hast du dies oder jenes getan oder nicht getan? – Warum hast du mein Vertrauen hier missbraucht? – Wie kann ich dir helfen, an diesem Punkt besser zu folgen? Oft entdecken Eltern in solchen Gesprächen tiefer liegende Probleme oder Konflikte eines Kindes, die sonst nicht ans Tageslicht gekommen wären. Die Konsequenz solcher Gespräche ist entweder, dass bestimmte Erwartungen neu formuliert oder aber Grenzen aufgehoben werden. Somit wird dem Kind der Umgang mit bestimmten Dingen oder Situationen erleichtert, der Freiraum erweitert.

Aggressionen, Wut oder Trotz sind meist kein persönlicher Angriff, sondern ein Hilferuf. Ein Kind – wie ein Erwachsener übrigens auch – drückt damit immer auch einen Mangel oder einen Bedarf aus. Wenn ein Kind emotional unausgeglichen ist, dann ist die Fantasie der Eltern gefragt, wie sie dem Kind Hilfe geben können. Ein vorsichtiges Nachfragen –»Was war denn in der Schule?« »Hat dich jemand oder etwas geärgert?« – kann schon ganz viel von dem momentanen emotionalen Wirrwarr des Kindes lösen. Kinder in solchen Situationen verstehen zu wollen und ihnen zu helfen, mit sich und anderen zurechtzukommen, ist viel hilfreicher, als selbst wiederum mit Wut, Rückzug, Gleichgültigkeit oder sogar Liebesentzug zu reagieren.

Durch solches Verhalten erfährt ein Kind, dass die Liebe verlässlich bleibt. Es spürt: Ich bin – egal, wie viele Fehler ich mache und egal, wie unperfekt ich bin – dennoch ein geliebter und angenommener Mensch.

Kinder leben durch ein Lob, ein gutes Wort, eine Anerkennung, eine Umarmung, eine zärtliche Geste, freundliche Blicke oder Körperkontakt auf. Kinder erfahren auf diese Weise die Grundgeborgenheit, die sie brauchen, um stabile und sichere Persönlichkeiten werden zu können.

- Älteste nicht überfordern.
- Dritte nicht übersehen.
- Jüngste in die Verantwortungsübernahmen führen.
- Bei drei Kindern dem mittleren Kind besondere Aufmerksamkeit schenken.
- Immer wieder auch Zeit mit einem Kind ganz allein verbringen, das tut den Kindern und den Eltern gut. Von solchen Erlebnissen zehren Kinder noch im Erwachsenenalter.
- Auf Ausbeutung, Gemeinheiten und heimliche Machtgefälle in der Geschwisterreihe achten. → *Gerechtigkeit*
- Die Privatsphäre und die Würde jedes einzelnen Kindes achten.
- Negative Vergleiche vermeiden.
- Unterschiedlichkeiten wahrnehmen, zulassen und fördern.
- Kinder nicht gegeneinander ausspielen.
- Hilfreiche Spielregeln bei Streit einführen.
- Die Besonderheit jedes Kindes sehen.
- Um Liebe für jedes Kind beten.

Eigentum respektieren
Aggressionen – Wut als Ausdruck
von Bedürfnis betrachten

Warum alles auch ganz anders sein kann

Die Beschäftigung mit dem Thema Geschwisterposition kann zu Missverständnissen führen, wenn das Ergebnis am Ende lautet: »Alle Erstgeborenen sind forsch und verantwortungsbewusst, alle Zweiten sind Lebenskünstler, die dritten Kinder sind kompliziert und die Jüngsten fröhlich und ausgelassen.« So ist es natürlich nicht. Bei der Beschäftigung mit dem Thema *Geschwister* besteht immer die Gefahr der Vereinseitigung bis hin zur Stigmatisierung. Menschen und deren Lebensumstände sind sehr komplex.

Das wird auch daran deutlich, dass zwei Geschwister ein und dasselbe Ereignis in einer Familie sehr unterschiedlich erleben, zu gegensätzlichen Deutungen kommen und völlig verschiedene Schlüsse daraus ziehen können.

Die »Geschwisterposition« und die dadurch begründete Prägung ist nur ein Aspekt dessen, was uns beeinflusst (hat). Weitere Prägefaktoren sind Vererbung, Temperament und Grundausrichtungen, die Beziehung der Eltern zueinander, das Verhalten der Eltern gegenüber den Kindern, Sondersituationen durch Behinderung oder Krankheit und einschneidende Ereignisse in der Familiengeschichte, bei Verwandten oder auch traumatische Ereignisse wie Naturkatastrophen, Kriegserlebnisse, schwerwiegende Einschnitte in gewohnten Lebensabläufen oder gravierende gesellschaftliche Veränderungen.

Vererbung

Eine wichtige Rolle in der Entwicklung der Persönlichkeit spielen unter anderem die Gene, die sich auf die Neigung zu Krankheiten oder Verhaltensmustern auswirken. Aussehen und Körperbau, Haarfarbe und auch körperliche Vorlieben oder Abneigungen werden davon geprägt.

Immer wieder konnte ich beobachten, wie sich manche Züge von Urgroßeltern – wie Gestik, Mimik und Vorlieben – in deren Urenkeln widerspiegelten, obwohl diese Generationen sich nie kennengelernt hatten. Ein Nachahmungseffekt war somit auszuschließen. Ein vom Körperbau her kräftiges jüngeres Kind wird ein zartes älteres Kind schneller einholen als umgekehrt. Manche Kinder sind von Anfang an mit einem schlechten Immunsystem ausgestattet und darum verstärkt krankheitsanfällig. Sie ziehen darum mehr Beachtung der Eltern auf sich als gesündere Kinder.

Zu den genetischen Faktoren zählen weiterhin die Neigung zu Intro- oder Extrovertiertheit, Impulsivität oder Nachdenklichkeit.[70]

Das Denkmodell von Riemann-Tomann geht von vier grundsätzlichen Orientierungen aus:[71] dem *Dauertyp versus Wechseltyp* und dem *Distanztyp versus Nähetyp.* Je nachdem, ob ein Kind eher ein Distanz- oder ein Nähetyp ist, wird es eher oder weniger den Erwartungen der Eltern entsprechen, mehr oder weniger Nähe zu den Geschwistern suchen. Ein Wechseltyp-Kind wird mehr Probleme mit Gehorsam haben und weniger Konstanz in den Spielen mit Geschwistern entwickeln als ein Dauertyp-Kind. Somit lösen diese Grundausrichtungen auch unterschiedliche Reaktionen vonseiten der Eltern und unter den Geschwistern aus. Dies wiederum beeinflusst die Entwicklung eines Kindes. Neben der Geschwisterposition sind dies weitere wesentliche Prägefaktoren der Persönlichkeit.

Bei allen Einschätzungen, die die Geschwisterposition für das eigene Leben mit sich bringt, relativieren diese Faktoren natürlich immer auch.

Ich führe die Thematik hier nicht weiter aus, da dies sonst den Rahmen sprengen würde. In anderen Veröffentlichungen habe ich dazu mehr geschrieben.[72]

Eine wichtige Rolle in der Entwicklung der Persönlichkeit spielt auch das *Temperament* eines Kindes.

Die vier Grundtemperamente – Sanguiniker, Phlegmatiker, Choleriker und Melancholiker – sind hinlänglich bekannt. Bezogen auf das Thema *Geschwisterkonstellation* kann man davon ausgehen, dass ein melancholisches Kind seine Geschwisterposition – egal, welche – negativer erlebt als ein sanguinisches. Denn jede Position hat Vor- und Nachteile. Der Vorfilter, den Menschen anlegen, prägt immer ihre Einstellung zum Leben. Ein sanguinisches jüngstes Kind wird sich eher zum »Familienclown« entwickeln als ein melancholisches oder phlegmatisches. Ein cholerisches zweites Kind wird eher zum Kämpfer und Rebellen als ein sanguinisches. Ein phlegmatisches drittes Kind wird in einem Geschwisterkreis anders auftreten als ein melancholisches usw.

Das jeweilige Temperament, das ein Kind mitbringt, löst wiederum in den Eltern unterschiedliche Reaktionen aus. Es kann sein, dass zum Beispiel einer melancholischen Mutter ein sanguinisches Kind einfach guttut und sie dieses Kind darum unbewusst anderen Geschwistern vorzieht. Oder es kann sein, dass ein cholerisches Kind die Mutter oder den Vater an deren despotischen Vater erinnert und darum für das Kind ungerechterweise Übertragungen vonseiten der Eltern stattfinden, die zu unfairen Reaktionen und Erziehungsmustern führen.

Beziehung der Eltern zueinander

Jedes Kind erlebt seine Eltern anders. Bei jeder Geburt sind diese in einer anderen Situation. Sie haben zwischen den Geburten von Kindern möglicherweise einschneidende Erfahrungen gemacht, berufliche Veränderungen erlebt oder sind von gesellschaftlichen Entwicklungen betroffen.

Beim ersten Kind, vielleicht auch noch beim zweiten, sind die Eltern möglicherweise noch im Hochgefühl der Verliebtheitsphase. Beim dritten Kind kann die Beziehung zwischen den Eltern aber aufgrund von Frustrationen oder beruflichen Belastungen schon schlechter sein. Oder umgekehrt: Beim ersten Kind waren die Eltern möglicherweise sehr angespannt und finanziell knapp dran. Beim zweiten Kind war alles schon viel entspannter und die Beziehung zueinander insgesamt gelöster. Beim jüngsten Kind sind die Eltern älter als beim ersten und gehen anders mit sich selbst, mit dem Leben und miteinander um. Die Gefühle der Eltern und deren Verhalten zueinander und ihre Beziehungsgestaltung hat direkte Auswirkung auf Kinder, auf deren Platz in der Familie und Entfaltungsmöglichkeit.

Schwierig ist es für Kinder, wenn es Koalitionen in einer Familie gibt. Wenn also beispielsweise eine Mutter ein Lieblingskind hat, mit dem sie sich gegen den Vater und die übrigen Geschwister stellt. Der Vater holt sich dann vielleicht wiederum ein anderes Kind als Verbündeten. Dies ist zur Identitätsfindung für die betroffenen Kinder ausgesprochen schwierig. Je nach dem gehören sie auf die »gute« oder »schlechte« Seite oder fühlen sich dazwischen. Sie geraten zwischen die Fronten.

Für die Beziehung der Geschwister untereinander ist eine solche Situation immer nachteilig. Solche Konstellationen erhöhen die Rivalität und Machtkämpfe zwischen Geschwistern.

Manchmal bekommen Kinder den Auftrag, zwischen den Eltern zu vermitteln: »Rede doch mal mit deinem Vater ...« Oder: »Kannst du deiner Mutter nicht mal sagen ...« Dagegen können Kinder sich meist nur schwer wehren. Ein sechsjähriger wird wohl kaum zu seinen Eltern sagen können: »Lasst mich mit eurem Kram in Ruhe und klärt eure Probleme selbst.«

Kinder greifen nicht selten sogar von sich aus in elterliche Konflikte ein und erklären Vater oder Mutter, wie sie sich zu verhalten haben. Damit setzt eine fatale Kettenreaktion ein. Kinder bekommen auf diese Weise eine Bedeutung, die ihnen nicht zusteht. Sie verlieren möglicherweise die Achtung vor ihren Eltern; sie fühlen sich ihnen gleichrangig, wenn nicht gar überlegen. Damit fallen sie aus der Rolle des Kindes heraus und rutschen in Verantwortungspositionen, die sie überfordern. Geschwistern gegenüber sind sie dann auch auf der falschen »Ebene«. Sie fallen aus dem horizontalen Beziehungsgefüge heraus und stehen auf der Elternebene.

Kinder, die in elterliche Konflikte verwickelt wurden, haben auch in ihrem späteren Leben meist Probleme, sich gegenüber fremden Konflikten abzugrenzen. Aus ihren Erfahrungen in der Familie leiten sie ein Lebenskonzept ab: »Ich bin da, um Streit zu schlichten. Ohne mich geht es nicht.« Wo auch immer ihre schlichtenden, vermittelnden und diplomatischen Fähigkeiten (scheinbar) gebraucht werden, sind sie zur Stelle. Andere stören sich daran, fühlen sich bevormundet, beobachtet oder beurteilt.

Eine weitere erhebliche Belastung für Kinder besteht dann, wenn Eltern alkohol-, drogen- oder tablettensüchtig sind oder unter einer Essstörung leiden. Süchtige sind in aller Regel unberechenbar. An einem Tag sind sie aggressiv, am nächsten wollen sie bei ihren Kindern alles wiedergutmachen. Sie signalisieren mit ihrer ganzen Persönlichkeit innere Zerrissenheit, Unausgeglichenheit und tiefe unerfüllte Sehnsüchte. Süchtige Eltern können ihren Kindern darum weniger Geborgenheit und Sicherheit schenken und ihnen oft kein verlässliches erwachsenes Gegenüber sein.

Kinder von Süchtigen, Kranken oder psychisch Gestörten werden schon früh in die Rolle von kleinen Erwachsenen gedrängt. Sie müssen anstelle von Vater und Mutter Verantwortung übernehmen. In der Fachsprache nennt man dies auch »Parentifizierung«, das Kind tritt an die Stelle der »parentes« (lateinisch: Eltern). Durch die Übernahme von Elternaufgaben – wie zum Beispiel Haushaltsführung, Erziehung der Geschwister – werden Kinder ihrer Kindheit beraubt und haben nicht das verlässliche Gegenüber, das sie erzieht, prägt und formt, schützt und an die Hand nimmt. Im Gegenteil: Diese Kinder sind es, die die Eltern und jüngeren Geschwister an die Hand nehmen müssen. Das beeinträchtigt auch die Beziehung zu Geschwistern, denn sie ist in diesem Fall keine reine Geschwisterbeziehung, sondern weist ein zu starkes Gefälle auf.

Belastend ist es für Kinder auch, wenn sie zum Partnerersatz werden. Wenn ein Elternteil bei einem Kind Zärtlichkeit, Zuwendung und Aufmerksamkeit sucht, weil dies beim Partner nicht mehr zu finden ist, dann bekommt die Eltern-Kind-Beziehung eine Färbung, die ihr nicht angemessen ist und die die Kinder belastet und verwirrt. Kinder können ihren Eltern nicht das geben, was diese vom Partner bekommen sollten. Kinder sind mit einer solchen Aufgabe überfordert. Wenn eine Ehe oder Partnerschaft nicht mehr gut läuft, wird ein Kind manchmal für einen enttäuschten und bedürftigen Elternteil zum Gegenüber: Der fünfjährige Sohn wird zum Partnerersatz für die Mutter, weil der Vater diese Rolle nicht mehr übernimmt. Der Sohn verhält sich fürsorglich, liebevoll und verantwortungsbewusst. Er wird zum kleinen Traummann. Oder die siebenjährige Tochter schlüpft für den Vater in die Rolle der Mutter. Sie kokettiert, ist charmant, liebevoll und verhält sich wie die Miniausgabe einer Frau, die versucht, den Vater in der Familie zu halten. Schnell kann es in solchen Konstellationen dann auch zu sexuellen Übergriffen vonseiten der Eltern kommen.

Kinder, die als Partnerersatz für ihre Eltern einspringen, haben später fast immer Probleme in ihren eigenen Partnerschaften. Zum einen, weil der Platz an ihrer Seite immer noch durch Vater oder Mutter besetzt ist. Zum anderen, weil sie nie in ihre Rolle als Mann und Frau hineinwachsen konnten. Solche Kinder bleiben häufig Papas kleines Mädchen und Mamas kleiner Junge. Doch sie sind nur dann zu einer erwachsenen Partnerschaft fähig, wenn sie diese Muster erkennen und sich daraus befreien (lassen).

Solche Konstellationen vergiften immer auch die Geschwisterbeziehung. Denn in den Augen der weniger bevorzugten Geschwister kann ja nur Neid oder Minderwertigkeitsgefühl entstehen. Die anderen Kinder fühlen sich von der emotionalen Nähe und der Zuwendung und Beachtung, die das Kind als Partnerersatz des Elternteils erfährt, ausgeschlossen.

Das Verhältnis der Eltern untereinander spielt also eine ganz entscheidende Rolle. Geschwisterbeziehungen sind immer dann am harmonischsten, wenn auch die Eltern in einer gelingenden Partnerschaft leben. Auch die Entwicklung der eigenen Identität gelingt unter solchen Bedingungen deutlich besser als in konfliktträchtigem Ehe- und Familienklima.

Scheidung

Die Scheidung von Eltern verursacht in Kindern Schuldgefühle. Kinder versuchen im Vorfeld immer, eine Trennung zu verhindern. Sie stellen sich als Puffer zwischen die Eltern, versuchen zu schlichten oder zu trösten. Gelingt keine Versöhnung, dann tragen Kinder oft lebenslang an dem Verlust dieser Geborgenheit. Ihr Herz ist zwischen den Eltern zerrissen, denn sie gehören zu beiden und lieben beide.

In jedem Fall tun sich Scheidungskinder schwerer, ihren Platz im Leben zu finden. Auch eine eigene Ehe wird oft angstbehaftet sein. Die Erfahrung sitzt tief: *Ich kann mich nicht wirklich auf Treueversprechen verlassen. Beziehungen können auseinandergehen.*

Vor allem Erstgeborene leiden besonders darunter, denn sie sind der Brückenkopf zwischen Eltern und Geschwistern. Sie fühlen sich am meisten dafür verantwortlich, dass Dinge wieder in Ordnung kommen.[73]

Manche wählen aufgrund solcher Erfahrungen oft auch Berufe im therapeutischen Bereich, um die eigenen verletzenden Erfahrungen im Nachhinein erträglicher zu machen – oder eben auch um die Probleme lösen zu lernen, an denen die Eltern gescheitert sind.

Besondere Geschwister

Wenn ein Kind in einer Familie unter einer schweren *Krankheit* leidet, haben es die gesunden Geschwister schwerer, ihren Platz zu finden. Die gesunden Kinder haben oft das Gefühl, gegenüber dem kranken Kind benachteiligt zu sein, da dieses aufgrund der Krankheit viel mehr Kraft, Zeit und Geld in Anspruch nimmt als die gesunden Kinder. Ein Kind formulierte, »es wolle auch Krebs haben, aber nur, wenn er wieder heilt«.[74] Die damit verbundene

Hoffnung: Dann bin ich der Zuwendung meiner Eltern wenigstens sicher.

Kinder spüren es deutlich, dass ihnen durch eine schwerwiegende Erkrankung des Geschwisters ihr Platz in der Geschwisterreihe streitig gemacht werden kann.

Solche Erfahrungen können auch die spätere Berufswahl beeinflussen. Marcel Rufo berichtet von einer Studie aus Marseille,[75] wonach viele Ergotherapeuten und Logopäden behinderte oder kranke Geschwister hatten. Die Erfahrung im Umgang mit einer Krankheit war Motivation, sich später in diesem Bereich zu engagieren. Möglicherweise spielte bei der Berufswahl auch eine tiefe Sehnsucht mit: Die Last, die durch das kranke Kind in die Familie kam, wird geringer, wenn sie mein alltäglicher Begleiter wird. Ich arrangiere mich damit.

Andererseits kann aber ein Kind, das jahrelang mit dem Thema Krankheit konfrontiert und belastet war, auch später einen Beruf wählen, der ganz andere Bereiche des Lebens erschließt.

Geschwister von *behinderten* Kindern erleben eine Sondersituation. Oft müssen sie zurückstecken oder auch Elternaufgaben übernehmen. Dabei macht es natürlich einen großen Unterschied, ob das behinderte Geschwisterkind älter oder jünger und ob die Behinderung körperlicher oder geistiger Art ist. Natürlich spielt der Schweregrad der Behinderung ebenfalls eine sehr wichtige Rolle.

Möglicherweise werden Geschwister von Behinderten schon früh gefordert, soziales Verhalten einzuüben. Sie lernen – hoffentlich! – am Verhalten der Eltern, dass auch Behinderte genauso liebenswürdig sind wie »gesunde« Kinder. Das kann eine sehr gute Vorbereitung für das spätere Leben sein: sich für Schwache einsetzen, die Rechte von Benachteiligten schützen, die Signale von Bedürftigkeit verstehen, in Körpersprache und Mimik lesen, weniger oder keine Berührungs- oder Kontaktängste mit körperlich oder geistig behinderten Menschen haben.

Falls aber die Eltern die Behinderung des Kindes nicht akzeptieren und diesem Kind nicht wertschätzend und liebevoll begegnen, kann auch ein Geschwisterkind in eine ablehnende Haltung rutschen und Mechanismen verstärken oder unterstützen, die das behinderte Kind zum »schwarzen Schaf« der Familie machen.

Erziehungsstil

Der Erziehungsstil der Eltern wirkt sich auf die Entwicklung der Persönlichkeit eines Kindes nachhaltig aus. Für eine gesunde Entwicklung ist es immer förderlich, wenn das Familienklima von Wärme, Weite, Freiheit, Lebendigkeit und Ermutigung geprägt ist. Wenn die Würde jedes Einzelnen geachtet wird und dessen Bedürfnisse zumindest wahrgenommen werden.

Nicht immer können alle Bedürfnisse befriedigt werden, da in einer Familie unterschiedliche Charaktere aufeinandertreffen, die wiederum unterschiedliche Vorstellungen und Erwartungen haben, was zum Beispiel Ruhe, Ordnung oder das Bedürfnis nach Nähe betrifft.

Aber die Bemühung um Gerechtigkeit, Fairness und Freundlichkeit spürt jedes Kind und fühlt sich darin sicher. Jeder, der dies erlebte, kann sich glücklich schätzen und dafür danken. Dies ist nicht selbstverständlich. Sobald ein Kind die Erfahrung macht, dass es immer um die Liebe und Anerkennung der Eltern kämpfen muss, gestaltet sich auch die Beziehung unter Geschwistern schwieriger. Denn dann fühlen sich Geschwister nicht in einem Pool von Wärme und Geborgenheit aufgehoben, sondern haben immer Angst, diese Zuwendung und Sicherheit zu verlieren. Geschwister mit positiver und sicherer Bindung an die Eltern gehen freundschaftlicher miteinander um. Erleben aber Kinder Nachlässigkeit oder sogar Vernachlässigung vonseiten der Eltern, gibt es häufiger Streit und aggressive Auseinandersetzungen.[76]

Wenn ein Kind spürt, dass es nicht wertgeschätzt, beachtet und geliebt ist, kann es sein, dass es in negative Verhaltensmuster wie Aggressionen, Schulversagen, Krankheiten, Wehleidigkeit, Unfälle oder psychische Störungen rutscht, um wenigstens auf diese Weise die Zuwendung der Eltern zu erhalten.

Für Kinder ist es immer schwierig, wenn Eltern Geschwister untereinander ausspielen. Wenn sie permanent Vergleiche zwischen diesen anstellen und eines zum Vorbild für das oder die anderen setzen. Dem »Vorbildkind« kommt damit eine schwierige Rolle zu: Es zieht die Wut der Geschwister auf sich und steht andererseits vonseiten der Eltern unter immensem Druck, den Erwartungen entsprechen zu müssen. Für die verglichenen Kinder entsteht der Eindruck, nicht gut genug zu sein, nie zu genügen, die Eltern zu beschämen oder zu betrüben. Für alle Kinder in dieser Familie ist es dann schwierig, ihren Wert und ihre Würde unabhängig von ihrem Verhalten oder ihrer Leistung kennenzulernen.

Häufig trifft dieses Muster auf Erstgeborene zu.

Manche Kinder machen die gegenteilige Erfahrung und werden der »Sündenbock« oder das »schwarze Schaf« der Familie. Alle negativen Ereignisse werden dem »bösen Kind« zur Last gelegt. An allem ist dieses Kind »Schuld«. Solche Muster erleben häufig ungewollte Erstgeborene, wegen denen die Eltern heiraten mussten oder die »die Pläne und Hoffnungen der Mutter zerstört« haben. Solche »Sündenbockkinder« haben es später im Leben schwer, wenn sie keine Heilung erfahren. Ihre Tendenz zu Drogenkonsum oder anderem Suchtverhalten ist deutlich höher als bei anderen Kindern.[77]

Mein Platz in der Geschwisterreihe:

Ich war eine Prinzessin. Alles drehte sich nur um mich in der Familie. Meine Mutter war 18 und unverheiratet, als sie mich zur Welt brachte. Zu meiner Familie gehörten Oma und Opa, ein Onkel, der etwa zwölf Jahre älter als ich war, und zwei Tanten. Die jüngste der Tanten war zehn Jahre älter als ich. Das war mein unmittelbares Umfeld. Jeder Wunsch wurde mir von den Augen abgelesen, vor allem von meinem Opa. Ich stand nach meinem heutigen Empfinden immer im Mittelpunkt. Meinen leiblichen Vater habe ich nie kennengelernt. Meine Oma erzog mich – zwar altmodisch, aber liebevoll – und meine Mutter arbeitete. Wie unerwünscht ich vor meiner Geburt gewesen war, ja, dass man sogar ernsthaft eine Abtreibung in Erwägung gezogen hatte, davon spürte ich überhaupt nichts. Ich war auch der Liebling der entfernteren Verwandtschaft und der gesamten Nachbarschaft meiner Großeltern. Dennoch wurde ich sehr streng erzogen. Stubenarrest bekam ich nicht, dafür den Hintern versohlt. Trotzdem fühlte ich mich geborgen. Mein Selbstbewusstsein erwachte sehr früh.

Mit fünf Jahren endete diese »heile Welt« abrupt. Meine Mutter lernte einen Mann kennen, heiratete ihn und wir zogen zu ihm auf seinen Bauernhof – ziemlich weit weg von meinen Großeltern und meinem alten Umfeld. Für mich war es nie ein Problem gewesen, keinen Vater zu haben, doch als ich nun plötzlich einen hatte, war dies das Größte für mich. Am Anfang wurde meine überschwängliche Zuneigung von meinem Stiefvater dezent erwidert. Auch er war sehr streng, dennoch irgendwie liebevoll. Das änderte sich, als meine Mutter sein erstes eigenes Kind zur Welt brachte. Nach der Geburt meiner ersten Halbschwester wurde mein Stiefvater mir gegenüber mehr und mehr abweisend und ungerecht. Ich war vom Thron gestoßen worden. Die Situation wurde zusätzlich noch komplizierter, weil meine neue Stiefoma auch auf dem Hof wohnte und weder meine Mutter noch mich ausstehen konnte. Ich würde heute noch behaupten, dass sie uns beide sogar gehasst hat. Stets war sie damit beschäftigt, einen Keil zwischen meinen Stiefvater und meine Mutter zu treiben, was ihr meistens gelang. Auch ich hatte nichts zu lachen. Oft bekam ich Prügel wegen Dingen, die ich so nie gesagt oder gemacht hatte. Doch meine Stiefoma hatte mich bei meinem Stiefvater angeklagt. Manchmal war es auch sie selbst, die mich beschimpfte und quälte. Diese ganze ungute Situation wurde durch die Geburt meiner ersten Halbschwester verstärkt. Ich musste mit ansehen, wie viel Liebe mein Stiefvater für sein eigenes Kind aufbringen konnte: Liebe, die er in dem Umfang, wie sie meine neue Schwester bekam, für mich nie übrig hatte. Ich reagierte hochgradig eifersüchtig und aggressiv. Eine Zeit lang war es meine Aufgabe, meine Halbschwester abends in den Schlaf zu wiegen. Als meine Mutter dahinterkam, dass ich das Baby währenddessen ins Gesicht schlug, wurde ich von dieser Aufgabe entbunden. Ich hasste dieses Kind. Ein knappes Jahr nach der Geburt meiner Halbschwester kam mein Halbbruder auf die Welt. Für mich wurde alles nur noch schlimmer. Der Krach, den meine Stiefoma in der Familie provozierte, wurde noch heftiger. Ich wurde zum Bettnässer. Nach meinem damaligen Empfinden hatte ich nicht einmal mehr etwas von meiner Mutter. Sie war mir gegenüber ungerecht, überfordert und gereizt. Diese »neuen Kinder« nahmen alles für sich in Anspruch. Eine gewisse Verwahrlosung setzte bei mir ein. Zum Beispiel interessierte es niemand, dass ich mir wochenlang keine Zähne putzte. Wenn ich krank wurde, wendete meine Mutter »Rosskuren« bei mir an. Die anderen Kinder wurden bei der kleinsten Kleinigkeit zum Arzt gebracht. Erst meine Großeltern merkten, als ich sie in den Osterferien besuchen durfte, dass ich eine chronische Nierenbeckenentzündung hatte. Oft zerstörten meine Halbgeschwister die Geschenke, die ich zu Weihnachten oder zum Geburtstag bekam. Forderte ich dann lautstark mein Recht auf Wiedergutmachung, wurde ich nur in meine Schranken gewiesen – oft unter Androhung von Schlägen. Ich musste mit ansehen, wie mein Stiefvater seine Kinder herzte und liebte. Sie durften mit ihm in die Badewanne, was ich nie durfte. Sie durften im Ehebett übernachten, ich nur selten.

Während von mir unter Androhung von Schlägen verlangt wurde, alles zu essen, was auf den Tisch kam, konnten meine Halbgeschwister einfach verweigern, was sie nicht mochten. Meine Halbgeschwister wurden sich ihrer Position mir gegenüber sehr früh bewusst. Meiner Halbschwester bereitete es ein diebisches Vergnügen, sich an ihren Vater zu klammern, mich anzusehen und zu sagen: »Das ist mein Papa!« Ich spüre es noch wie heute, wie dann jedes Mal etwas in mir zerbrach. Mein Halbbruder beschuldigte mich manchmal, wenn er hingefallen war oder sich sonst irgendwie wehgetan hatte, dass ich ihn gehauen hätte. Wenn ich für meine vermeintliche Missetat eine Ohrfeige bekam, dann freute er sich. Irgendwann versuchte ich, mir die Liebe meines Stiefvaters zu erarbeiten. Am Ende schuftete ich fast wie eine Erwachsene auf dem Hof, denn jedes Mal, wenn ich von meinem Stiefvater ein anerkennendes Wort oder ein Schulterklopfen bekam, arbeitete ich noch mehr. So hoffte ich, noch mehr

Aufmerksamkeit meines Stiefvaters zu erlangen. Außerdem, so dachte ich, wäre meine Existenz berechtigt, wenn ich arbeiten würde. Es fühlte sich dann nicht mehr so an, als müsste ich mich dafür entschuldigen, da zu sein. Wenn meine Mutter mich für meine Arbeit lobte, bedeutete mir das nichts. Am Tag meiner Sexualaufklärung brach für mich die Welt zusammen. Plötzlich stand mir ganz klar vor Augen, warum ich für meinen Stiefvater als Kind keine Rolle spielte. Was ich bisher nur unterbewusst wahrgenommen oder verdrängt hatte, stand nun greifbar und brutal als Wahrheit vor mir: Ich war ein Bastard. Mein Stiefvater hatte mich nicht »gemacht«. Mein Stiefvater hatte meine Mutter gewollt und hatte mich notgedrungen als lästiges Anhängsel eben mit aufgenommen. An diesem Tag verlor ich den Rest meines Selbstbewusstseins und meine Identität, wenn ich eine solche zu diesem Zeitpunkt überhaupt noch hatte. Dass ich mit meinem Denken, nur geduldet zu sein, richtig lag, bestätigte mir auch das Familienstammbuch. Als ich es eines Tages zufällig fand, blätterte ich darin. Mein Stiefvater, meine Mutter und meine beiden Geschwister waren aufgeführt. Mein Name fehlte. Als ich meine Mutter damit konfrontierte, sagte sie nur: »Das ist halt so, ich kann's nicht ändern.« Als ich zehn Jahre alt war, kam meine zweite Halbschwester zur Welt. Ich war sauer, dass mir das Ganze ein drittes Mal zugemutet wurde. Ich ignorierte dieses Kind komplett. Auch mit den anderen beiden Geschwistern gab ich mich nicht ab. All die Dinge, die mir gehörten und die für mich einen großen Wert darstellten, brachte ich bei meinen Großeltern in Sicherheit, wenn ich dort Ferien machen durfte. Denn meine Stiefoma entwendete immer wieder Sachen aus meinem Zimmer und diese Sachen tauchten plötzlich in den Händen meiner Halbgeschwister wieder auf. Auf dem Hof gab es immer nur Essen aus eigener Produktion, triefend vor Fett und nicht gut gewürzt. Nur ganz selten gab es Bananen, Fruchtjoghurt oder Käse – alles Sachen, die ich gern aß. Heute noch ist ein Brötchen oder eine Brezel in meinen Augen eine Delikatesse. Ich entwickelte mit der Zeit eine Art »Futterneid«. Gab es tatsächlich einmal etwas Gutes zu essen, aß ich schnell und so viel, wie mir nur irgendwie möglich war, damit es meine Geschwister mir nicht wegessen konnten – oder weil sie es einfach nicht bekommen sollten. Ich zog mich immer mehr zurück. Meine Halbgeschwister durften mein Zimmer nicht betreten.

Meine Großeltern, die mich bis zum fünften Lebensjahr erzogen hatten, vermissten mich sehr. Zu meinen anderen Geschwistern hatten sie nie eine solche Beziehung wie zu mir. Sie kannten meine Situation und schafften mir in Form einer Lehrstelle in der Nähe ihres Wohnortes einen Ausweg. Nun konnte ich wieder bei meinen Großeltern wohnen. Ich war inzwischen ein psychisches Wrack, doch ich habe es Jesus zu verdanken, dass ich mich über Jahre hinweg nach und nach erholte. Er stellte mir Menschen zur Seite, die mein Selbstbewusstsein langsam wieder aufbauten.

Viele Fragen beschäftigten mich: Wer war der Mann, der biologisch gesehen mein Vater war? Warum bin ich eigentlich hier, wenn mich doch keiner haben wollte. Inzwischen hatte mir mein Opa von der ernsthaft in Erwägung gezogenen Abtreibung bei meiner Mutter erzählt, als sie mit mir schwanger war. War ich denn nicht einfach nur ein Produkt? Der lästige Beweis dafür, dass meine Mutter einmal einen Fehler begangen hatte? War ich überhaupt berechtigt, zu leben? Die Fragen schwebten wie ein dunkler Schatten über meinem Unterbewusstsein. Eines Tages begegnete mir Gott durch Jesus, als ich mit ihm sprach. Ich hatte Jesus gesucht und er hatte sich von mir finden lassen. Ich sprach viel mit ihm, aber zu Gott selbst zu beten, getraute ich mich nicht. Ich dachte, ich wäre nicht würdig. Doch an diesem einen Tag war Jesus spürbar in mir. Gott offenbarte mir in dem Moment einen Teil von sich, den ich so vorher nicht gekannt hatte. Ich stand im Geiste vor Gott und wurde von ihm mit so viel Liebe, Kraft, Gnade, Fürsorge, Aufmerksamkeit eingehüllt – und währenddessen legte Gott eine Wahrheit in mich hinein. Diese Wahrheit lautete: »Ich bin dein Vater.« Heulend brach ich vor meinem himmlischen Vater zusammen. Ich war nach Hause gekommen. Gott hat mir Identität gegeben, durch meinen großen Bruder Jesus Christus. Ich bin wertvoll, weil mein Vater im Himmel sagt, dass ich wertvoll bin. Ich bin sein Kind. Mein Name steht im großen Familienstammbuch Gottes geschrieben. Ich brauche keinen Vater auf der Erde. Gott ist mein Vater und er hat mich gemacht. Gott wollte mich ganz genauso haben, wie ich bin. Ich bin zu Hause. Jetzt habe ich Frieden, wie ich ihn nie zuvor hatte.

(45 Jahre)

Jeder fragt sich im Lauf seines Lebens vermutlich irgendwann, wie sehr ihn seine Kindheit geprägt hat und wie das Leben verlaufen wäre, wenn die emotionalen Rahmenbedingungen anders gewesen wären. *Wie hätte ich mich entwickelt, wenn ich von chaotischen oder despotischen Eltern großgezogen worden wäre?* Oder umgekehrt: *Es wäre gut gewesen für mich, wenn ich mehr Liebe und Wertschätzung empfangen hätte.* Solche Gedanken sind normal, doch wir können die Vergangenheit nicht ändern.

Solche Fragen können aber dazu führen, dass wir uns mit unserer eigenen Lebensgeschichte aussöhnen. Das bedeutet: verstehen, was mich wie beeinflusst hat. Ja sagen dazu und das Potenzial – auch das, das sich aus dem Negativen entwickeln kann – nutzen lernen.

Julia erzählte: »*Ich hatte eine schreckliche Kindheit, geprägt von Missachtung, Schlägen und Misshandlungen. Ich konnte nicht begreifen, dass ich wertvoll war, denn die Elternbotschaften lauteten: Geh mir aus dem Weg, du störst. Wie oft wurde ich geschlagen – ich weiß es nicht mehr. Angst und Misstrauen, Verlorenheit waren meine kindlichen Gefühle. Durch lange seelsorgerliche Begleitung lernte ich, meine Kindheit neu zu betrachten und in einen neuen Deutungsrahmen zu setzen: Vieles war schwer. Mir wurde Unrecht getan – und vor allem: Ich war nicht schuld daran. Der Gedanke, dass Christus sogar für die Wunden, die mir durch andere angetan wurden, gestorben ist, wurde für mich zu einer Schlüsselerkenntnis. Er kann Wunden heilen und mir nachträglich einen versöhnenden Blick auf meine Vergangenheit schenken.*«

Brüche und Traumatisierungen

Wenn es in einer Familie zu schweren Brüchen oder Beeinträchtigungen kommt, prägt dies Erziehung und Umgangsstil, Verhalten und möglicherweise auch Werte. Vielleicht ist der Platz in der

Geschwisterreihe dadurch beeinträchtigt oder verändert worden.

Stirbt zum Beispiel eines oder mehrere Kinder oder ein Elternteil, dann müssen Eltern – und Geschwister – mit Schmerz und Trauer fertigwerden. Das Finden oder Neufinden des eigenen Platzes in der Familie kann durch solche Erlebnisse erschwert werden. Wenn ein Familienmitglied stirbt, dann löst das bei den Zurückbleibenden ganz unterschiedliche Prozesse aus:

- Verlustgefühle, Schmerz und Trauer um den verlorenen Bruder oder die verlorene Schwester oder den verlorenen Elternteil.
- Schuldgefühle – ganz häufig fühlen sich die Überlebenden schuldig dafür, dass sie weiterleben dürfen und die anderen sterben mussten.
- Angst vor den eigenen Gedanken. Geschwister wünschen dem Konkurrenten des Öfteren heimlich den Tod. Stirbt das Geschwisterkind dann tatsächlich, tragen Kinder oft die magische Vorstellung in sich: Meine Gedanken oder meine Wünsche haben getötet. Das kann Angst machen. Pubertierende morden in Gedanken manchmal die Eltern. Sterben diese dann tatsächlich, können diese Teenager von schweren Gewissensbissen geplagt sein.
- Angst vor dem Tod: Muss ich jetzt auch bald sterben? Jeder Tod eines nahen Menschen stellt einem die Frage nach dem eigenen Tod und Sterben.
- Tatsächliche oder eingebildete Appelle der Verstorbenen: Vollende, was ich nicht tun konnte. Oder: Sei unseren Eltern ein liebes Kind. So kann es sein, dass man meint, einen Auftrag weiterführen zu müssen, den das Geschwisterkind oder ein Elternteil schuldig geblieben ist.
- Fantasien: Wie wäre das Miteinander jetzt? Wie hätte er/sie sich entwickelt?
- Einsamkeit und Sehnsucht nach dem in den Tod Vorausgegangenen. Wo ist er oder sie? Geht es ihr/ihm gut?

- Wut über das Geschehen, Wut auf den »Schuldigen«, den »Verursacher« des Leids, Wut auf das verstorbene Familienmitglied: Warum lässt du mich allein? Warum verursachst du uns Leid?

Eine Sehnsucht nach dem gestorbenen Menschen bleibt. Ein Kind fühlt sich zu dem gestorbenen Elternteil oder Geschwister ebenso zugehörig wie zu den Lebenden; es möchte auch bei diesem Menschen sein. Die Sehnsucht nach dem Verstorbenen lautet in etwa: *Wenn ich tot wäre, wäre ich wieder bei Papa, Mama oder dem Geschwister.* Die Sehnsucht nach dem geliebten Menschen bleibt oft ein Leben lang. Führt sie aber zu einer negativen Überschattung des Lebens, dann sind die Hinterbliebenen mit einem Teil ihrer Lebensenergie – wie Gedanken, Gefühlen, Fantasien – dadurch gebunden. Manche finden darum auch – nach dem Tod eines Geschwisters – ihren »neuen« Platz in der Geschwisterreihe nicht. Sie können sich innerlich nicht verorten. Einige geben ihrer Sehnsucht tatsächlich nach und entscheiden sich irgendwann für den Tod. Andere treiben zum Beispiel riskante Sportarten oder sind sehr leichtsinnig und fordern so den Tod unbewusst heraus. Familienaufstellungen zeigen diese inneren Verwicklungen immer wieder auf: Mancher unerklärliche Selbstmord oder scheinbare Unglücksfall hat seinen tieferen Grund in der Sehnsucht nach einem geliebten Gestorbenen.

Je offener und ehrlicher die Eltern damit umgehen, desto leichter kann ein solches Erlebnis verarbeitet werden. Schwierig wird es dann, wenn Eltern nach dem Tod eines Kindes mit den übrigen Kindern übervorsichtig, überängstlich oder überbehütend umgehen. Solches Verhalten ist einerseits verständlich, denn es erwächst aus der Angst, noch weitere Kinder zu verlieren. Aber für den Umgang mit den Kindern ist dies nicht hilfreich. Es kann auch anders sein: Eltern ziehen sich zurück, kümmern sich weniger oder gar nicht mehr um die verbliebenen Kinder. Nach dem Tod eines Kindes wird das emotionale Familiengefüge instabil. Eltern trauern auf unterschiedliche Art und Weise und verlieren vielleicht auch den Kontakt zueinander.

Hypotheken aus der Vergangenheit

Es kann auch Traumata wie zum Beispiel schlimme Todesfälle in der Großelterngeneration oder Elterngeneration geben, die das Verhältnis der Eltern zu ihren Kindern belasten. Konkret verdeutlichen will ich es am Beispiel »Tod eines Geschwisters der Eltern«.

Die Schwester von Martina war psychisch krank. Sie zog durch aggressives und negativistisches Verhalten die ganze Energie und Kraft der Eltern ab. Auch die Geschwister bemühten sich, es der Schwester recht zu machen, und verzichteten auf alles, was Streit und Konflikte hervorrufen könnte. So bekam die Schwester von Martina von Kind an eine sehr dominante Stellung in der Familie. Eines Tages beging diese Schwester Selbstmord. Die Eltern machten sich gegenseitig Vorwürfe und auch die Geschwister fühlten sich schuldig. Einige Jahre später bekam Martina selbst eine Tochter. Im Lauf ihrer Entwicklung erinnerte diese sie in vielem an ihre verstorbene Schwester. Jeder aggressive Ausbruch, jeder Trotzanfall des Kindes führte bei Martina zu »Flashbacks«. Sie bekam Angst, dass ihr Kind auch später einmal Selbstmord begehen könnte. Die ganzen negativen Erinnerungen an die Schwester tauchten wieder auf.

Wenn die Erinnerungen und Verletzungen aus der Vergangenheit nicht heilen können, kann es vorkommen, dass Eltern das verstorbene eigene Geschwister in einem oder mehreren ihrer Kinder weiterleben lassen. Sie übertragen dann bestimmte Ängste und Befürchtungen oder auch Erwartungen oder Hoffnungen auf diese oder schreiben ihnen Eigenschaften des verstorbenen Geschwisters zu, die überhaupt nicht zu den eigenen Kindern passen.

Solche Übertragungen oder Projektionen auf die eigenen Kinder verhindern eine unbeschwerte Entwicklung. Denn Vater oder Mutter begegnen dem Kind, das zum Beispiel an die verstorbene eigene Schwester erinnert, entweder mit besonderer Ehrerbietung oder aber mit Ablehnung und Wut. So übernimmt es – unbewusst – Stellvertreterfunktion für den verstorbenen Verwandten der vorigen Generation. Daraus können sich auch psychische Störungen oder Verhaltensauffälligkeiten entwickeln. Manchmal spüren solche Kinder in sich Tendenzen, ihrem Leben ein Ende zu setzen. Denn die Last, die sie stellvertretend schultern müssen, ist ihnen zu schwer. Andere versuchen, dem Verstorbenen einen Platz zu geben, indem sie dessen Lebensmuster oder komplizierte Verhaltensstrategien wieder zum Leben erwecken.

Diese Dynamik kann nur aufgehoben werden, wenn die eigene negative innere »Besetzung« beziehungsweise Beherrschung (wie zum Beispiel Angst, Vorwürfe, Wut gegenüber dem/r Gestorbenen) aufgegeben wird. Dem verstorbenen Familienmitglied muss Verständnis oder zumindest Akzeptanz und ein neues Wertschätzen entgegengebracht werden. Nur so kann auch für die Zurückbleibenden eine neue Hinwendung zum Leben und zur eigenen Berufung stattfinden.

Nicht nur Tod, auch andere Brüche und Traumatisierungen der Vergangenheit können die eigenen Lebensgeschichten der Gegenwart nachhaltig beeinflussen.

Manuela erzählt: »*Ich bin in einem Dreigenerationenhaus aufgewachsen. Als Kind litt ich oft mit meiner Großmutter, die von meinem Großvater finanziell sehr kurzgehalten wurde. Sie hätte gerne mehr Geschenke gemacht, aber sie durfte nicht. Später erzählte man mir, dass der Vater meines Großvaters, also mein Urgroßvater, seine Bäckerei in den finanziellen Ruin gewirtschaftet und Haus, Hab und Gut verloren hatte. Der Geiz meines Großvaters war also möglicherweise weniger ein Charakterzug als eine Angst vor einer weiteren solchen Traumatisierung.*«

Kriegserlebnisse können so prägend sein, dass die Persönlichkeitsentwicklung darunter leidet. Menschen, die immer wieder fliehen mussten, die kein Heimatgefühl entwickeln konnten, weil aller Besitz zerbombt war, können für ihr weiteres Leben daraus ganz unterschiedliche Lebenseinstellungen entwickeln.

Manche leben von da an spartanisch: *Ich habe gelernt, mit wenig auszukommen. Die entscheidenden Werte sind andere als materielle.* Andere entwickeln sich zu Sammlern oder Hortern: *Endlich darf ich etwas haben und besitzen; hoffentlich nimmt es mir niemand weg.*

Auch die nachfolgenden Generationen sind von solchen Erlebnissen geprägt, sie übernehmen oft unbewusst die Gefühle der Eltern- oder Großelterngenerationen: Vielleicht das Gefühl von Heimatlosigkeit von den vertriebenen Großeltern. So kann es sein, dass sich Kinder oder Jugendliche, obwohl sie nirgendwo vertrieben wurden, heimatlos fühlen.

Oder es sitzt eine tiefe Verpflichtung gegenüber der Großelterngeneration in der Haltung und im Umgang mit Gütern: »Wirf nichts weg. Jedes einzelne Ding ist kostbar.«

Es ist immer hilfreich, die Geschichte der Eltern oder Großeltern mit einzubeziehen, wenn Kinder Probleme oder Schwierigkeiten haben.

So kann man zum Beispiel feststellen, dass ein Zusammenhang zwischen Ängsten, die Kinder in einer bestimmten Lebensphase entwickeln, und angstauslösenden Situationen in der Eltern- oder Großelterngeneration im selben Lebensalter bestehen kann.

Sabrina berichtet: »*Meine 16-jährige Tochter hat sich ganz plötzlich vollkommen von uns Eltern zurückgezogen. Erst in Gesprächen wurde mir klar, dass ich selbst im Alter von 16 Jahren etwas Besonderes erlebt habe: Mein Vater hat damals die Familie verlassen. Dies hat mich tief verletzt, sodass ich mich zurückgezogen habe. Ich fand das Leben nicht mehr lebenswert.*«

Zu weiteren wichtigen Einflussfaktoren gehören Umzüge, Wechsel der Arbeitsstelle der Eltern oder schwerwiegende Erkrankungen der Eltern ebenso wie der Wiedereinzug von bereits ausgezogenen älteren Geschwistern oder die Übernahme der Pflege älterer Verwandter. Je nachdem wie stark dies das Lebensgefühl der Eltern verändert, wirkt sich das in der Folge auch auf den Umgang der Eltern mit den Kindern und deren Entwicklung aus.

Auch eine schwierige Geburt kann eine Traumatisierung darstellen und zu einer postnatalen Depression führen. Wenn eine Mutter bei der Geburt eines Kindes besonders starke Schmerzen oder auch Todesängste ausstehen musste, kann dies das Verhältnis zu einem Kind negativ beeinflussen. Ähnlich verhält es sich, wenn ein Kind durch eine Vergewaltigung entstanden ist. In solchen Fällen braucht eine Mutter in aller Regel therapeutische oder seelsorgerliche Begleitung, um das Trauma aufzuarbeiten und so eine gute emotionale Bindung zu ihrem Kind aufzubauen.

Alle oben aufgeführten Beispiele machen deutlich: Es ist bei Weitem nicht nur die Geschwisterposition, die mich beeinflusst. Es gehören immer noch weitere Faktoren mit dazu.

Die Konfrontation damit kann sehr erhellend und somit schlussendlich auch entlastend und befreiend sein.

Geschwistergeschichten in der Bibel

In der Bibel werden selten harmonische Beziehungen zwischen Geschwistern geschildert. Im Grunde genommen ist es wie in vielen Familien: oft herrschen Rivalität, Missgunst und Neid.

Kain und Abel (1. Mose 4)

Schon das erste Brüderpaar in der Bibel kommt nicht gut miteinander aus. Kain und Abel sind sehr verschieden – typisch für Erst- und Zweitgeborene. Sie leben sehr unterschiedliche Lebensentwürfe. Kain war ein Ackermann, hatte Grund und Boden. Also besaß er irgendwo ein Stück Land, ein Feld oder mehrere Felder, und er konnte sagen: Das gehört mir. Dieses Stück Erde ist mein Eigentum und für mich da.

Bezogen auf die Geschwisterthematik könnte man auch sagen: Er verteidigt die Tradition; er ist sesshaft, bodenständig und strukturiert. Ganz anders dagegen Abel. Er lebte freier, ungebundener und spontaner. Er war ein Nomade, der mit Vieh unterwegs war und kein Stück Land besaß, sondern sich immer neu das Land suchen musste, auf dem er seine Tiere weiden konnte. Wenn die Dürrezeiten kamen, hatte Abel es schwer, satt zu werden und seine Tiere zu ernähren. Da gab es in alten Zeiten eine Regel: Ein Nomade durfte mit Erlaubnis des Bauern auf dessen Feld kommen, wenn es abgeerntet war. Dort durfte er für sich und sein Vieh noch auflesen, was zu essen übrig war.

Wenn nun die Geschichte erzählt, dass Kain zu seinem Bruder Abel sprach: »Lass uns aufs Feld gehen«, dann ist der Vorgang der Nachlese der Ähren für den Nomaden gemeint. So gehen sie miteinander auf das Feld, das Kain gehört; dort geschieht es: Kain schlägt seinen Bruder Abel tot. Man kann ihn in Gedanken beinahe schimpfen hören: »Was willst du eigentlich von meinem Feld? Das ist doch meins! Das gehört mir! Davon lebe ich – und sieh du zu, von was du lebst, jedenfalls nicht von dem, was mir gehört!« Ein tiefer psychologischer Konflikt zwischen Erst- und Zweitgeborenem wird hier sichtbar. Ich verteidige mein Land, mein Recht, meinen Anspruch und du kommst und willst mir das alles wegnehmen. Zwar wollen beide Gott dienen. Aber sie gehen damit sehr unterschiedlich um. Kain bringt Gott ein Opfer von den Früchten seines Feldes dar. Abel opfert Gott von den Erstlingen seiner Herde und von ihrem Fett. Also vom Kostbarsten, was er hatte. Gott zieht Abel vor. Wörtlich heißt es: »Und der Herr sah gnädig an Abel und sein Opfer, aber Kain und sein Opfer sah er nicht gnädig an« (1. Mose 4,4-5). Das ist für Kain zu viel, diese Zurücksetzung kann er nicht verkraften. Er geht mit Abel auf sein Feld und erschlägt ihn dort. Die Geschwisterposition der beiden – Kain der Erste und Abel der Zweite – schwingt bei diesem Konflikt sicher mit.

Jakob und Esau (1. Mose 24–28)

Isaak und Rebekka müssen lange auf Kinder warten. Erst nach 20 Jahren Ehe wird Rebekka endlich mit Zwillingen schwanger. Schon im Mutterleib fängt die Rivalität der beiden Söhne an (1. Mose 25,22). Esau wird zuerst geboren, doch Jakob hält sich bereits bei der Geburt an der Ferse von Esau fest.

Die Erzählung der besonderen Umstände der Schwangerschaft und Geburt sind wie eine Überschrift über das Leben der beiden Brüder – Konkurrenz und Rivalität von Anfang an.

Beide Kinder sind sehr verschieden, mit unterschiedlichem Aussehen und Temperament. Esau ist am ganzen Körper mit rötlichen Haaren bedeckt; Jakob ist mit glatter Haut ausgestattet. Esau wird ein Jäger, der am liebsten in der Steppe umherstreift. Jakob ist ein häuslicher, ruhiger Mensch, der bei den Zelten bleibt. Beide haben sehr gegensätzliche Lebensentwürfe. Jeder sucht sich seinen besonderen Platz im Leben. Isaak bevorzugt Esau und Jakob wird der besondere Vertraute von Rebekka (1. Mose 25,28).

Zunächst ist es für die Kinder sicher von Vorteil, dass beide besondere Zuwendung von jeweils einem Elternteil erfahren. Später entwickelt sich dies aber zu einem Familienkrieg: Jeweils ein Elternteil hat sich eines der Kinder auf seine Seite gezogen. Dieser Konflikt führt dazu, dass Jakob Esau betrügt und dann vor dessen Nachstellungen fliehen muss (1. Mose 27 ff).

Zunächst bekommt er Esau mit einer List dran (1. Mose 25,29 ff). Er kennt seinen Zwillingsbruder und dessen Vorlieben gut. Als dieser müde, erschöpft und hungrig von der Jagd kommt, hat er sein Lieblingsessen gekocht. Aber er gibt es ihm nur gegen den Verkauf des Erstgeburtsrechts.

Die zweite List wendet Jakob an, als sein Vater Isaak alt und schwach geworden ist und spürt, dass sein Ende naht. Isaak bittet Esau um sein Lieblingsessen, selbst erlegtes Wildbret und zubereitet aus der Hand seines Lieblingssohnes. Danach möchte er ihm den Sterbesegen erteilen.

Jakob erschleicht sich den Segen, indem er Vater und Bruder betrügt. Die ganze Begebenheit ist durchwoben von Lügen, Intrigen und Halbwahrheiten. Er übertrumpft seinen älteren Bruder und wird so zum »Ersten«. Solche Verhaltensweisen sind auch ein Stück weit typisch für manche zweitgeborenen Kinder. Was auf direktem Weg nicht zu bekommen ist, wird auf indirektem Weg versucht. Hintenherum. Doch letztlich wird Jakob damit nicht glücklich.

Er zieht den Unmut seines Vaters und die Wut seines Bruders auf sich. Jakobs Name bedeutet auch der »Hinterlistige«. So resümiert Esau am Ende: »Er heißt mit Recht Jakob, denn er hat mich nun zweimal überlistet. Meine Erstgeburt hat er genommen und siehe nun nimmt er auch meinen Segen« (1. Mose 27,36). Esau beschließt, Jakob nach dem Tod des Vaters umzubringen.

Rebekka erfährt von Esaus Absichten und warnt ihren Liebling Jakob. Deshalb muss Jakob dann schlussendlich fliehen. Rebekka schickt ihn zu ihrem Bruder Laban.

Lea und Rahel (1. Mose 29–35)

Jakob flieht zu Laban, dem Bruder seiner Mutter. Zum ersten Mal sieht er seine Verwandten. Er integriert sich in die Familie und arbeitet bei ihnen. Und er verliebt sich in Rahel. Auch hier beschreibt die Bibel wieder eine spannungsgeladene Geschwisterbeziehung. Laban hatte zwei Töchter: Lea, die Ältere, und Rahel (die Jüngere). Leas Augen waren »ohne Glanz«, Rahel aber war »schön von Gestalt und Angesicht« – was für ein Konflikt verbirgt sich hinter diesen wenigen Worten (1. Mose 29,17)! Die eine schön, die andere nicht; die Augen der einen voller Glanz, die der anderen ohne. Jede Frau sehnt sich nach Augen voller Glanz, nach einem Angesicht und einer Gestalt voller Schönheit. Doch Lea konnte das nicht bieten. Wie demütigend für sie. Immer die schönere Rahel vor Augen.

Und dann noch Jakob, der Mann aus der Fremde, der sich sofort in Rahel verliebt. Ein möglicherweise jahrelanger Konflikt zwischen den beiden Schwestern eskaliert.

Als Laban Jakob fragt, womit er ihn entlohnen kann, antwortet dieser spontan: Ich will Rahel und arbeite dafür sieben Jahre bei dir (1. Mose 29,20). Seine Liebe zu Rahel verkürzt ihm die Wartezeit: »… und es kam ihm vor, als wären's einzelne Tage, so lieb hatte er sie.«

So wurde Rahel umworben und von Jakob umschwärmt. Lea stand ungeliebt im Hintergrund. Jeden Tag hat sie das Geturtel der beiden mitbekommen. Kein Mann am Horizont, der sie gerne geheiratet hätte. Sieben Jahre immer die Bevorzugung der Schwester vor Augen, was für eine Schmach für Lea, was für ein Schmerz. Immer mit dem Gefühl im Bauch, weniger wert zu sein. Ob sie das manchmal auch den Eltern gegenüber geäußert hat? Oder haben die Eltern ihr Leiden gespürt?

Nach sieben Jahren naht endlich der Tag der Hochzeit. Welche Vorfreude, welche Spannung, welche Aufregung bei beiden. Es wird gefeiert – mit dem ganzen Ort. Am Abend, als es dunkel geworden war, führt Laban Jakob seine Braut zu.

Erst bei Tageslicht am nächsten Morgen entdeckt Jakob, dass er nicht mit Rahel, sondern mit Lea das Bett geteilt hat. Was für eine Gemeinheit. Was für ein Betrug. Für Rahel hat er sieben Jahre gearbeitet und nicht für Lea. Der Betrüger wird nun selbst betrogen. Entrüstet geht er zu Laban: »Warum hast du mir das angetan?«

Laban antwortet lakonisch: »Es ist nicht Sitte in unserm Lande, dass man die Jüngere weggebe vor der Älteren« (1. Mose 29,25-26). Und Laban verspricht, ihm Rahel auch noch als Zugabe zu geben, wenn Jakob weitere sieben Jahre für ihn arbeitet.

Nach der Hochzeitswoche bekommt er Rahel dazu. Es wird ausdrücklich betont, dass er Rahel lieber hatte als Lea. Der Schwesternkrieg geht weiter. Nun geht es nicht nur um die Zuwendung von Jakob, sondern auch um Kinder. Beide Schwestern sind mit demselben Mann verheiratet. Aber im Kinderkriegen ist Lea einfach besser. Hintereinander bringt sie vier Söhne zur Welt und Rahel keine.

Rahel leidet. Sie beneidet Lea. Sie macht Jakob Vorwürfe dafür, dass sie nicht schwanger wird. Jakob wird daraufhin sehr zornig auf Rahel. »Bin ich doch nicht Gott, der dir deines Leibes Frucht nicht geben will«, antwortet er ihr (1. Mose 30,1 ff).

Also versucht Rahel es auf anderem Weg, hintenherum. Sie macht es wie Sara. Sie gibt Jakob ihre Magd Bilha, damit sie an ihrer Stelle Kinder zur Welt bringt, als Leihmutter. Und Bilha bekommt nacheinander Dan und Naftali.

Zwischen den Schwestern entsteht ein richtiger Wettstreit darum, wer mehr Nachkommen für Jakob zur Welt bringen kann.

Lea wird nun abermals neidisch auf Rahel. Sie war doch bisher die Einzige, die Kinder hatte. Da sie selbst nicht mehr schwanger wird, gibt sie Jakob nun ihrerseits ihre Magd Silpa. Auch diese bringt daraufhin Kinder für Jakob zur Welt. Gad wird geboren und danach Asser.

Der Wetteifer um Kinder geht weiter. Lea erkauft sich bei Rahel eine Nacht mit Jakob und wird abermals schwanger. Daraufhin wird sie schwanger mit Issaschar, in den Jahren darauf werden dann noch Sebulon und Dina geboren.

Trotz aller Demütigungen weiß sich Lea von Gott gesehen, wertgeschätzt und beschenkt. So formuliert sie es auch: Gott hat mich reich beschenkt.

Die Kinder Jakobs (1. Mose 37–50)

Zehn Söhne (und mindestens eine Tochter) hat Jakob inzwischen, als endlich auch Rahel schwanger wird. Josef kommt zur Welt. Was für ein Glück muss das für Rahel gewesen sein. »Gott hat meine Schmach von mir genommen«, so jubelt sie (1. Mose 30,23).

Josef wird von Jakob und Rahel bevorzugt. Jakob setzt also das Verhalten fort, das er selbst als Kind erlebt hat. Alle Liebe und Fürsorge konzentriert sich auf diesen Josef. Er, der erste Sohn von Rahel, ist Vaters Liebling. Jakobs geliebte Rahel hat endlich auch ein Kind. Jahrelang hat sie darauf gewartet. Alle Liebe gilt ihm, alle Fürsorge und große Erwartungen liegen auf ihm.

Eine besondere Lebensaufgabe ist bereits vorprogrammiert. In allen weiteren Erzählungen seiner Kindheit und Jugend wird deutlich, dass Josef sich dessen bewusst ist. Vom Vater bekommt er ein besonders schönes Gewand. Keiner seiner Brüder hatte bisher ein so kostbares Kleidungsstück bekommen. In seinen Träumen dienen ihm seine Brüder und unterwerfen sich ihm. Später werden Josefs Träume wahr, aber als er jetzt davon erzählt, zieht er nur weiteren Neid und die Wut der Brüder auf sich.

Dass die Brüder auf Josef eifersüchtig werden, ist nachvollziehbar. Die Brüder können es nicht ertragen, dass sich Josef so hervortut. Die Gelegenheit zur Rache lässt nicht lange auf sich warten.

Die Brüder sind mit den Herden unterwegs. Josef wird vom Vater geschickt, um nach seinen Brüdern zu schauen.

Weit weg von zu Hause, sehen die Brüder nun ihrerseits ihre große Chance, dem Gehabe Josefs endlich ein Ende zu setzen. Zuerst beschließen sie, ihn zu töten. Doch Ruben, der Älteste, interveniert. »Vergießt nicht Blut, sondern werft ihn in die Grube hier in der Wüste und legt die Hand nicht an ihn!« Er hat die Absicht, Josef heimlich herauszuziehen und zu seinem Vater zurückzubringen (Vers 22). Er vertritt hier die Rechte des Vaters, das typische Verhalten eines Erstgeborenen. Zunächst folgen die Brüder den Anweisungen Rubens. Doch als er sich entfernt, verkaufen sie Josef – aus einer spontanen Idee heraus – als Sklave an eine vorbeiziehende Karawane von Ismaeliten. Es ist typisch, dass sie dies in dem Moment tun, als Ruben – der Hüter von Recht und Ordnung – nicht anwesend ist. Die nach Ruben geborenen Söhne rebellieren hier also, begehren gegen Ruben und damit auch gegen den Vater Jakob auf. Das Gewand von Josef behalten sie, besudeln es mit Tierblut und erzählen dem Vater, sein Lieblingssohn sei von einem wilden Tier zerrissen worden.

Viele Jahre später bricht eine Hungersnot aus. Die Brüder werden vom Vater geschickt, um Getreide in Ägypten zu kaufen. Josef ist inzwischen zum stellvertretenden Regent im Staat Ägypten aufgestiegen.

Als sie dort ankommen, erkennen sie ihren Bruder Josef nicht mehr. Er hat sich verändert, trägt herrschaftliche Kleidung und Schmuck. Im Gegensatz zu seinen Brüdern erkennt Josef sie jedoch sofort. Sie fallen vor ihm nieder und Josef erinnert sich an seine Träume, die in diesem Moment wahr werden.

Josef will die Brüder testen und nimmt sie für drei Tage gefangen. Vielleicht auch eine heimliche Rache und Genugtuung für das, was seine Brüder ihm als Jüngsten damals angetan haben. Die Brüder sagen – ohne zu wissen, dass er sie versteht: »Sie sprachen aber untereinander: Das haben wir an unserem Bruder verschuldet! Denn wir sahen die Angst seiner Seele, als er uns anflehte, und wir wollten ihn nicht erhören; darum kommt nun diese Trübsal über uns. Ruben antwortete ihnen und sprach: Sagte ich's euch nicht, als ich sprach: Versündigt euch nicht an dem Knaben, doch ihr wolltet nicht hören? Nun wird sein Blut gefordert« (1. Mose 42,21-22). Diese Aussage: »Ihr wolltet nicht hören« passt in das Denkmuster der Erstgeborenen: Ich weiß, was richtig ist. Hättet ihr mir gehorcht, dann wäre das nicht passiert. Ruben spielt sich hier zum Richter auf und zum Hüter von Recht und Ordnung. In der weiteren Erzählung übernimmt Ruben die Verantwortung für das Geschehen.

Später übernimmt dann auch Juda, der Vierte (und darum auch wieder ähnlich wie ein Erster) die Sprecherrolle in der Begegnung mit Josef. Auf der zweiten Reise übernimmt er die Verantwortung für Benjamin, den jüngsten der Söhne.

Diese Geschichte ist eine der spannendsten Erzählungen der Bibel. Sie geht letztlich gut aus. Der Vater wird nach Ägypten geholt, findet seinen Sohn Josef wieder und die Nachkommen finden für lange Zeit Heimat in Ägypten. Interessant, dass auch in dieser Erzählung ganz typische Geschwistermuster sichtbar werden.

Mirjam und Mose (2. Mose 2; 4. Mose 12)

Interessante Erzählungen finden wir auch über die Geschwister Mirjam, Aaron und Mose. Mirjam ist die Älteste von drei Geschwistern, Aaron der Zweite und Mose der Dritte. Wir wissen, dass Aaron drei Jahre älter als Mose war (2. Mose 7,7).

Die erste Geschwistergeschichte wird kurz nach der Geburt von Mose berichtet (2. Mose 2). Die Eltern müssen ihn aussetzen, damit er nicht ermordet wird. Dazu legen sie ihn ein Schilfkörbchen und bringen dieses in den Nil. Mirjam fühlt sich als Älteste verantwortlich für ihren kleinen Bruder und bewacht ihn aus der Ferne. Sie organisiert es dann auch, dass er weiterleben darf und einen guten Platz bekommt. Nachdem er abgestillt ist, wird er der Leihsohn der ägyptischen Königstochter. Dass ihm auf diese Weise sein Leben erhalten bleibt, hat Mose der Initiative seiner großen Schwester zu verdanken.

Mose genießt eine Ausbildung im königlichen Umfeld, muss dann aber fliehen, weil er einen Ägypter ermordet (2. Mose 2,12). In der Wüste wird er dann von Gott berufen, sein Volk aus der Gefangenschaft zu führen (2. Mose 3; über Moses Ausreden und Weigerung siehe Seite 128).

Weil Mose nicht will und sich nicht fähig fühlt, wird ihm von Gott sein Bruder Aaron zur Seite gestellt. Von da an sind die beiden im Doppelpack unterwegs. Aaron vermittelt Gottes Reden zu Mose weiter an das Volk. Auch vor dem Pharao treten die beiden zu zweit auf (2. Mose 5,1; 7,2).

Mirjam hatte wohl Mühe damit, dass Gott Mose beruft und nicht sie als Erstgeborene. Das hätte ihr gefallen, wenn sie hätte vorangehen und führen dürfen. Gemeinsam mit Aaron verbündet sie sich gegen Mose und beansprucht das gleiche Recht zur Führung. Wörtlich heißt es in 4. Mose 12,2: »Und sie sprachen: Redet denn der Herr allein durch Mose? Redet er nicht auch durch uns?« Der Ärger über Gottes Berufung verleitet sie, gemeinsam mit Aaron gegen Mose und seine Frau – auch noch eine Ausländerin! – zu lästern.

Gott straft Mirjam daraufhin mit Aussatz. Man könnte auch sagen: Sie wird krank vor Neid. Doch Mose geht sehr souverän mit Mirjams Gehässigkeiten um. Er fleht Gott um Heilung an. Nach sieben Tagen ist Mirjam wieder gesund.

In dieser Geschichte wird deutlich, dass Geschwister nicht in alten Mustern wie Schadenfreude oder Rachegelüsten hängen bleiben müssen. Mose wächst mit seinem Amt und seiner Berufung, die er von Gott bekommen hat. Er bleibt hier nicht der »Kleine«, der sich in die Opferrolle begibt, sondern geht ganz im Sinne der Gesamtaussagen der Bibel hier in Fairness und Klarheit mit Mirjam um.

Verlorener Sohn – der ältere und der jüngere Bruder (Lukas 15,11–32)

Jesus erzählt eine Geschichte von zwei Brüdern – einem Braven und einem Rebell. Der brave Erstgeborene ist pflichtbewusst und gehorsam, erfüllt alle in ihn gesetzten Erwartungen. Der Zweitgeborene aber rebelliert dagegen. Er will die Welt sehen, sein Leben genießen, Neues entdecken. Doch dazu braucht er Geld. Er geht einen für die damalige Zeit vollkommen ungewöhnlichen, ja rebellischen Weg. Er fordert sein Erbe ein. Dies war ein Affront gegen den Vater, sozusagen eine Toterklärung des Vaters. Denn im Volk Israel bekam man das Erbe immer erst nach dem Tod des Vaters. Indem der jüngere Sohn darum bittet, sagt er zugleich: Ich will von meinem Vater nichts mehr wissen. Oder salopp formuliert: Für mich ist der Alte gestorben.

Der Vater ist gerecht: Nicht nur er, sondern auch sein älterer Bruder bekommt das Erbe. Der Vater teilt Hab und Gut gerecht unter beiden auf.

Der Jüngere geht. Er genießt das Leben. Ohne Schuldgefühle bricht er auf und aus. Nicht nur aus dem Elternhaus, sondern auch aus den Konventionen, aus Recht und Anstand.

Zunächst genießt er sein Leben, aber dann landet er schlussendlich in der Gosse. Das Einzige, was ihm zum Überleben hilft: Sklavendienste in einem Schweinestall. Nach jüdischem Verständnis wird er dadurch kultisch unrein und kann nicht mehr am Gottesdienst teilnehmen.

Alles, was er bis dahin hatte, genießen konnte und was ihn erfreute, war ihm genommen: seine Familie, seine Heimat, seine Freunde, sein Geld, dann aber auch seine Würde und seine Selbstachtung. Am Tiefpunkt angekommen, erinnert er sich an seinen Vater.

Er weiß: Zurück in das Ursprüngliche geht nicht mehr. Er hat sich selbst die »Sohnschaft« genommen. Aber vielleicht gibt es eine winzige Chance, noch als Tagelöhner beim Vater zu arbeiten. Also auf indirektem Weg. Auch das ist typisch Zweitgeborener: Das Ursprüngliche, »Richtige« geht nicht. Deshalb versuche ich einen »Weg hintenherum«. So beschließt er, seinen Vater um Vergebung für sein Verhalten zu bitten. Er legt sich die Worte genau zurecht, die er seinem Vater sagen möchte. Vermutlich hat er sich diese Sätze auf seinem Rückweg immer wieder vorgesagt. So wurde der Rückweg ein Weg der Besinnung für ihn.

Er weiß, dass er nicht mehr Sohn sein kann, aber vielleicht gibt es die Möglichkeit einer Diener-Meister-Haltung zu seinem Vater. Er will sich die Güte des Vaters verdienen.

Man kann sich seine Heimkehr nicht dramatisch genug vorstellen. Wer aus dem Schweinestall kommt, stinkt ekelerregend. Hungrig, abgemagert, mit Lumpen gekleidet, ungewaschen, aber auch entwürdigt und entehrt – so kommt er zurück, in die Nähe seines Vaterhauses. »Als er aber noch weit entfernt war, sah ihn sein Vater ...« (Vers 20). Als der Vater ihn sieht, läuft er der abgerissenen Gestalt entgegen. Dies war ein für orientalische Verhältnisse ungewöhnliches, ja nicht würdiges Verhalten, denn dazu musste man das lange Gewand anheben. Dies tat man schlicht nicht. Jeder Gutsherr schritt würdevoll daher, aber würde sich niemals im Lauftempo oder im Eilschritt bewegen.

So tief beugt sich der Vater, so sehr kommt er dem Sohn entgegen. Es ist ihm egal, was andere in dem Moment über ihn denken. Er rennt, so schnell er kann.

Der Vater fällt ihm um den Hals und küsst ihn. Der Sohn stinkt nach Schweinestall und Schweiß. So jemanden zu umarmen und dann auch noch zu küssen, war nicht besonders angenehm. Doch der Vater tut es. Jesus sagt damit: So ist Gott. Er beugt sich in den Dreck der Erde, in unsere Würdelosigkeit, in unsere Sünde, in unsere Scham, in unsere Verlorenheit. Er scheut sich nicht davor. Nichts kann ihn hindern, genau dorthin zu kommen, wo wir am Ende sind oder Abscheu vor uns selbst empfinden. Wenn wir uns selbst vor uns schämen oder uns sogar verachten, dann verabscheut er uns nicht. Im Gegenteil: Er erbarmt sich.

Erst nach der herzlichen und liebevollen Umarmung des Vaters kann der Sohn etwas sagen. Erst jetzt begreift er, wie tief die Liebe des Vaters ist. Denn er spricht nicht mehr von Wiedergutmachung, sondern nur noch von seiner Schuld. Er stellt sich zu seiner Situation, zu seiner Schuld. Aber er tut es erst nach der Umarmung des Vaters.

Wir würden vielleicht – ähnlich wie nachher der Erstgeborene – sagen: Wer sich so verhalten hat, der muss erst mal richtig bereuen. Dann wird ihm vielleicht Gnade gewährt. Doch Jesus zeigt in dem Gleichnis: Ein Schuldbekenntnis ist nicht Voraussetzung für das Erbarmen Gottes, sondern eben oft erst die Folge davon.

Der Sohn kann überhaupt nicht alles sagen, was zu sagen er sich vorgenommen hatte. Eigentlich wollte er ja um eine Stelle als Tagelöhner bitten. Doch so weit kommt es erst gar nicht. Sein Vater reagiert auf die Bitte um Vergebung mit dem Befehl, ein neues Gewand und einen Siegelring zu bringen, ebenso Schuhe. Die Einkleidung mit dem besten Gewand und das Überstreifen des Ringes waren Zeichen dafür, dass er nicht zurückgestuft, sondern wieder voll angenommen wird. Er wird wieder lebendig gemacht, wieder als Sohn angenommen, obwohl er das überhaupt nicht verdient hat.

Und der Vater lässt ein richtig großes Fest ausrichten.

Der ältere Bruder empfindet das Verhalten des Vaters als Ungerechtigkeit. Er kommt nach einem langen Arbeitstag vom Feld nach Hause und wundert sich über Musik, Tanz und Gesang – eben Festfreude.

Er kann es nicht fassen. Er glaubt nicht, was er da sieht und hört. Und er wird unendlich neidisch und zornig. Der Bruder, der alles Geld auf den Kopf gehauen hat, kommt heim und bekommt dafür auch noch ein Fest. Wer kann die Gefühle des älteren Sohnes da nicht verstehen? Er hat das Gefühl von Ungerechtigkeit. Dieser Bruder bekommt ein Fest, das doch ihm als dem Braven und Gehorsamen eigentlich viel eher zustehen würde. Deshalb reagiert er wütend und verbittert. Wie kann der Vater so einem Schweinehund nur vergeben?

Nachvollziehbar ist seine Wut. Verständlich, dass er nicht mitfeiern will. Der Vater geht hinaus, um mit ihm zu reden.

Der ältere Sohn redet den Vater jedoch nicht mit »Vater« an, sondern beginnt direkt mit einem Vorwurf. Er definiert seinen Dienst bei seinem Vater und das Zusammensein mit ihm negativ: »Siehe, so viele Jahre diene ich dir« – man könnte auch sagen: So viele Jahre Stress und wo bleibt der Dank? – »und habe dein Gebot noch nie übertreten« (typisch Erstgeborener!) »und du hast mir nie einen Bock gegeben, dass ich mit meinen Freunden fröhlich gewesen wäre. Nun aber, da dieser dein Sohn gekommen ist, der dein Hab und Gut mit Huren verprasst hat, hast du ihm das gemästete Kalb geschlachtet.«

Er meint, ihm persönlich würde – wenn überhaupt – ja nur ein kleiner Ziegenbock zustehen, während der Bruder das gemästete Kalb bekommt. Das eigene Leben und was dazugehört, wird abgewertet; das des anderen aufgewertet.

Dies wird auch in der Bezeichnung seines Bruders deutlich. Er nennt ihn eben nicht »Bruder«, sondern sagt zu dem Vater »dein Sohn«. Nach der Selbstabwertung (dieser ist dir wichtiger als ich) kommt nun also die Fremdabwertung. Er spielt sich zur richtenden Instanz über seinen Bruder auf: Dieser ist nicht mehr mein Bruder, dieser hat das Geld mit Huren verprasst.

Der Vater redet ihn mit »mein Sohn« an, dies ist eine sehr herzliche liebevolle Bezeichnung. Er versucht, dem Älteren den Blick zu öffnen für das Gute, das er hat.

Die Geschichte hat noch einen tieferen Aspekt. Dahinter steht ein falsches Verständnis von Glauben, das der ältere Sohn mit seinen Formulierungen zum Ausdruck bringt. Sein Denkmuster lautet: Bei Gott darf ich mir nichts gönnen. Glaube bedeutet Gehorsam, Arbeit, Mühe – und wo ist die Belohnung? Gott ist ein fordernder Gott, der immer nur erwartet – und ich muss die Erwartungen bis zur Erschöpfung und Verausgabung erfüllen. Das ist das typische Denkmuster eines erstgeborenen Kindes.

Der Vater muss hier dem Sohn etwas ganz Grundsätzliches erklären: Ich bin anders, als du denkst. Ich liebe ohne Bedingungen –

weder Wohlverhalten noch Gehorsam und Leistung sind Voraussetzung für meine Liebe. Ich liebe, weil ich es will. Alles, was mein ist, ist dein. Jederzeit könntest du für dich und deine Freunde ein Fest ausrichten.

Das Gleichnis macht deutlich: Die zwei Brüder leben zwei sehr unterschiedliche Lebensentwürfe. Beide entfernen sich innerlich vom Vater. Der eine geht in die Ferne und verliert sich in der Selbstbeschämung; der andere bleibt da, aber entfremdet sich von der Herzlichkeit des Vaters.

Zu beiden geht der Vater hinaus, er sucht beide, er will die Beziehung zu ihnen. In seinen Augen sind sie gleichwertig und gleich wichtig, beiden gilt seine Liebe.

Dieses Angenommensein bei Gott ist ein Grund zum Feiern und zur Freude. Wir dürfen Pause machen und innehalten. Gott meint es gut mit uns.

Der Schluss der Geschichte ist bewusst offen gehalten. Eine Aufforderung zum Weiterdenken.

Und eine Chance für Eltern, sich an dem barmherzigen Vater zu orientieren, der mit seinen beiden Kindern – so unterschiedlich sie ihr Leben auch gestalten – gerecht und barmherzig umgeht.

Marta, Maria und Lazarus (Lukas 10,38 ff; Johannes 11,1–45; Johannes 12,1–3)

Gerne hätte ich hier auch die Geschichte von den drei Geschwistern Marta, Maria und Lazarus aufgrund der Erkenntnisse der Geschwisterforschung gedeutet. Es wäre schön, wenn wir die genaue Geschwisterposition der drei wüssten. Naheliegend wäre es: Marta ist eine typische Erstgeborene: forsch, vorangehend, verantwortungsbewusst. Sie»machte sich viel zu schaffen, ihm (Jesus) zu dienen« (Lukas 10,40). Außerdem ist sie auch richtend und bevormundend.»Herr, fragst du nicht danach, dass mich meine Schwester lässt allein dienen? Sage ihr doch, dass sie mir helfen soll!« (Lukas 10,40).

Auch Maria passt gut in das Muster eines zweiten oder aber auch eines dritten Kindes. Sie lebt anders. Sie muss sich nicht einsetzen; sie fühlt sich nicht schuldig, wenn ihre Schwester arbeitet und sie nicht. Sie wählt den Platz zu den Füßen von Jesus. Das war der Platz der Lernenden, der Studierenden. Das Lebenskonzept eines Zweiten könnte durchaus so lauten: Ich muss mich nicht an Erwartungen orientieren, sondern darf aus dem Moment heraus leben. Eben genau anders als Marta, die sich das nicht zugesteht.

Leider wissen wir aber die Position dieser drei Geschwister nicht genau und auf Spekulationen will ich mich hier nicht einlassen, dazu ist mir die Bibel mit ihren Aussagen zu kostbar. Sie darf nicht für unsere eigenen Zwecke missbraucht werden.

Aber eines wird auch hier deutlich, dass es unter den drei Geschwistern beides gibt: Rivalität und Liebe. Es gibt Konkurrenz, aber auch Veränderung zum Positiven.

Durch die Begegnung mit Jesus verändern die Schwestern ihre Beziehung zueinander. Und sie bekommen alle einen würdigen Platz im Leben. Marta, Maria und Lazarus.

Lazarus wird zum Leben wiedererweckt. Er ist der Grund dafür, dass viele Jesus in Betanien sehen wollen.

Marta bekennt Christus als den Messias – als einzige Frau im Neuen Testament. Obwohl sie ihren Glauben wohl mehr im Tun als im Hören lebte, hat sie in einer tiefen Weise begriffen, wer Jesus ist: Du bist der Christus (siehe Johannes 11,27). Sie ist neben Petrus die Einzige, die ihn wirklich als den Messias erkennt. Sie hat geistliche Zusammenhänge begriffen.

Und Maria dient auf ihre so ganz andere Art Jesus, indem sie ihm die Füße salbt und so im ganzen Haus auf ihren Liebesdienst aufmerksam macht. »Da nahm Maria ein Pfund Salböl von unverfälschter, kostbarer Narde und salbte die Füße Jesu und trocknete mit ihrem Haar seine Füße; das Haus aber wurde erfüllt vom Duft des Öls« (Johannes 12,2). Sie, die Zurückgezogene, die Stille macht ihre Hingabe für alle sichtbar. Dem Geruch des Öls kann sich niemand entziehen, alle sind mit hineingenommen in ihr Handeln an Jesus.

Die Schwestern verändern sich in ihrem Verhalten zueinander: Nach dem Gespräch mit Jesus geht Marta zu Maria und sagt zu ihr: »Der Meister ist da und ruft dich« (Johannes 11,28). Als Maria das hört, steht sie sofort auf und eilt ihm entgegen. Hier wird Maria von Marta geradezu aufgefordert, zu Jesus zu gehen. Vorher war sie nur neidisch auf Maria und ärgert sich, stellt sie vor versammelter Mannschaft bloß. Jetzt will sie, dass auch Maria zu Jesus kommt. Marta hat hier nichts dagegen, dass Maria bei Jesus ist. Im Gegenteil, sie hat dazugelernt. Marta gesteht ihrer Schwester zu, ihre Beziehung zu Jesus in anderer Weise zu leben, als sie selbst das tut. Marta hat, so können wir annehmen, von Jesus gelernt, worauf es ankommt. Sie arbeitet, bleibt ihrem Lebensmuster treu – aber aus einer gelösten und gelassenen Haltung heraus.

Zusammenfassend könnte man sagen, dass auch die Geschwisterbeziehungen der Bibel deutlich machen: Bestimmte Verhaltensmuster sind sehr typisch, aber Veränderung ist immer möglich. Es gibt Aussöhnung, Chancen zur Umkehr und zur Veränderung. Es muss nicht bleiben, wie es ist. In der Gottesbegegnung werden alte Muster verändert und aufgebrochen – und vor allem: In der Begegnung mit dem lebendigen Gott werden Menschen barmherzig, demütig, gnädig mit sich und mit anderen.

Literaturverzeichnis

- **Alfred Adler.** Menschenkenntnis. Fischer. Frankfurt/Main 1971.
- **Heinz L. Ansbacher/Rowena R. Ansbacher.** Alfred Adlers Individualpsychologie. Ernst Reinhardt Verlag. München 1972.
- **Linda Blair.** Großer Bruder – kleine Schwester. Wie unsere Position in der Familie unseren Charakter prägt. Goldmann Verlag. München 2012.
- **Hanna Backhaus.** Kronprinz oder Nesthäkchen. Wie die Geschwisterposition den Charakter Ihres Kindes prägt. Oncken Verlag. Kassel und Wuppertal 2003.
- **Jürg Frick.** Ich mag dich – du nervst mich. Geschwister und ihre Bedeutung für das Leben. Hogrefe. Bern 2006.
- **Lucille K. Forer/Henry Still.** Erstes, zweites, drittes Kind… Reinbek. Hamburg 1987.
- **Hartmut Kasten.** Geschwister. Vorbilder, Rivalen, Vertraute. Ernst Reinhardt Verlag. München, Basel 1998.
- **Hartmut Kasten.** Einzelkinder. Aufwachsen ohne Geschwister. Springer. Berlin 1995.
- **Karl König.** Brüder und Schwestern. Geburtenfolge als Schicksal. Vandenhoeck & Ruprecht. Göttingen 1995.
- **Francine Klagsbrun.** Der Geschwisterkomplex. Ein Leben lang Liebe, Hass, Rivalität und Versöhnung. Eichborn. Frankfurt/Main 1993.
- **Kevin Leman.** Geschwisterkonstellationen. Die Familie bestimmt ihr Leben. Claudius. München 1999.
- **Cornelia Mack.** Endlich frei von Perfektionismus. SCM Hänssler. Holzgerlingen 2010.
- **Cornelia Mack.** Meinen Platz im Leben finden. SCM Hänssler. Holzgerlingen 2011.
- **Jirina Prekop.** Erstgeborene. Kösel. München 2000.

- **Marcel Rufo.** Geschwisterliebe, Geschwisterhass. Piper. München 2004.
- **Barbara A. Sullivan.** Warum bin ich so. Editions Trobisch. Kehl/Rhein 1984.
- **Frank J. Sulloway.** Der Rebell der Familie. Geschwisterrivalität, kreatives Denken und Geschichte. Wolf Jobst Siedler. Berlin 1997.
- **Peter Veith.** Jedes Kind braucht seinen Platz. Geschwister in der Familie. Herder. Freiburg 2000.

Weitere Hinweise siehe:
- **Andrea Pawlik.** Wie die Kindheit unser Berufsleben bestimmt. 21.06.2010. – URL: http://www.welt.de/wirtschaft/article 8127219/Wie-die-Kindheit-unser-Berufsleben-bestimmt.html, 22.08.2012.
- **Wikipedia.** – URL: http://de.wikipedia.org/wiki/Geschwisterforschung, 22.08.2012.
- **T. Baier:** Die längste Liebe des Lebens. 03.03.2012. – URL: http://www.sueddeutsche.de/wissen/geschwisterforschung-die-laengste-liebe-des-lebens-16717, 22.08.2012.

Zitate/Anmerkungen

[1] Hartmut Kasten. Geschwister, Vorbilder, Rivalen, Vertraute. Ernst Reinhardt Verlag. München, Basel 1998, S. 95.
[2] Hartmut Kasten. Geschwister, S. 141.
[3] Das liegt daran, dass für empirische Forschungen bei dritten Kindern zu viele Korrelationsfaktoren vorhanden sind, sodass es aufgrund dessen keine allgemein gültigen Forschungsergebnisse geben kann.
[4] Frank J. Sulloway. Der Rebell der Familie, Geschwisterrivalität, kreatives Denken und Geschichte. Wolf Jobst Siedler. Berlin 1997, S. 93.
[5] Francine Klagsbrun. Der Geschwisterkomplex, Ein Leben lang Liebe, Hass, Rivalität und Versöhnung. Eichborn. Frankfurt a. M. 1993, S. 77+78.
[6] Barbara Sullivan. Warum bin ich so. Editions Trobisch. Kehl/Rhein 1984, S. 17.
[7] Karl König. Brüder und Schwestern. Geburtenfolge als Schicksal, Vandenhoeck & Ruprecht. Göttingen 1995, S. 10.
[8] Hartmut Kasten. Geschwister, S. 85.
[9] Francine Klagsbrun. Der Geschwisterkomplex, S. 115.
[10] Marcel Rufo. Geschwisterliebe, Geschwisterhass. Piper. München 2004, S. 168.
[11] Alfred Adler und Martensen/Larsen Sorrig. Große Schwester – kleiner Bruder. Heyne.
[12] Karl König. Brüder und Schwestern. Vandenhoeck 1983, S. 14.
[13] Kevin Leman. Geschwisterkonstellation. Die Familie bestimmt ihr Leben. Claudius. München 1999, S. 11.
[14] Lucille K. Forer/Henry Still. Erstes, zweites, drittes Kind. Reinbek. Hamburg 1987, S. 85.
[15] Frank J. Sulloway. Der Rebell der Familie, S. 14.
[16] Frank J. Sulloway. Der Rebell der Familie.
[17] Frank J. Sulloway. Der Rebell der Familie, S. 14.
[18] Karl König. Brüder und Schwestern, S. 49.
[19] Karl König. Brüder und Schwestern, S. 47.
[20] Jirina Prekop. Erstgeborene. Kösel. München 2000, S. 90.
[21] Zitiert nach Karl König. Brüder und Schwestern, S. 36 ff.
[22] Jirina Prekop. Erstgeborene, S. 150.
[23] Jirina Prekop. Erstgeborene, S. 54.
[24] Barbara A. Sullivan. Warum bin ich so, S. 47.
[25] Siehe dazu auch Cornelia Mack. Endlich frei von Perfektionismus.
[26] Karl König. Brüder und Schwestern, S. 36.

27 Linda Blair. Großer Bruder – kleine Schwester. Wie unsere Position in der Familie unseren Charakter prägt. Goldmann Verlag. München 2012, S. 130.

28 Karl König. Brüder und Schwestern, S. 30 f.

29 Ebd., S. 28.

30 Marcel Rufo. Geschwisterliebe, Geschwisterhass, S. 14.

31 Linda Blair. Großer Bruder – kleine Schwester, S. 136.

32 Frank J. Sulloway. Der Rebell der Familie, S. 112+113.

33 Frank J. Sulloway. Der Rebell der Familie, S. 113.

34 Alfred Adlers Individualpsychologie. Hrsg. von Heinz L. Ansbacher u. Rowena R. Ansbacher, S. 351.

35 Karl König. Brüder und Schwestern, S. 58.

36 Ebd., S. 60.

37 Marcel Rufo. Geschwisterliebe, Geschwisterhass, S. 25.

38 Jirina Prekop. Erstgeborene, S. 31.

39 Frank Sulloway. Der Rebell der Familie.

40 Zitiert in Karl König. Brüder und Schwestern, S. 55.

41 Zitiert in Francine Klagsbrun. Der Geschwisterkomplex, S. 80.

42 Frank J. Sulloway. Der Rebell der Familie, S. 270.

43 Frank J. Sulloway. Der Rebell der Familie, S. 270.

44 Frank J. Sulloway. Der Rebell der Familie, S. 272.

45 Alfred Adlers Individualpsychologie, S. 351.

46 Jirina Prekop. Erstgeborene, S. 29.

47 Lucille K. Forer/Henry Still, S. 84+85.

48 Alfred Adlers Individualpsychologie, S. 351.

49 Jürg Frick. Ich mag dich – du nervst mich. Geschwister und ihre Bedeutung für das Leben. Hogrefe. Bern 2006, S. 209 ff.

50 Karl König. Brüder und Schwestern, S. 61.

51 Frank J. Sulloway. Der Rebell der Familie, S. 110.

52 Julia Jüttner. Meine Schwester ist ein Superstar. 25.01.2007. – URL: http://www.spiegel.de/panorama/leute/promi-geschwister-meine-schwester-ist-ein-superstar-a-459306.html, 22.08.2012.

53 Linda Blair. Großer Bruder – kleine Schwester, S. 56 f.

54 Hartmut Kasten. Geschwister, S. 40.

55 Karl König. Brüder und Schwestern, S. 58.

56 Karl König. Brüder und Schwestern, S. 80.

57 Barbara Sullivan. Warum bin ich so, S. 80.

58 Ebd., S. 83.

59 Jürg Frick. Ich mag dich – du nervst mich, S. 61.

60 Kevin Leman. Geschwisterkonstellationen, S. 87.

61 Alfred Adler. Menschenkenntnis, S. 139.

62 Ebd., S. 139+141.

[63] Linda Blair. Großer Bruder – kleine Schwester, S. 94.
[64] Alfred Adlers Individualpsychologie, zitiert in: Barbara Sullivan. Warum bin ich so, S. 352.
[65] Alfred Adlers wozu leben wir, zitiert in: Barbara Sullivan. Warum bin ich so, S. 107.
[66] Linda Blair. Großer Bruder – kleine Schwester, S. 156.
[67] Frank J. Sulloway. Der Rebell der Familie, S. 214.
[68] Ebd., S. 214.
[69] So zum Beispiel Paul Imhof (www.akademie-st-paul.org/fileadmin/Flyer-christ.famst-s_d.pdf) oder Erwin Scharrer (www.erwin-scharrer.de). Oder Erwin Scharrer. Heilung für die Seele, Familienstellen auf biblischer Basis. Holzgerlingen. SCM Hänssler 2009.
[70] Linda Blair. Großer Bruder – kleine Schwester, S. 246.
[71] Siehe dazu auch: Cornelia Mack. Meinen Platz im Leben finden.
[72] Zum Beispiel Cornelia Mack. Meinen Platz im Leben finden.
[73] Lind Blair. Großer Bruder – kleine Schwester, S. 214.
[74] Marcel Rufo. Geschwisterliebe, Geschwisterhass, S. 194.
[75] Ebd., S. 194.
[76] Hartmut Kasten. Geschwister, S. 96.
[77] Ebd., S. 117.

Cornelia Mack

Meinen Platz im Leben finden

Gebunden, 13,5 x 20,5 cm, 240 Seiten
Nr. 395.209,
ISBN 978-3-7751-5209-9

Wie finde ich meinen Platz im Leben, wenn ich jung bin oder älter werde? Was mache ich, wenn mir der Platz verloren geht? Wenn Beziehungen zerbrechen oder ich meine Arbeitsstelle verliere ...? Cornelia Mack geht diesen existenziellen Fragen kompetent auf den Grund.

Cornelia Mack

Die Falle des Vergleichens

Gebunden, 13,5 x 20,5 cm, 144 Seiten
Nr. 395.356,
ISBN 978-3-7751-5356-0

Frauen sind Profis im Vergleichen. Dabei sind die Folgen destruktiv: Neid, Minderwertigkeitsgefühle, Undankbarkeit. Cornelia Mack zeigt, wie man dieses negative Muster überwinden und was Frau tun kann, um gar nicht erst in die Falle des Vergleichens zu tappen.

Bitte fragen Sie in Ihrer Buchhandlung nach diesen Büchern!
Oder schreiben Sie an: SCM Hänssler, D-71087 Holzgerlingen;
E-Mail: info@scm-haenssler.de; Internet: www.scm-haenssler.de